hubert neuper

flatline

Bearbeitung des Textes von
Karin Peschka

Ibera

Fotonachweise: 36: Fotostudio, Innsbruck 10; 39: Votava, Wien; 58o: Votava, Wien; 58u: Foto Sündhofer, Wien; 59: LajosPercze, Wien; 61m:Frischauf-bild, Innsbruck; 61u: Kristian Bissati, Wien; 64: Tronosolberg,Nor.; 98u:Votava, Wien; 99: Symbol-Pego, Graz; 100: Europress, Wien; 101: Symbol, Graz; 102: Symbol, Schiffer; 103: Symbol, Pego; 104: Symbol, Pego; Andere Fotos: Archiv Neuper

Die Deutsche Bibliothek – CIP-Einheitsaufnahme
Neuper, Hubert:
Flatline / Hubert Neuper. – Wien:
Ibera Verlag/European University Press GmbH., 2003
ISBN 3-85052-176-1

2. Auflage

Foto Cover: Joe Hardwick, www.joehardwick.com
Interviews: Karin Peschka, Holger Potye
Covergestaltung: Julián Baraja, Auslage in Arbeit, Graphic Design
Herstellung: Web- und Buchdesign
Druck: Obersteirische Druckerei

ISBN 3-85052-176-1

Hergestellt in der EU
www. ibera.at

Inhalt

Indianer

Indianer weinen nicht
ein Indianer der nicht weinen kann
ist kein Indianer

Indianer weinen nicht
haben sie mir gesagt
dann hab' ich gelernt
auf die Lippen zu beißen
und Tränen zu schlucken

ich hab' auf die Lippen gebissen
und auch das Lachen verlernt

ein großer Mund
mit lustvoll weichen, roten Lippen
wird schmal und steif
ein grader Strich

merk dir Indianer weinen nicht!

ich habe das Weinen verlernt
und habe das Lachen verlernt

ganz langsam lern' ich es neu
mich überraschen zu lassen
und lache vor Freude über meine Tränen
wenn ich es schaffe
ehrlich zu sein

von Georg Wögerbauer
aus dem Buch „WENDUNGEN", Ibera Verlag

Vorwort von Toni Innauer

Als ich meinen Freund Hubert „Hupo“ Neuper 1972 in einem Trainingslager für Nachwuchsspringer im deutschen Meinerzhagen kennenlernte, war er gerade zwölf Jahren alt und schleppte eine sichtbare Portion Babyspeck mit sich herum. Ich kann mich noch gut daran erinnern, wie er sich beim ersten Ausdauerlauf als schwitzendes, winselndes und hochrotes Schlusslicht ins Ziel schleppte. Das Gefühl, zum Gespött der anderen Springer geworden zu sein, war eine unerwartet schmerzhafte Erfahrung und hat Huberts Ehrgeiz vermutlich gewaltig angestachelt. „Schlagzeilen“ machte er, als er zwei Tage später auf der 40-Meter-Schanze mit Sprungski einen lupenreinen Vorwärtssalto über 21 Meter schlug und diesen unverletzt und grinsend überstand.

Hubert ist ein Mensch mit vielen Facetten. Ich kenne keinen anderen, der sein Lausbubenimage mit ähnlicher Konsequenz und Erfolg gepflegt hat wie mein Freund. Er war fünfzehn und ich siebzehn, als wir aus dem Krankenhausfenster kletterten, um mit den Fahrrädern der Krankenschwestern und unseren Liegegipsen einen Ausflug aufs Zeltfest zu machen. Ich hatte mir beim Volleyballspielen die Bänder am rechten Knöchel gerissen. Huberts Verletzung war identisch, seine Krankengeschichte aber ungleich spektakulärer und seinem angeboren Talent für dramatische Auftritte angemessen.

Beim Kirschenstehlen in einer lauen Sommernacht in Stams suchte er sein Heil im waghalsigen Mutsprung in die Finsternis. Unter den brennenden Peitschenhieben des wutschäumenden Bauern musste er feststellen, dass Schmerz relativ ist und ihn nur der frisch beschädigte Knöchel an einer Fortsetzung der geplanten Flucht hinderte.

Sein Showtalent und „Rampenschwein-Selbstverständnis“ blieben erhalten und bescherten ihm und einigen seiner Freunde, vor allem in seiner *Sporthilfe*-Ära, eine beträchtliche Anzahl an umjubelten wenn auch gewagten Playback-Auftritten. Es spricht für sein gewinnendes Wesen und sein Talent, dass unsere Showeinlagen nie in Peinlichkeiten ausarteten. Legendär ist mittlerweile unser Auftritt im Bundeskanzleramt zu Vranitzkys Zeiten anlässlich einer *Sporthilfe*-Ehrung, bei der unsere „Performance“ durch massive Tonstörungen in Mitleidenschaft gezogen wurde und die Situation von Hupo mit viel Geschick und Schmäh gerettet wurde.

Die andere Seite des Hubert Neuper ist die des Sportstars und visionären, tüchtigen Managers.

Seine großartigen sportlichen Erfolge als Weltcupsieger, Tourneegewinner und Gewinner der Silbermedaille bei den Olympischen Spielen 1980 werden meiner Ansicht nach von seinen Pioniertaten als Manager deutlich überstrahlt. Hubert hat sich Dinge ausgedacht und realisiert, die mir schon im Ansatz als zu aufwendig, kompliziert und eine Nummer zu groß erschienen waren. Dabei denke ich zum Beispiel an seine Umsetzung der Skiflugweltmeisterschaft 1996 am Kulm, die uns im Zuge einer Werbeveranstaltung mit einer mobilen Schanze bis nach New York brachte.

Ich bezeichne die WM ’96 am Kulm, die Art der Bewerbung und Durchführung als epochales Ereignis und Schrittmacher in der Entwicklung des Skispringens zu einer international und kommerziell erfolgreichen Sportart.

Aus Huberts Ideen wurden bestaunte und eben auch beneidete Erfolge, ob als Generalsekretär der *Österreichischen Sporthilfe*, als Skiflugveranstalter oder Erfinder und Macher der *World Sports Awards*. Im Leistungssport war seinen Siegen und seiner Persönlichkeit eine Welle von Sympathie seitens der Öffentlichkeit gefolgt, im „Big Business“ sah er sich plötzlich schäbigen

Angriffen und untergriffigen Vermutungen ausgesetzt, die er nur anfangs mit seinem gewinnenden Charme überspielen konnte. Mit der Zeit wurde er stiller und ernster.

Ich gebe zögernd zu, dass es fast beruhigend war, auch unseren „Über-Überflieger" etwas weniger manisch zu erleben. Manchmal kann man sich in Gegenwart solcher energiegeladener Menschen schon erdrückt fühlen, auch wenn es sich um die besten Freunde handelt. Andererseits stellte sich angesichts dieser offensichtlichen Veränderung die Frage, ob Hubert vieles von sich, seiner Ursprünglichkeit und seiner Lebensqualität und -freude auf dem Olymp der Öffentlichkeit und des Kommerzes geopfert hat.

Oder wurde Hubert einfach normaler, bodenständiger, erkannte er die Hohlheit der Glamourwelt deutlicher, in der er vielleicht glaubte, sich bewegen und beweisen zu müssen?

Ich bin gespannt auf das Buch meines Freundes, eines außergewöhnlich begabten, verdienten und noch jungen Österreichers, der den Mut aufbringt, sich in der Lebensmitte eine Auszeit zur Verarbeitung und Neuorientierung zu nehmen.

Toni Innauer, Oktober 2003

Einleitung

Klinisch betrachtet sind Flatliner tot. Ihre Gehirnströme lassen sich nicht mehr messen. Keine grünen Zacken mehr auf den Monitoren: Eine gerade grüne Linie und ein monotones Summen sind alles, was am Ende bleibt.

Dieses Bild kommt meiner emotionalen Verfassung wohl am nächsten und erschreckt mich. In meinem Leben hat es bisher viele Höhen und Tiefen gegeben, aber immer war der Wille da, weiter zu gehen, neues Terrain zu erobern. Ich habe sowohl Erfolge als auch Niederlagen erfahren und bestanden – und bewiesen, dass ich dazu fähig bin, neben großen Projekten und einem Übermaß an Arbeit ein ausgeglichenes Leben zu führen. Daraus schöpfte ich auch meine nicht enden wollende Energie.

Mir war es immer wichtig, Ziele zu verfolgen, die mir entsprechen – also solche, mit denen ich mich völlig identifizieren, in die ich meine ganze Begeisterung legen kann. Das Wissen, auf so ein Ziel hinzuarbeiten, ist einer dieser „positiven Verstärker", die für mein Leben bestimmend waren: Solche Verstärker erleichtern die Arbeit an langweiligeren Teilstücken auf dem Weg zum Ganzen ungemein. Denn es gibt etwas, auf das man sich freut, das einen begeistert, das vor dir quasi in den Himmel wächst. Ob es sich dabei um eine Modelleisenbahn handelt oder einen Event der Spitzenklasse, ist egal: So oder so ist es der Strohhalm, an dem man sich festhalten kann, eine Herausforderung, die das Leben spannend macht.

Und nun plötzlich war der Antrieb, es „der Welt zu zeigen", in mir verstummt. Auch die liebevolle Sorge meiner Familie, meiner Freunde und Kollegen konnte mich nicht aus dieser (für mich neuen) Lethargie holen.

Was tun, wenn man nichts mehr spürt? Glück ebenso wenig wie Unglück? Wenn einen die wunderschönen Tage nicht mehr berühren und die eintönigen ebenfalls nicht? Manchmal fühlte ich mich, als ob ich in Vakuum verpackt durchs Leben ging: Ob es draußen stürmte oder die Sonne schien – das tat nichts zur Sache, weil ich es ohnehin nicht spürte. Als Folge davon wurde es unerreichbar, jenes erfüllte Leben, das ich eigentlich leben wollte. Es entfernte sich immer mehr.

Und so kam es, dass ich eines Tages feststellen musste, dass mein Gefühlsleben der Flatline gefährlich nah gekommen war. Das tat weh. So einfach war das. Und so schwer. Denn diesem Zustand, der sich unbemerkt, fast schleichend eingenistet hatte, war ich nun schon lange genug ausgesetzt, und ich fürchtete mich davor, in Zukunft damit leben zu müssen.

So stellte ich mir nun, spät aber doch, die Frage, wie und woher dieser Zustand gekommen war, und suchte nach der Antwort darauf. Denn je länger man mit einer Situation lebt, desto schwieriger ist diese zu ändern.

Schnell lebende Menschen wie ich leben oberflächlich, sie sind mit ihren Gedanken nie bei dem, was sie gerade machen, sondern immer einen Schritt voraus. Sie leben am Leben vorbei, ohne es zu bemerken. Es ist unangenehm, weiter in die Tiefe zu gehen: Dort läuft man Gefahr zu erkennen, was man falsch gemacht hat. Ungefähr wusste ich natürlich, wo der Hund begraben lag. Aber ungefähr ist zu wenig, von ungefähr findet sich kein Ausweg. Ich musste genau wissen, wo ich stand und warum ich ausgerechnet da stand – wie sollte ich sonst erkennen, wo ich eigentlich hingehöre?

Diesen Schritt hätte ich längst machen sollen. Aber Eitelkeit, Einfluss, Macht, gesellschaftliche Stellung und Erfolg lenken ab von dem herannahenden Zusammenbruch. Die Verführungen der Äußerlichkeiten waren für mich scheinbar wichtig genug, um die Maschine Neuper am Laufen zu halten. Wer organisiert das Skifliegen am Kulm? Wer kümmert sich um dies, wer checkt das?

Dazu kamen noch der Stolz und die daraus resultierende Angst vor falschen Entscheidungen: Noch immer hing mir das Ende meiner Springerkarriere nach, bei dem ich 1984 sehr emotional einen Schlussstrich gezogen hatte. Und noch immer begleitete mich das Gefühl, dass ich es noch einmal an die Weltspitze hätte schaffen können. Hatte ich einfach aufgegeben? Darf ein Hubert Neuper aufgeben?

Hätte, wäre, falls, wenn: Sich darüber den Kopf zu zerbrechen, ist Zeitverschwendung. Faktum ist, dass ich 1984 eine Entscheidung getroffen hatte, die ich später anzweifelte. Vielleicht war es mir deshalb jetzt so schwer gefallen, diesen wichtigen Entschluss zu fassen: aussteigen, umsteigen, Zeit nehmen. Passt das zu meinem Image? Darf man Schwäche zeigen, ist es überhaupt Schwäche? Flüchtete ich einfach vor all den Schwierigkeiten, die mich belasteten?

Nein. Im Gegenteil: Diesmal war es eine klare, sehr schwierige und überlegte Entscheidung – die mit Herz und Kopf getroffen wurde. Dieser Rückzug musste sein, um meinem Leben die Chance auf einen Richtungswechsel zu geben: Es gehörte in Ordnung gebracht.

Ich habe wiederholt Dinge gemacht, die meinem Wesen, meinen Werten und Überzeugungen widersprachen. Auch davon wird in diesem Buch die Rede sein. Sich selbst untreu zu werden höhlt aus und schwächt. Ein Auto mit schwachen Batterien hüpft vielleicht ein Stück nach vor, wenn man beim Startversuch vergisst auszukuppeln. Aber es springt nicht an. Bei mir war das nicht anders: Irgendwie betrog ich mich lange Zeit immer wieder mit falschen Zielen, betrog mich auch um notwendige Pausen, um Energie zu tanken – was mich letzten Endes mehr und mehr in die Lethargie führte.

Diese Frage beschäftigte mich ständig: Wie hatte ich es zulassen können, meine ganze Lebensfreude zu verlieren? Wo war mein Enthusiasmus geblieben, mein Spirit, die Begeisterung, mit der ich meinen Beruf ausgeübt und Ziele erreicht hatte, von denen ich anfangs nicht einmal zu träumen wagte?

Im Olympiajahr 1980 hatte ich innerlich vor Begeisterung gebrannt, ich wusste genau, was ich wollte – und das war dann auch jene Saison, in der ich fast alles gewann: Vierschanzen-Tournee, Olympiasilber, den Gesamtweltcup … Ich gehörte zur Weltklasse. Vier Jahre später, mit all meiner Erfahrung, mit einem Drittel mehr Trainingsaufwand und voller Energie, blieb der Erfolg völlig aus. Warum? Mir fehlte die Begeisterung, der Spirit.

So erging es mir auch in der letzten Zeit: Ich arbeitete dahin und wusste doch, das war nicht das, was ich machen wollte. Dabei war mir sehr wohl bewusst, dass auch weniger aufregende, eintönige Zeiten zum Leben gehören. Aber die letzten vier Jahre stießen mich immer wieder auf den Punkt: Tu was. Ändere was. Sonst droht dir die Flatline, das Nullnummern-Spiel. Der emotionale Burnout und damit letzten Endes die Erfolglosigkeit.

Warum also dieses Buch? Die nächste Sportlerbiographie, die große Hubert-Neuper-Selbstdarstellung? Ich bin nicht so wichtig, dass ich unbedingt eine Biographie hinterlassen muss. So wichtig sind nicht einmal die Probleme, mit denen ich mich herumschlage. Aber indem ich sie niederschrieb, versuchte ich meine Gedanken zu ordnen und zu einem Ganzen zusammen zu fügen.

Und dieses Ganze war mein Ziel. Nennen wir den Rückzug, das Buch, meine persönliche Art der Therapie. Ich weiß nicht, wie die Verwicklungen anderer Menschen zu entwirren sind und wäre schon dankbar, sollte mir dies bei meinen eigenen gelingen. Andererseits glaube ich, dass es vielen ähnlich geht: Sie verleugnen ihre Persönlichkeit, spielen eine Rolle, um die Zuneigung anderer zu gewinnen – und leiden darunter, ohne dies wirklich wahrzunehmen. Vielleicht kann sich der eine oder andere von meiner Geschichte zu einem besseren Umgang mit sich selbst inspirieren lassen.

Davon handelt also dieses Buch. Vom Versuch, Ordnung zu schaffen, Raum für neue Visionen zu finden, und von der Suche nach der Antwort auf die Frage, wie es überhaupt so weit kommen konnte. Wie konnte ich es zulassen, ein Flatliner zu werden? Denn so viel steht fest: Eine gerade Linie ist alles, was Flatlinern am Ende bleibt. Die und ein monotones Summen. Das ist mir eindeutig zu wenig.

Dieses Abgeschnittensein von mir selbst, meiner Lebenfreude, iritierte mich, und so beschloss ich, mich für eine Zeit völlig von allem und aus allem zurückzuziehen. Eine ausgiebige Zeit zum Überlegen, fern der Heimat, fern aller Verpflichtungen, getrennt von Familie und Freunden, sollte meine Orientierungslosigkeit beheben. Das mag seltsam klingen, denn ich habe alles, was man sich nur wünschen kann: Erfolg, eine gesunde Familie, eine glückliche Ehe und keine materiellen Sorgen.

Und daher zog ich mich nach Nashville, Tennessee, in das Haus eines Freundes zurück, um dort so lange zu bleiben, bis ich den Grund für mein emotionales Desaster gefunden hätte. Und damit auch den Ausweg.

Ausgebrannt

Mein Rückzug nach Nashville im April 2003, und über allem die Tatsache, dass es mir schlecht ging – sehr schlecht, obwohl ich offiziell alle gängigen Kriterien für Glück und Erfolg vorweisen konnte –, befremdete meine Umgebung.

Nicht alle Reaktionen auf mein Vorhaben waren so verständnisvoll wie die meiner Familie. Es war die Rede davon, dass ich „mich nicht so anstellen" soll, dass ich „ohnehin zur Übertreibung" neige und ein paar erholsame Tage am Meer alles ins Lot bringen würden.

Aber mittlerweile hätte ein einfacher Urlaub nicht mehr ausgereicht – ich litt an den körperlichen und seelischen Folgen eines klassischen Burnouts. Viele Wege führen zu diesem Erschöpfungssyndrom, das sich laut Fachliteratur unter anderem in emotionaler Leere, depressiven Verstimmungen und psychosomatischen Beeinträchtigungen ausdrückt. Wie sich diese Wege gestalten, wie lange es dauert, bis der Tiefpunkt erreicht ist, ist von Mensch zu Mensch verschieden. Aber immer ist es ein schleichender Prozess, der sich über einen langen Zeitraum hinzieht.

Mein Umgehen mit dieser Lebenskrise ist Thema dieses Buches, aber es geht darin auch um die Auseinandersetzung mit den Ursachen der Krise und die daraus folgenden Erkenntnisse, die diese Zeit mir gebracht hat.

Als ich mich für Nashville entschied, wusste ich noch nicht, was mit mir los war. Was ich wusste war, dass ich die Situation nicht länger ertragen konnte. Ich musste weg, denn ich bekam keine Luft mehr, im wahrsten Sinn des Wortes – ich spürte ständig einen schweren Druck auf der Brust. Dass ich den Grund für meinen Zustand nicht erkennen konnte, war ebenso zermürbend wie die depressiven Gedanken, die mich bedrückten. Als ich mich Monate später mit der Burnout-Thematik auseinandersetzte, fiel mir ein Wort in der Symptombeschreibung besonders ins Auge: Depersonalisation. Verlust des Persönlichkeitsgefühles. Wer war ich wirklich?

Die Diskrepanz zwischen dem, was ich vorgab zu sein, und dem, der ich eigentlich war, hatte sich in den letzten Jahren immer mehr vergrößert. Nach außen spielte ich meine Rolle so perfekt, dass ich mich selbst täuschte: fröhlich, gesellig, immer strahlend, immer zu Späßen bereit. Auf jedem Fest, auf jeder Feier, immer unterwegs. Meine Umwelt, die Medien – alle waren dieses Bild von mir gewöhnt, und mir war es ebenso vertraut wie lieb, da ich es schon seit dem Beginn meiner Sportkarriere pflegte. Und es war ja echt: Begeisterung war das Motiv, das mich zu Höchstleistungen angetrieben hat, die Anerkennung, die ich dafür bekam, war „nur" ein angenehmer Nebeneffekt. Ich konnte für eine Sache leidenschaftlich entbrennen.

Als sich jedoch nach und nach mein Motiv änderte, als der Wunsch nach Anerkennung größer wurde als die Begeisterung für eine Sache, brannte ich aus.

Wer in sich ruht, erkennt seinen Wert. Ich hingegen war rastlos und unausgeglichen und hatte jedes gesunde Gefühl für mich verloren. Mein Selbstwertgefühl hing von meiner Umgebung ab, die ich zu beeindrucken suchte. Ich werde später noch genauer darauf eingehen, auch auf jene Episoden, die mich immer tiefer in den Bann des Burnouts zogen. Das, was ich darstellte, entsprach in keinster Weise dem, was sich hinter der Fassade abspielte. Ich glaubte, meine zunehmende allgemeine Beziehungsunfähigkeit, die Selbstwertprobleme und die körperlichen Beschwerden in den Griff zu bekommen, indem ich einfach weiterarbeitete. Ich betäubte mich mit Arbeit, denn ich hatte Angst davor, mich mit der ganzen Tragweite meiner Probleme zu konfrontieren. Vielleicht wollte ich gar nicht wissen, wie es um mich stand, weil ich die Situation ohnehin für aussichtslos hielt.

Ein Versuch, mit mir ins Reine zu kommen, war ja schon einmal gescheitert – Anfang 2001.

Marbella

Im Jänner 2001 war mein psychischer Zustand so aus dem Gleichgewicht geraten, dass es völlig egal geworden war, wo ich mich aufhielt: Nirgends fühlte ich mich wohl in meiner Haut. Die Organisation der *World Sports Awards* in London hatte mir den letzen Rest gegeben. Ich versuchte herauszufinden, was mich so belastete, was mir die Lebensfreude nahm.

Und so zog ich mich für drei Wochen allein in das Haus meines langjährigen Freundes Gilbert O'Sullivan nach Marbella (Spanien) zurück. Während der Reisevorbereitungen und der Reise selbst war ich zuversichtlich und guter Dinge, mich wieder in den Griff zu bekommen. Aber kaum war ich in Marbella angekommen, war alles wieder da: der Druck auf der Brust, die Atemnot, die Verzweiflung, nicht zu wissen, wie es weitergehen sollte mit mir.

Ich versuchte in mich hineunzufühlen und auszuloten, woher dieser unangenehme Druck kam, diese Kombination aus vielen einzelnen Dingen: Stress, Überlastung, Pessimismus. Lange saß ich da, mit geschlossenen Augen. Viele Gedanken gingen mir durch den Kopf. Eine Lösung war nicht in Sicht. Aber ich machte weiter, ich wollte den Grund, die Ursache finden, wollte wissen, warum mich die Zeit in London so belastet hatte bis hin zu dem Umstand, dass ich die Gegenwart anderer Menschen nicht mehr ertrug.

In den letzten Jahren hatte sich einiges ereignet, Dinge, die auch ihren Anteil an meinem Zusammenbruch hatten. Dazu gehören mein wahrscheinlich übertriebener Einsatz für die *Österreichische Sporthilfe*, dann schwere Vorwürfe, die mir in diesem Zusammenhang gemacht wurden, und die Organisation der beiden *World Sports Awards*. Ich war nicht nur hoffnungslos überarbeitet, sondern auch zutiefst gekränkt über die diffamierenden Lügen, die über mich in Umlauf gebracht worden waren.

Trotz allem meinte ich, beweisen zu müssen, dass der Hubert Neuper unschlagbar ist. Keine Zeit, um Atem zu holen oder in mich zu gehen. Und so verdichtete sich dieses Netz seelischer und materieller Verstrickungen täglich mehr.

Wo waren die Zeiten einer klaren Niederlage oder eines klaren Sieges? Wo war ein Trainer, der mich nach einer Niederlage aufbaute und mich zwang, die Situation zu bereinigen, um den nächsten Sieg möglich zu machen? So lange ich zurück denke, konnte ich mich doch immer auf meinen Ehrgeiz, meine Energie und meine Vorstellung, die mich zum Ziel führten, verlassen!

Der Widerspruch zwischen meinem Fühlen und meinem Handeln war immer größer geworden. Je größer diese Kluft wurde, je mehr ich meiner Intuition misstraute, um so schlechter ging es mir. Da ich zu anderen nicht darüber sprechen konnte, versuchte ich, meine Situation niederzuschreiben.

In Marbella begann ich schließlich zu tippen, eine Seite nach der anderen. Schon nach wenigen Seiten bemerkte ich, dass ich sogar das Notebook, also mich selbst, belog, dass ich nur schreiben konnte, was andere eventuell hören wollten, und nicht das, was mir auf der Seele lag. Als mir das klar wurde, rastete ich aus. Ich verlor völlig die Nerven, wischte alles vom Tisch, was auf ihm lag, und rannte vor Wut schreiend durch das Haus. Dabei schlug ich mit den Fäusten gegen die Wände, bis sie blutig waren. Da war ein so unbeschreiblicher Hass auf mich selbst, dass mich allein die Erinnerung daran wieder in Aufruhr versetzt. Dass ich mich selbst verletzte, zeigt, wie es um mich stand. Vielleicht geschah das einfach aus dem brennenden Wunsch, aus meiner lethargischen Starre auszubrechen, wieder etwas Reales zu fühlen – und sei es körperlicher Schmerz.

Einerseits hatte ich also völlig die Kontrolle verloren, andererseits hat mir das gut getan! Alles herauszubrüllen, den ganzen

Frust, die Wut und Enttäuschung, und eben nicht beherrscht zu sein von dem Zwang, eine Rolle perfekt spielen zu müssen.

Nach diesem Wutausbruch saß ich lange Zeit einfach so da, dachte nach und fragte mich immer wieder: „Warum bist du so geworden?“ Nach und nach beruhigte ich mich. Und ebenso allmählich begann auch der Druck in meinem Brustkorb nachzulassen, anfangs immer nur für wenige Sekunden. Ich versuchte zu erkennen, warum er nachließ. Was war anders als kurz zuvor? Alles, was ich dann fühlte, fasste ich in meinem Notebook zu einem – ehrlichen – Text zusammen.

Wahrscheinlich hätte damals nicht mehr viel gefehlt zu einer Lösung meines Problems, ich war auf dem richtigen Weg. Leider unterbrach ich meine Bemühungen durch einen Kurzbesuch in Österreich, und damit war der begonnene Klärungsprozess abgebrochen. Wieder zurück in Marbella, gelang es mir nicht mehr, meine Suche nach den Gründen für meine Unruhe fortzusetzen. Es wäre wohl besser gewesen, so lange in Marbella zu bleiben, bis ich meine Situation klar erkannt und gelöst hätte. Vielleicht war die Zeit noch nicht reif. Aber Geduld gehörte nie zu meinen großen Stärken.

Ich eigne mich einfach nicht fürs Stillsitzen. Je länger ich mich in Spanien aufhielt, um so unruhiger wurde ich und um so mehr verdrängte ich den Grund, warum ich hier war.

Meine wiederholten Versuche, mit meinen Freunden offen über alles zu sprechen, scheiterten. Ich schämte mich dafür, meine Gefühle nicht mitteilen zu können, aber ich war dazu einfach nicht in der Lage.

Ich kehrte nach Österreich zurück. Innerhalb kürzester Zeit waren alle alten Verhaltensmuster wieder da. Gegen Schmerzen kann man sich eine Spritze geben lassen, dann sind sie weg. Aber eben nur so lange, bis die Wirkung der Spritze nachlässt. Marbella war so ein „Schmerzmedikament“ – subjektiv fühlte ich mich besser, aber bald war alles wieder beim Alten. Ich hatte mich nicht um die Ursache, sondern nur um die Symptome meiner Erschöpfung gekümmert. Und so stellten sich diese schnell wieder ein, da ich an meiner hektischen Lebensweise nichts geändert hatte.

Offensichtlich war ich mit meiner Selbstanalyse nicht gründlich genug gewesen: Ich hatte den berüchtigten Nagel im Schuh stecken gelassen und nur die Wunde behandelt. Als ich dann den Schuh wieder anzog, steckte der Nagel noch immer an der selben Stelle und riss die Wunde wieder auf.

Leerlauf

Die Zeit von Sommer 2001 bis Anfang 2003, bis zu meiner Abreise nach Nashville, war geprägt von einer Mischung aus Lethargie und dem wirtschaftlichen Druck, der auf meiner Eventagentur *Neuper Group* lastete. Ich riss mich zusammen und versuchte ohne den gewohnten Elan, dafür sehr pragmatisch, Aufträge für meinen Betrieb zu gewinnen.

Zurückblickend drängt sich mir die Erinnerung an die Olympischen Spiele 1984 auf. Damals trainierte ich zwar verbissen, aber ohne Begeisterung. Das Ergebnis war, dass ich nicht einmal aufgestellt wurde. Jetzt, fast 20 Jahre später, erlebte ich eine ähnliche Situation: Die Projekte waren zwar interessant, aber ich konnte mich nicht genug dafür begeistern. So wollte Prinzessin Haya von Jordanien nach den furchtbaren Terroranschlägen in New York eine Aktion starten: „Light the World", eine Art Friedensfeuer, das in 24 Stunden rund um den Erdball geflogen werden sollte. Sie bat mich um meine Mithilfe. Ich flog nach Paris, und wir unterhielten uns lange darüber, begannen auch mit der Vorbereitung. Wie so vieles damals wurde auch dieses Projekt begonnen und nicht beendet.

Auch 2002 verbesserte sich die Lage nicht. Mehrere Projekte, die meine meine Firma durchführen sollte, scheiterten aus verschiedenen Gründen. Einer davon war, dass ich ungeduldig war und mir die Begeisterung, der Spirit, fehlte, mit dem ich normalerweise an Projekte heranging. Das machte auch die kleinste Hürde unüberwindbar.

Die *Neuper Group* engagierte sich für unterschiedliche Aufgaben. Wir erhielten die Möglichkeit, entsprechende Konzepte zu schreiben. Wenn dann von Seiten der Verantwortlichen Schwierigkeiten auftraten, sah ich keine Chance mehr, unsere Ideen zu realisieren; ich teilte dem Kunden mit, dass die Zusammenarbeit unter diesen Umständen nicht sinnvoll wäre – und stieg aus. Einfach so, ohne ein Gespräch zu suchen, ohne für unsere Ideen zu kämpfen, wie ich es von mir gewohnt war. Ich lehnte Aufträge ab, für die andere Agenturen viel gegeben hätten.

Auch beschäftigte ich mich mit einem Tourismusprojekt in Bad Mitterndorf, das mich nach wie vor sehr interessiert. Der Ort und die umliegende Region haben diesbezüglich ein großes Potenzial. Damals aber war ich halbherzig und mit wenig Freude bei der Sache. Ich schwankte zwischen Enthusiasmus, sobald ich eine Idee hatte, und Selbstmitleid, nachdem ich diese wieder verworfen hatte. Dass nichts weiterging, keine positiven Veränderungen in Sicht waren, machte mich extrem ungeduldig. Ich ertrug nicht die leiseste Kritik und war auch nicht in der Lage, sachliche Diskussionen zu führen. Heute weiß ich, dass es keinen Unterschied gemacht hätte, welcher großen Vision ich nachgelaufen wäre – ich war ohnehin immer auf der Flucht vor mir selbst. Und gleichzeitig enttäuscht von der Tatsache, nichts mehr zuwege zu bringen.

Kurz vor Weihnachten 2002 sagte ich zu meiner Frau Claudia, dass etwas geschehen müsse. Zwei Jahre hatte ich nun vergeblich versucht, meinen Rhythmus, meine Lebensfreude wiederzufinden, die nicht ausschließlich von äußeren Einflüssen, wie zum Beispiel beruflichem Erfolg, abhängen sollte. Ich wollte mich einfach wieder am Leben erfreuen.

Stattdessen litt ich an der Angst, ein Versager zu sein, fürchtete auch die Leere, die sich unweigerlich einstellen würde, wenn ich aufhörte, vor mir wegzulaufen. Ich beschäftigte mich lieber halbherzig mit Projekten, die mir wenig bedeuteten, und hinderte mich auf diese Art selbst daran, die Entscheidung zu treffen, diese Situation zu entwirren.

Bis ich schließlich den absoluten Tiefpunkt erreicht hatte. Nachts litt ich an Schlaflosigkeit, tagsüber an meiner Lethargie und Kurzatmigkeit – dazu kam das Gefühl, jeden Bezug zur realen Welt verloren zu haben. Zu allem Überfluss quälte mich tiefes Selbstmitleid.

An einem Jännermorgen 2003 wachte ich mit dem heftigen Wunsch auf, alles liegen und stehen zu lassen und wegzulaufen, um dieser depressiven Stimmung, die mich beherrschte, zu entfliehen. Gleichzeitig fürchtete ich, dass ich für diesen Schritt viel zu feige sein würde, schon allein aus Angst davor, zu versagen – nicht nur vor mir, sondern vor allem in den Augen der anderen.

Trotzdem war dies ein Schlüsselerlebnis, das mir zu denken gab. Ich sprach mit meiner Familie, versuchte zu erklären, wie es um mich stand, ohne wirklich genau zu wissen, was los war. Wegzugehen wäre meine einzige Chance, Abstand zu gewinnen: Ich hatte keine klare Vorstellung davon, was ich mir erhoffte, nicht einmal davon, ob ich mir überhaupt etwas erhoffte. Ich wollte mich einfach zurückziehen. Im besten Fall würde ich herausfinden, warum es so weit mit mir gekommen war und was ich zu tun habe, um die Situation zu ändern. Wir sprachen lange darüber, und dann stand mein Entschluss fest: Ich würde im Februar die nächste Skiflugveranstaltung am Kulm noch durchziehen und dann eine Auszeit nehmen. Mindestens ein halbes Jahr.

Und wieder war es mein Freund Gilbert O'Sullivan, der mir ein Haus zu Verfügung stellte. Dieses Mal in Nashville, Tennessee.

Ankunft in Nashville, Tennessee

Am 3. April war es so weit. Die Reise in eine ungewisse Zukunft sollte beginnen. In der Nacht vor meiner Abreise hatte ich schlecht geschlafen. Immer wieder wachte ich auf, mit der quälenden Frage, ob ich wohl das Richtige mache. Ist es wirklich notwendig, meine Familie zu verlassen, noch dazu für einen so langen Zeitraum?

Mein Verstand sagte mir, dass ich besser hier bleiben sollte. Mit der Zeit würde sich mein Dilemma auch in der gewohnten Umgebung lösen. Aber jedes Mal, wenn ich mir dies ernsthaft überlegte, zog sich mein Brustkorb zusammen und war ich konfrontiert mit Atemnot, Verzweiflung und Angst. Angst, mit dieser alles bestimmenden Lethargie weiterleben zu müssen. Sie zog eine Grenze um mich, innerhalb derer es nichts Positives gab, sondern nur die ständige Beschäftigung mit meinen Problemen.

Es heißt, dass man manchmal den Wald vor lauter Bäumen nicht sieht. Aber steigt man auf einen Berg, über die Baumgrenze hinaus, sieht man ihn sehr wohl, diesen Wald. In der Absicht, meinen Blickwinkel, meine Perspektive zu verändern, blieb mir keine andere Wahl, als mein Vorhaben durchzuziehen.

Meine Frau und meine beiden Töchter brachten mich zum Flughafen. Während der Fahrt wurde kaum gesprochen, zu sehr war ich in meinen Gedanken versunken. Bei der ersten Autobahnabfahrt war ich kurz davor zu sagen: „Wisst ihr was, ich drehe jetzt um und bleibe hier, es wird schon wieder werden.“ Dieser Gedanke war verlockend. Auch im Wartezimmer einer Zahnarztpraxis verschwinden die Schmerzen oft plötzlich, und die Behandlung scheint nicht mehr notwendig zu sein. Es war eine sehr nachdenkliche Fahrt zum Flughafen.

Dass ich dann doch wegflog, lag auch an einer weiteren Überlegung: Was würden die Leute von mir denken, wenn ich dieses Projekt nicht durchzog? Noch dazu, wo ich es so groß angekündigt hatte. Also hob ich mit gespieltem Frohmut die Koffer aus dem Auto, darauf bedacht, mir vor meiner Familie nicht anmerken zu lassen, wie schlecht ich mich fühlte.

Dann kam der Moment des Abschieds. In mir stieg das eigenartige Gefühl auf, nie mehr zurückzukommen, als wäre es ein Abschied für immer. Obwohl mich das sehr traurig stimmte, spielte ich wie immer meine Paraderolle, den „starken Mann". Nur nichts anmerken lassen. Keine Gefühle zeigen, nicht einmal jenen Menschen gegenüber, die mir am nächsten sind.

Im Flugzeug sitzend dachte ich darüber nach, wie leicht es mir vor ein paar Monaten gefallen war, mich für die Auszeit zu entscheiden. Wahrscheinlich weil ich den Rückzug an sich schon als Lösung für meine Probleme betrachtet hatte. Und jetzt war es mir so schwer gefallen, nicht den leichteren Weg zu gehen und in Österreich zu bleiben. Denn im Grunde war ich, was den Ausgang meiner Reise betraf, alles andere als zuversichtlich. Wenn ich mir die Frage stellte, was sich ändern würde, bekam ich zur Antwort: Nichts. Alles bleibt gleich. Du gibst einfach nur auf. Vor zwei Jahren bist du in Marbella gescheitert, jetzt scheiterst du in Nashville. War dies wirklich nur ein weiterer Fluchtversuch? Insgeheim hoffte ich ja doch, dass sich alles von selbst regeln, dass über diesen langen Zeitraum in Amerika meine Lebensfreude von selbst zurückkehren würde. So viel kann ich jetzt schon sagen: In dieser Beziehung hatte ich mich gewaltig getäuscht.

Die Reise selbst verlief ohne Zwischenfälle. In Frankfurt stieg Karin Peschka, meine Co-Autorin, zu. Ich hielt es für eine nützliche Idee, in den ersten Wochen meiner Auszeit mit einer anderen Person meine Probleme durch- und aufzuarbeiten. Um größere Ordnung und Klarheit in meine Gedanken zu bringen, wollte ich diese niederschreiben. Und dabei sollte mir Karin helfen. So konnte ich zwei Fliegen mit einer Klappe schlagen: erstens meine Unfähigkeit überwinden, mich anderen mitzuteilen, und zweitens eine klare Struktur (eventuell in Buchform) und ehrliche Analyse meines emotionalen Absturzes zu finden.

Nach einer Anreise von 18 Stunden kamen wir in Nashville an. Mittlerweile war es Abend geworden, und schon im Dunkeln konnte man sehen, wie riesig das Anwesen ist. Das Haus steht inmitten eines 20.000 m^2 großen Grundstückes, umgeben von alten Bäumen, wenige Schritte vom Ufer des Old Hickory Lake entfernt. Von meinem Schlafzimmer aus konnte ich den See überblicken. Wahrlich ein Platz, wo es sich unter normalen Umständen gut leben ließe.

In der ersten Nacht wachte ich schweißgebadet auf, die Dunkelheit deprimierte mich. Die Angst, mein Leben nicht ins Positive wenden zu können, war so stark, dass mich die Verzweiflung bis zur Morgendämmerung wach hielt. Schon um sechs Uhr morgens stand ich auf.

Ich begann mit einem Sportprogramm. Eine halbe Stunde Laufen zeigte mir meine Grenzen auf. Ich war nicht nur psychisch, sondern auch körperlich ein Wrack. Um meinen Körper nicht zu überfordern, hielt ich in den ersten Wochen einen 2:3 Rhythmus ein: zwei Minuten gehen, drei Minuten laufen. Nach zwei Tagen schlugen meine Ungeduld und mein zwanghafter Ehrgeiz zu. Ich nahm mir vor, das morgendliche Lauftraining gleich einen Monat lang jeden Tag durchzuziehen, komme was wolle. Statt auf mein Gefühl zu hören und zu versuchen, ruhiger zu werden, ließ ich mich weiter vom Zwang beherrschen. Bloß nicht aufgeben, das wäre Schwäche.

Es kostete mich enorme Überwindung, jeden Morgen aufzustehen und zu laufen. Dabei redete ich mir ein, es ginge mir um die Verbesserung meiner Kondition. In Wahrheit war mein einziges Motiv, einen gefassten Vorsatz durchzuziehen. Ich war besessen von der Vorstellung, mir zu beweisen, dass ich mein Programm durchhalten könne. Freude an der Bewegung spielte dabei nicht einmal ansatzweise eine Rolle. So war es auch logisch, dass der Sport keinerlei positive Wirkung zeigen konnte, im Gegenteil: Der Widerwillen, mit dem ich meine morgendliche Runde über die Hügel der Umgebung absolvierte, wurde größer und größer. Mein Körper holte mich schließlich auf den Boden der Realität zurück: Nach circa drei Wochen war meine Achillessehne so entzündet, dass ich meinen Trainingsplan unterbrechen musste. Ich war gezwungen, stehen zu bleiben. Im wahrsten Sinne des Wortes.

Genau das war mir am schwersten gefallen: innezuhalten. Ständig war ich auf der Suche nach Beschäftigung, ständig wollte ich etwas unternehmen. Flüchtete von einer Aufgabe in die nächste. Da ich keine Ruhe fand, gab es auch keine Möglichkeit, die Ursache meiner Unruhe zu finden. So reinigte ich zum Beispiel den Griller, zerlegte ihn in alle Einzelteile und baute ihn wieder zusammen. Oder ich räumte die Garage völlig aus, putzte sie gründlich und stellte alles wieder an seinen Platz. Nur damit die Zeit verging und keine unliebsamen Gedanken aufsteigen konnten.

Wenn ich mich nicht körperlich betätigte, strapazierte ich meine Gehirnzellen mit der Suche nach neuen Projekten. Bereits nach wenigen Tagen in Nashville stellte ich mir vor, was ich im Herbst machen würde. Stundenlang versuchte ich ein Ziel zu finden, das es wert war, verfolgt zu werden, das mir den gewissen Kick wiederbringen sollte, den ich seit langem vermisste. Ich rechnete, machte mir Notizen, verwarf Ideen, griff sie wieder auf. Als aber letztendlich bei diesen Überlegungen nichts herauskam, war meine Verzweiflung noch größer als zuvor. Ich hätte 100 Jahre in Nashville verbringen können: Solange ich nicht bereit war, mich dieser Herausforderung zu stellen, der Ursache meines Zustandes auf den Grund zu gehen, würde sich auch nichts ändern.

Mit meinem Versuch, die Zukunft zu planen, scheiterte ich also kläglich. Allerdings gab es zumindest einen Lichtblick: Wenn wir am Buch arbeiteten und ich über meine Erlebnisse sprach, wurde ich ruhiger und war mit den Gedanken ganz bei der Sache. Meine Co-Autorin wusste ja nichts von mir, wir hatten uns erst in der Vorbereitungszeit für diese Reise kennen gelernt. Um zu verstehen, worum es mir eigentlich ging, zwang sie mich durch beharrliches Hinterfragen, viel tiefer in mein Thema – und somit in mein Leben – einzutauchen, als mir lieb war. Diese Gespräche waren die ersten Schritte in die richtige Richtung, obwohl ich anfangs nicht lange durchhielt. Einerseits war es mir unangenehm, über mein Leben zu reden, andererseits empfand ich es als sehr anstrengend. Aber ich hatte keine andere Wahl: Das Buch war der Vorwand, mit dem ich meine Unfähigkeit, mich anderen zu öffnen, überlistete.

Gleich am ersten Tag hatten wir damit begonnen, das Buch zu strukturieren und uns über den Inhalt der einzelnen Kapitel zu unterhalten. Um der Problemlösung näher zu kommen, entschlossen wir uns, ganz am Anfang zu beginnen – mit den Erinnerungen an meine Kindheit.

Kindheit und Jugend

Bad Mitterndorf

Mein Vater war Malermeister und Skilehrer, ein ruhiger und eher introvertierter Mann. Er hatte sich gemeinsam mit meiner Mutter in Bad Mitterndorf ein Haus gebaut, direkt neben dem seiner Eltern. Meine um zwei Jahre ältere Schwester Gundi und ich waren oft bei unseren Großeltern. Ich war vier Jahre alt, als meine Mutter die Ausbildung zur staatlich geprüften Skilehrerin machte und immer wieder für mehrere Tage wegfahren musste. Es muss schlimm gewesen sein für mich, denn ich erinnere mich heute noch daran, wie ich an der Hand der Großmutter dem wegfahrenden Auto nachweinte.

Ich habe nur noch wenige Erinnerungen an diese frühen Jahre. Zum Beispiel erinnere ich mich an Harry, den Schäferhund meiner Großmutter, und daran, dass ich auf dem Bauch meines Großvaters reiten durfte, wenn dieser auf dem Sofa lag. Mein Großvater starb 1968, als ich acht Jahre alt war, und alles, was ich noch von ihm weiß, klingt nach einem interessanten Leben: Er war Holzknecht, später Buchhalter und schließlich Bürgermeister von Bad Mitterndorf. Und irgendwann muss er auch Friseur gewesen sein, hatte er doch die dazu notwendige Ausrüstung, mit der er mir regelmäßig die Haare schnitt.

Es war eine unbeschwerte Zeit, mit ein paar kleinen Dramen, die mir damals natürlich riesengroß erschienen. So hatte ich fürchterlichen Respekt vor den Bad Mitterndorfer Kramperln. Wohl war ich später bei jedem Krampustreiben dabei, aber doch eher hinter der Kirchenmauer versteckt als an vorderster Front. Selten wurde ich von einem Krampus erwischt.

In diesen behüteten Tagen war Weihnachten immer besonders schön, mit allem, was dazu gehört: Kekse backen, Adventkerzen,

Weihrauchduft und ein nie gelöstes Rätsel: Wie konnte bei der Bescherung das Glöckchen hinter der verschlossenen Türe läuten? Fast genauso wichtig wie Weihnachten war im Winter das Skispringen. Zum Skifahren bin ich nämlich nie mit Stöcken losgezogen, sondern immer mit der Schaufel, um mir Schanzen zu bauen. Bereits als Vierjähriger sprang ich über die ersten Hügel. Die kalte Jahreszeit gehörte meiner Leidenschaft, dem Skispringen, und die warme dem Indianerspielen. Die Sommer verbrachte ich mit meinen Cousins in der Schottergrube, im Wald, und am nahe liegenden Bach.

Oder am Meer: Jesolo ist mir im Laufe der Jahre fast zur zweiten Heimat geworden. Einer meiner ersten Besuche dort hatte noch einen ernsteren Hintergrund: Mit fünf Jahren erkrankte ich an einer schweren Bronchitis und musste längere Zeit in einem Wiener Spital verbringen. Im Jahr darauf fuhr ich mit meiner Mutter zur Erholung nach Jesolo, gefolgt von regelmäßigen Besuchen in der Bad Ischler Klimakammer – wo ich Meeresluft inhalierte. Und obwohl meine Bronchitis erfolgreich ausgeheilt wurde, hielt die Familie die Tradition der Jesolo-Urlaube aufrecht.

Ich war ein pummeliges Kind und für einen guten Bissen stets zu begeistern. Meine ersten zehn Lebensjahre trottete ich also gesund, glücklich und eher rund durchs Leben, als akzeptiertes Mitglied meiner Bande. 1967 begannen die Eltern mit dem Bau der Frühstückspension. Was mich weit mehr beeindruckte war die Tatsache, dass Harry, der Schäferhund, eingeschläfert und in der Baugrube beerdigt worden war. Das und die üblichen Kindheits-Wunden (ein spitzer roter Stein im Knie, Unmengen von Blut) sind die wesentlichen Erinnerungen an dieses Jahr.

Dann kam das ganz besondere Weihnachtsfest 1968. Ich war acht Jahre alt und bekam meine ersten Sprungski! In Wahrheit waren es einfach längere Alpinski mit einer Sprungskibindung, also einer Bindung, in der die Schuhe an ihrer Spitze festgehalten wurden. Für mich waren es die schönsten Sprungski der Welt. Ich startete meine Karriere gleich vor dem Christbaum, indem ich die Ski den ganzen Abend angeschnallt ließ und im Trockentraining fleißig Vorlage, Hocke und Telemark übte. Gleich am nächsten Tag probierte ich die Ski gemeinsam mit meinem Vater im Schnee aus. Das Skispringen scheint mir schon immer im Blut gelegen zu sein. Dabei erfuhr ich erst mit ungefähr zwölf Jahren, dass mein Vater früher ebenfalls gesprungen war. Er war sogar 1950 der erste Springer auf der damals neu errichteten Flugschanze am Kulm. Auf dieser Schanze sollte ich 46 Jahre später die Skiflug-Weltmeisterschaft organisieren. Während meiner aktiven Sportkarriere durfte ich am Kulm, der übrigens die größte Naturflugschanze der Welt ist, zwei schöne Siege erzielen.

Im Februar 1970 wurde meine Schwester Eva-Maria geboren. Und mit dem Ende der Sommerferien desselben Jahres endeten auch die unbeschwerten Zeiten meiner Kindheit: Ich wurde in das Hauptschul-Internat in Bad Goisern geschickt. Vier Jahre lang lebte ich fortan während der Schulzeit im Bad Goisener „Gefängnis", von Sonntagabend bis Freitagabend. Für mich, der doch eine so enge Beziehung zur Mutter hatte, war das eine ganz furchtbare Zeit. Besonders was das Heimweh betraf. Warum ich ausgerechnet in diese Schule gesteckt wurde? Meine schulischen Leistungen waren nicht gerade die besten, und die Eltern hatten zu wenig Zeit, sich in dieser Hinsicht viel um mich zu kümmern: Da waren die Pension, der Malerbetrieb und die Skischule, die am Laufen gehalten werden wollten.

Außerdem dürfte hier meine Großmutter interveniert haben. Diese sehr disziplinierte Frau hat gewusst, wo's langgeht, und war der Ansicht, dass man vor Schwierigkeiten nicht davonlaufen darf. Vom Davonlaufen war aber ohnehin nicht die Rede – tagsüber zeigte ich auch keine Schwäche. Aber in der Nacht weinte ich in den Polster, bis ich schließlich einen Weg fand,

Mit meiner Schwester Gundi

Meine Eltern – Vater Hubert und Mutter Brunhilde

Mit den Schwestern Eva-Maria† und Gundi

Mit den Springerkollegen v.l.n.r.: Gerhard Lackner und Franz Lackner

Stams 1974, in der Kraftkammer

Mit Claudia und den Töchtern Nina (links) und Laura (rechts)

Links: Hochzeit am 19. Mai 1984 in Stams, (Aufnahme Mösern bei Telfs/Tirol)

Mit Claudia und Christian Pichler einem „Familienmitglied"
Sieger des Weltcupbewerbes am Kulm 1982; mit Mutter und Schwester Gundl

4. 1. 1980 Tagessieg bei der Vier-Schanzen-Tournee, Innsbruck
Untem: „… und hier waren die DDRler hinter mir."
Siegerehrung Gesamtwertung Vier-Schanzen-Tournee in Bischofshofen

Erster große Sieg: Sommerskispringen in Bad Aussee, 1977

meinen Kummer erträglicher zu machen: Immer wenn mich das Heimweh übermannte, träumte ich vom nächsten Urlaub in Jesolo. Ich malte mir in den schönsten Farben aus, was ich alles machen würde, jede noch so kleine Einzelheit – und überstand auf diese Weise viele einsame Nächte im Internat. Jesolo war mein erster bewusst eingesetzter positiver Verstärker, eine Methode, die mir auch später half, schwierige Zeiten und Hürden zu meistern.

*

Die Internatszeit lässt sich auf eine bestimmte Weise mit meiner Zeit in Nashville vergleichen – nur dass mir in Nashville lange nicht gelingen wollte, was mir als Kind so gut gelungen war. Der Versuch, mich positiv zu motivieren, scheiterte hier immer wieder. Die kindliche Zuversicht und Intuition, mit denen ich damals meine Probleme gelöst hatte, waren schon lange verschwunden. An ihre Stelle war die Gewohnheit getreten, Situationen vordergründig mit dem Verstand zu beurteilen. Und mein Verstand gab mir eindeutig das Signal: Es wird sich ohnehin nichts ändern. Als Kind geht man einfach den richtigen Weg, ohne lange darüber nachzudenken. Als Erwachsener glaubt man, viel über den Weg gelernt zu haben – und verfehlt ihn oft gerade aus diesem Grund.

*

Positiv am Internat waren die regelmäßigen Sportstunden. Wir Schüler genossen eine einwandfreie Grundausbildung und nahmen an verschiedensten Meisterschaften teil: Leichtathletik, Turnen, Volleyball, und vieles mehr. Das war gut für meine weitere Sportkarriere, mein Durchhaltevermögen steigerte sich, und die verschiedenen Koordinations-Übungen waren mir schon geläufig, bevor ich nach Stams in die Skihandelsschule kam. Und wenn im November die Wochen bis zu den Weihnachtsferien zu lang erschienen, beruhigte mich der erste Schnee des Jahres. Der fallende Schnee löste eine Harmonie in mir aus, die mich sehr gelassen machte. Ich fühlte mich wohl und war zufrieden, einfach aus mir selbst heraus.

Mittlerweilen musste ich mir meine Schanzen nicht mehr selbst bauen; es gab einen Verein in Bad Mitterndorf und eine Schanze drei Kilometer außerhalb. Dort hat uns der Vater dann auch oft hingeführt, meine Springerkollegen und mich, aber ebenso oft hat er uns draußen vergessen. Dann mussten wir eben zu Fuß wieder zurück in den Ort. Was zumindest meiner Kondition nicht geschadet hat. Schließlich wurde – endlich – unser Talent entdeckt, und fortan ging es im VW-Käfer zu den verschiedensten Sprungbewerben. Ich weiß noch, dass wir immer in aller Herrgottsfrüh aufgebrochen sind, Richtung Ampflwang oder Mürzzuschlag oder wo gerade ein Wettbewerb stattfand, und die Autoscheiben außen und innen voller Eis waren.

Ich hatte dann einige gute Platzierungen und durfte schon 1972 mein erstes TV-Interview geben. Und obwohl ich kein einziges Springen gewonnen hatte, reichten zu meiner großen Freude meine guten Leistungen für die Aufnahme in den Schülerkader des ÖSV. Dort kam es auch zum ersten Zusammentreffen mit einem, der beides werden sollte – bester Freund und größter Konkurrent: Armin Kogler. Wir teilten später nicht nur das Zimmer miteinander, sondern auch eine Menge Erfahrungen.

*

Ich habe noch nie so ausführlich über meine Kindheit nachgedacht wie hier in Nashville. Mich mit meiner Vergangenheit zu beschäftigen, war interessant, vor allem da sich Zusammenhänge auftaten, die mir bislang nicht aufgefallen waren. So haben mich die Jahre in Bad Goisern sicher stark geprägt, zumindest meine Ausdauer betreffend. Wahrscheinlich rührt auch die Scheu, über private Dinge zu sprechen, aus dieser Zeit, in der ich lernte, alles mit mir selbst auszumachen. Tagsüber zeigte ich keine Schwäche – denn welches Kind möchte schon schwach sein? Und zu Hause, am Wochenende, war alles in bester Ordnung. Es gab keinen Grund, mich bei meinen Eltern zu beklagen. Ich lebte so sehr in der Gegenwart, dass mich Probleme dann beschäftigten, wenn sie passierten. Sobald sich die Situation wieder verändert hatte, waren sie kein Thema mehr.

Die Stunden, die ich damit verbrachte, Kindheit und Jugend zu reflektieren, waren eine Wohltat, eine Therapie. Was nichts daran änderte, dass ich den Rest der Zeit als unangenehm empfand, da mich nach den Gesprächen mit Karin immer wieder die Angst einholte, hier in Nashville ebenso zu scheitern wie schon in Marbella vor zwei Jahren. Drohte mir die Decke auf den Kopf zu fallen, stieg ich ins Auto und fuhr in die Stadt. Von der Stadt zurück zum Haus. Vom Haus zum Golfplatz. Vom Golfplatz wieder nach Hause auf der Suche nach einer Betätigung. Zum Beispiel den Griller zu reinigen, das wurde für mich zu einer Zeremonie. Ich begann sogar zu kochen, lernte eine Waschmaschine zu bedienen und bügelte meine Wäsche selbst. Lauter hoch willkommene Gelegenheiten, der Auseinandersetzung mit mir auszuweichen.

Nach wie vor schien sich jedoch an meinen Empfindungen nichts zu ändern. Ich empfand meinen inneren Zustand als existentielle Bedrohung. Da nützte es wenig, finanziell abgesichert zu sein, emotional hatte ich Bankrott gemacht. Es war mir gleich, ob ich lebte oder nicht, und das erschreckte mich zutiefst.

So hetzte ich weitere Wochen von einer Beschäftigung zur nächsten – bis mir die Luft ausging und ich endlich etwas langsamer werden musste.

Dazu kam eine gewisse Kontinuität: Ich freute mich auf die wöchentliche Golfrunde mit Ralph und Larry, zwei Golffreunden aus der Gegend. Das regelmäßige Spiel bot neben Entspannung auch Ablenkung.

Immer und immer wieder dachte ich über den langen Zeitraum nach, der mir hier noch bevorstand. Einmal zählte ich nicht nur die Tage, sondern sogar die Stunden bis zum geplanten Ende meiner Mission. Mehr als fünf Monate noch! Wie sollte ich das aushalten, ohne konkrete Pläne, ohne praktische Ziele, an denen ich werken konnte? Das waren eindeutig Entzugserscheinungen; ich war süchtig nach Arbeit. Heute bin ich froh darüber, diesen langen Zeitraum gewählt zu habe, weil es gerade diese Dauer war, die mich in die Schranken wies. Heimfahren kam nicht in Frage. Und so blieb mir nichts anderes übrig, als die Zeit zu akzeptieren, bis ich lernte, sie sinnvoll zu nutzen.

Währenddessen ging die Arbeit am Buch weiter. Mir kam es viel zu langsam vor. Aber ich sah, wie viele Stunden Karin damit verbrachte, meine Aufzeichnungen in Kapitel umzuarbeiten – und so hielt ich meine grenzenlose Ungeduld zurück. Ich wusste, wie wichtig es war, mein Leben bis ins kleinste Detail zu erörtern. Irgendwo könnte der Schlüssel für die Zukunft zu finden sein. Also versuchte ich zu akzeptieren, dass gewisse Dinge zum Entstehen Zeit brauchen. Im Grunde war es mir egal, ob das Buch jemals erscheinen würde, denn ein Ziel war zu diesem Zeitpunkt schon erreicht: Ich konnte über meine Probleme sprechen und löste mich damit langsam von den Belastungen meiner Vergangenheit. Das war Grund genug, Geduld zu haben.

Und für die Dauer unserer Besprechungen konnte ich mich auch konzentrieren, weil ich mit meinen Gedanken auf ein Thema fokussiert war. Alle anderen Tätigkeiten wurden mir nach einer Viertelstunde zuviel. Daher brauchte ich auch drei Wochen, um den Griller zu reinigen …

Nachdem wir uns mit meiner Kindheit auseinandergesetzt hatten, war das nächste Thema meine Zeit in der Stamser Ski-Handelsschule.

Die Ski-Handelsschule, erste Erfolge

Der Sommer 1974 lieferte mir meinen ersten absoluten Tiefschlag. Nichts lief so, wie ich wollte. Zuerst stellte sich die Frage nach der weiteren schulischen Laufbahn. Das Hauptschul-Internat in Bad Goisern war glücklich überstanden, als nächstes Ziel hatte ich mir wieder ein Internat ausgesucht, diesmal sogar freiwillig: das Skigymnasium in Stams. Meine schulischen Leistungen waren allerdings nicht sehr vielversprechend, und so folgte ich dem Wunsch meiner Mutter und machte zur Sicherheit zusätzlich zu Stams auch die Aufnahmeprüfung in der Handelsschule Bad Aussee. Aber wirklich nur, weil Mutter es so haben wollte – was sollte ich in einer Handelsschule? Ich wollte ja Skispringer werden!

Vor den Aufnahmeprüfungen in Stams (dort sind zwei zu absolvieren, eine schulische und eine sportliche) lag noch ein Schülerkader-Trainingskurs des ÖSV in Obertraun. Warum auch immer, die Leistungen, die ich bei diesem Kurs lieferte, spotteten jeder Beschreibung. Ich bin so schwach gesprungen, dass es nicht ohne Konsequenzen blieb. Mein damaliger Trainer nahm mich zur Seite und brachte mir – so schonend es eben ging – bei, dass ich besser mit dem Skispringen aufhören sollte. Ich sähe ja selber, wie schlecht ich spränge, außerdem wäre ich zu dick für diesen Sport. Und dann riet er mir, in die Fußstapfen meines Vaters zu treten und Malermeister zu werden.

Eine Welt brach für mich zusammen. Ich saß eine Stunde verwirrt auf einer Steinmauer und versuchte das alles zu begreifen. Einerseits hatte der Trainer schon Recht, meine Leistungen sprachen eindeutig nicht nur für den Ausschluss aus dem Schülerkader, sondern sogar für das Ende meiner Skispringer-Laufbahn, noch bevor diese richtig begonnen hatte. Und dass ich zu schwer war, war auch nicht zu übersehen.

Aber auf der anderen Seite war es meine tiefe innere Überzeugung, Skispringer zu sein. Und es auch weiter zu bleiben, so viel stand fest. Dabei ging es mir nicht um Weltcupsiege, sondern einfach um die Ausübung dieses faszinierenden Sportes.

In dieser Zeit begann sich ein Verhaltensmuster zu entwickeln, das mich später nie mehr ganz verlassen sollte: Ich setzte mir das Ziel, anderen Menschen etwas zu beweisen. Wenn sie sagten, „Es geht nicht“, meinte ich: „Doch. Es geht.“ Meine anatomischen Voraussetzungen sprachen gar nicht für eine Sportkarriere. Egal ob Volleyball, Bodenturnen oder Leichtathletik – mir fielen am Anfang nicht nur die neuen Bewegungsabläufe schwer, zusätzlich war mir auch meine Körperfülle im Weg. Aber die Freude am Sport gab mir das Gefühl, Fortschritte zu machen. Und daran hielt ich mich fest, auch wenn Lehrer und Kollegen mir Unsportlichkeit vorwarfen. Eine Lektion lernte ich damals gut: Solange man aus der Tiefe seines Herzens darauf vertraut, dass man das Richtige macht, ist es auch richtig. Auch wenn – nüchtern betrachtet – vieles dagegen spricht.

*

Als ich mich in Nashville viele Jahre später an die energische Besonnenheit erinnerte, mit der ich schon früh meinen Weg gegangen war, fasste ich etwas Mut. Dass das Projekt Nashville auf diese Weise über kurz oder lang erfolgreich sein würde, realisierte ich jedoch erst einige Wochen später.

*

Im Sommer 1974 setzte sich meine Pechsträhne vorerst fort und ich fiel auch bei der Stamser Aufnahmeprüfung durch, schulisch und sportlich. Sollte die Handelsschule in Bad Aussee wirklich der letzte Ausweg sein?

Meine Mutter hatte meine große Enttäuschung miterlebt. Sie rief in Stams an, um zu fragen, ob es nicht doch noch eine Möglichkeit für mich gäbe. Und der Zufall wollte es, dass zu dieser Zeit neben dem Skigymnasium auch noch eine Ski-Handelsschule eingerichtet wurde und sich für diese zu wenig Schüler angemeldet hatten. Ich war überglücklich, alles machte wieder Sinn. Nicht einmal eine Aufnahmeprüfung musste ich ablegen, denn diese hatte ich ja schon für die Handelsschule in Bad Aussee bestanden.

Stams war einfach perfekt. Vom Anfang bis zum Ende. Was ist das Besondere an dieser Schule? Diese Internatsschule wurde gegründet, um Skisportlern und -sportlerinnen sowohl ein perfektes Training anzubieten als auch eine fundierte schulische Ausbildung. Das sportliche Training ist sehr zeitintensiv, daher dauert die Schule hier ein Jahr länger als an Regelschulen, wobei die Unterrichtszeiten an die jeweiligen Anforderungen angepasst werden. Schulstunden, die zum Beispiel durch die Vorbereitung für Teilnahme an Wettkämpfen entfallen, werden später nachgeholt. Das Schuljahr dauert daher etwas länger.

Der Anfang war schon hart, die ersten Wochen konnte ich die Stiegen im Heim nur noch rückwärts hinuntergehen. Der Muskelkater war kaum auszuhalten, ich konnte mich fast nicht mehr rühren. Mein Körper war auf das Training nicht vorbereitet, aber ich wollte mich auch nicht davor drücken. Immerhin war ich in einer Trainingsgruppe mit Willi Pürstl, Karl Schnabl und Toni Innauer! Auf einmal war ich mit den ganz Großen des Sprungsports zusammen und lernte, dass Begeisterung allein nicht ausreicht, um Erfolg zu haben. Man muss schon mehr einsetzen, mehr tun.

Und das habe ich dann auch getan: trainiert bis zum Umfallen, im wahrsten Sinn des Wortes. Bereits am dritten Trainingstag stand ein Dauerlauf über die Strecke von acht Kilometern auf dem Programm. Ich war bis dahin höchstens eine Strecke von einem Kilometer durchgelaufen, wenn überhaupt. Aber vor meinen Idolen wollte ich mir keine Blöße geben, also hielt ich tapfer mit. Nach 25 Minuten wurde das ohnehin flotte Tempo leicht erhöht – mir kam es schon eher wie ein Sprint vor. Ich stand kurz vor der Explosion, war knallrot im Gesicht und japste während des Laufens so laut nach Luft, dass es der Trainer bemerkte und er mich besorgt einbremste: „Geh ein bisschen, Hubert, sonst zerreißt's dich noch!" Aufgeben, das gab es für mich nicht.

Innerhalb eines Monats waren die überschüssigen Kilos weg, ich war gertenschlank und voller Freude bei der Sache. Denn so anstrengend das Training auch war, ich musste mich nie dazu überwinden. Ich stand jeden Tag um halb sechs Uhr auf, um allein Frühsport zu betreiben: Laufen und Sprungübungen. Hinter dem Stamser Heim hatte ich mir eine Sprungmessstrecke aufgebaut und versuchte meine Höchstweiten zu überspringen. Dass die Erfolge messbar wurden, war sicher ein weiterer wichtiger Punkt für meine Motivation: Mein Gewicht war auf einmal völlig in Ordnung, die Kondition verbesserte sich zusehends, und jeder Zentimeter, den ich weiter springen konnte, war ein Sieg.

*

Diese Leichtigkeit und Selbstverständlichkeit, mit der ich an meinem Ziel arbeitete, der beste Skispringer der Welt zu werden, fehlte mir bei meinem Aufbautraining in Nashville völlig. Daher musste ich auch jeden Morgen mit mir kämpfen, laufen zu gehen. Ich fand tausend Argumente, es nicht zu tun. In Stams hingegen hatte ich keinen Gedanken daran verschwendet: Der Wecker läutete, und schon war ich unterwegs zum Frühsport.

*

Während ich in Bad Goisern die Stunden bis zum Heimfahren gezählt hatte, vergaß ich in Stams völlig darauf. Das ging so weit, dass meine Mutter im November beim Heimleiter anrief, um sich zu erkundigen, was denn los sei mit mir; ich hatte mich weder gemeldet, noch war ich nach Hause gekommen. Ich blieb auch an den Wochenenden oft in Stams. Armin Kogler, der ein Jahr später nach Stams kam, und ich waren von Anfang an ein Team. Wir wurden die besten Freunde und fanden neben dem straffen Stundenplan, den Trainingskursen und Fördereinheiten für die Schule noch Zeit für so manchen Streich. Meistens ist mir der Blödsinn eingefallen, daher wurde mir auch zweimal der Ausschluss aus Stams angedroht. Beim ersten Mal hatte ich allerdings Pech gehabt: Beim Sprung von einem Baum riss ich mir die Bänder im linken Knöchel. Das freilich genügte nicht, um von der Schule geworfen zu werden. Der Baum gehörte einem Bauern aus der Nachbarschaft, und ich hatte mitten in der Nacht Kirschen geerntet, als ich von ihm erwischt wurde. Der einzige Ausweg war ein beherzter Sprung, bei dem ich leider eine Steinmauer übersah. Zu allem Unglück (Bänderriss) bekam ich vom Bauern noch ein paar Ohrfeigen.

Der zweite Anlass für die Ausschlussdrohung war schon nachvollziehbarer: In Stams galt es auch außerhalb des Sports seinen Mut zu beweisen. Daher überredete ich meine drei Zimmerkollegen, um Mitternacht an vier Positionen im Heim je einen Schweizerkracher zu zünden. Ich würde meinen Kracher in jenem Zimmer hochgehen lassen, in dem unser Erzieher schlief. Die Aufregung war groß. „Aufgeflogen" sind wir trotzdem: Wir hätten uns in der allgemeinen Hektik nicht schlafend stellen sollen.

Es war, wie gesagt, eine herrliche Zeit, mit viel Spaß, intensivem Lernen und ersten Erfolgen. Ich wurde 1977 zum Beispiel Dritter bei der Junioren-WM in St. Croix und Sechzehnter am Holmenkollen. Aufgrund meiner guten Platzierung bei der Weltmeisterschaft durfte ich zu einem Skisprungwettbewerb nach Japan mitfliegen. Da ich nach unserer Ankunft in Tokio nicht schlafen konnte, bummelte ich allein durch das Vergnügungsviertel „Ginsa". Plötzlich sprach mich ein Mann an: „Hello, my friend. How are you?" Ich wunderte mich zwar, aber im grenzenlosen Glauben an meine Person folgerte ich, dass mich der Fremde als den Bronzemedaillengewinner der Juniorenweltmeisterschaft erkannt hatte – und folgte gutgläubig seiner Einladung in eine Strip-Tease-Bar. Ich hatte zirka 100 Euro Taschengeld mit. Als ich mir dort einen Orangensaft bestellte, war ich von hübschen Damen umringt, die fragten, ob sie sich auch etwas bestellen dürfen … Letztendlich machte die Rechnung zu meinem großen Erstaunen knapp 500 Euro aus. Und hätte ich nicht unseren Teamarzt telefonisch im Hotel erreicht, wäre die Situation sehr unangenehm geworden. So hatte ich nicht nur Schulden, sondern auch eine wichtige Erfahrung fürs Leben gemacht.

In Stams lernte ich einen Menschen kennen, der mein Leben auf besondere Weise beeinflussen sollte – den damaligen Skisprung-Cheftrainer Professor Baldur Preiml. Ihm habe ich viel zu verdanken, denn er setzte schon damals neue Maßstäbe, indem er mentales Training zum fixen Inhalt des gesamten Trainingsprogrammes machte. „Der Geist muss ebenso trainiert werden wie der Körper", predigte er uns. Und obwohl wir für diese Lehre vielleicht noch nicht die nötige Reife hatten und bei den Meditationen schwer stillsitzen konnten, wurden die Übungen immer wieder wiederholt. Und irgendwann haben sie auf einmal gewirkt, in Situationen, wo mentale Stärke gebraucht wurde.

Wir lernten von Professor Preiml, das Gehirn zu trainieren wie einen Oberschenkelmuskel, Ziele zu visualisieren. Wer sich nicht als Sieger sehen kann, wird keinen Sieg erringen. Einen Sieg zu erringen, sei die Folge von vielen Dingen, die man richtig gemacht hat.

Stams war perfekt für den Start meiner Sportkarriere.

*

Als ich das Rohmanuskript meines halb fertigen Buches durchlas, erkannte ich wieder: Verzweiflung und Angst bringen einen nicht weiter. Schon als Kind hatte ich meine eigenen Strategien, um mit widrigen Umständen fertig zu werden. Und die basierten auf Zuversicht, fester Überzeugung und Ausdauer. Man kann im Leben alles erwarten, aber nichts „erlaufen". Wieder so ein Satz, der sich leichter aussprechen als umsetzen lässt. Tief in mir wusste ich, dass ich Zeit brauchte, diese auch nutzen sollte, um durchzuatmen, langsamer zu werden … Aber am liebsten hätte ich meine Monate in Nashville im Schnelldurchlauf absolviert.

Statt mich auf einen Gedanken konzentrieren zu können – oder an überhaupt nichts zu denken, nur still dazusitzen –, schossen mir hunderte Gedanken durch den Kopf, ganze Schwärme von kleinen, giftigen Pfeilen, die in Summe ergaben: Das hier bringt ohnehin nichts, fahr heim. Aber das wollte ich auch nicht, denn das hätte bedeutet, das Handtuch zu werfen. Also forschte ich weiter nach den Ursachen, und plötzlich hatte ich eine Antwort: Ich fand im Internet unter dem Überbegriff „Burnout“ eine Reihe von Symptombeschreibungen, die auf meine Situation zutrafen. An das Naheliegende hatte ich nicht gedacht. Ich war völlig ausgebrannt – das fühlte sich nach der richtigen Erklärung an. Mit dieser Erkenntnis hatte ich endlich einen Anhaltspunkt, an dem ich mich orientieren konnte, statt im Dunkeln ziellos nach Lösungen zu suchen. Mein Zustand hatte einen Namen, durch den er begreifbar und behandelbar geworden war.

Ich machte mich auf die Suche nach den Ursachen für den Burnout, nach Schlüsselerlebnissen, frühen Signalen, den Beginn der Phase, in der ich die Ausgewogenheit zwischen Aktivität und Passivität nicht mehr eingehalten hatte.

Unsere Gespräche drehten sich mittlerweile um jene Jahre, in denen ich noch leidenschaftlich „brannte“ – für meinen Sport, das Skifliegen.

Sportkarriere

An der Weltspitze

Meine Sportkarriere dauerte gut elf Jahre. Mit knapp 15 Jahren wurde ich, nach meinem Ausschluss 1974, erneut in den C-Kader des ÖSV (Sprunglauf-Kader) aufgenommen. Das harte Training trug Früchte, die ersten Erfolge stellten sich ein: Im Jänner 1977 wurde ich Erster bei der Junioren-Dreiländertournee, einem Bewerb, der sich aus drei Wettkämpfen in Kärnten, Italien und Slowenien zusammensetzt. Im darauffolgenden Monat wurde ich Dritter bei der Junioren-Weltmeisterschaft.

Mittlerweile erzielte ich auch bei den großen Wettkämpfen im Skisprungzirkus durchaus respektable Ergebnisse: 18. in Falun (Schweden), 16. am Holmenkollen in Oslo (Norwegen). Meine erste Vierschanzen-Tournee sprang ich in der Saison 1977/78 und wurde 49. in Oberstdorf, 61. in Garmisch-Partenkirchen, 42. in Innsbruck und 63. in Bischofshofen. Auch wenn diese Platzierungen noch nicht so berauschend waren – in den Jugendbewerben war ich ganz vorne dabei und hatte national und international so viel gewonnen, dass ich für die Junioren-Europameisterschaft, die Mitte März 1978 in Murau stattfinden sollte, als Topfavorit gehandelt wurde.

Vor dieser Europameisterschaft ging es noch zu einem Skiflug-Bewerb am Kulm. Dabei war ich noch 1975 fest davon überzeugt, dass mir diese riesige, beeindruckende Schanze eine Nummer zu groß sein würde. Doch ich wollte unbedingt am Kulm fliegen. Einerseits war meine Form so gut geworden, dass ich mir die Chance, dabei zu sein, nicht nehmen lassen wollte. Andererseits war der Kulm Teil meiner Heimat. Ich erinnere mich noch daran, dass mein Springerkollege Edi Federer damals als Erster sprang und gleich einen neuen Schanzenrekord setzte.

Ich beobachtete diesen Sprung vom Startturm aus und war beeindruckt von der unglaublichen Höhe, die Edi nach dem Absprung erreichte. Es schien ewig zu dauern, bis er aus meinem Blickfeld verschwand, und noch länger, bis er endlich im Auslauf wieder auftauchte. Das alles zusammen flößte mir großen Respekt ein, und ich überlegte, lieber nicht zu springen. Als ich dann an der Reihe war, hatte ich zwar Angst, aber das Vertrauen in mein Training ließ mich dann doch über den Bakken (norweg. Schanze) gehen. Die Angst zu überwinden zahlte sich aus: Skifliegen ist ein Traum! Es ist jedesmal neu, ein einmaliges, unbeschreibliches Erlebnis.

Allerdings stellte sich später heraus, dass es ein Fehler war, an diesem Bewerb teilzunehmen, obwohl ich sehr gut geflogen bin. Die ganze internationale Skisprungweltklasse war dabei, und ich wurde insgesamt Elfter. Aber ich versäumte es nach dem Skifliegen, auf jener Schanze zu trainieren, auf der die Europameisterschaft stattfinden sollte. Das hatte fatale Folgen. Am Kulm wurden damals an die 160 Meter geflogen, und die EM in Murau fand auf einer 70-Meter-Schanze statt. Beim Skifliegen hat man aufgrund der viel höheren Absprunggeschwindigkeit einen ganz anderen Druck auf den Körper – man wird von der Luft getragen und fliegt regelrecht. Im Vergleich dazu spürt man beim Skispringen, besonders auf kleineren Schanzen, fast gar keinen Druck. Aber ich hielt es nicht für nötig zu trainieren. Ich war ja ohnehin der Favorit für diese Meisterschaft und stand mit meinen coolen Sonnenbrillen jeden Tag an der Schanze, um „souverän“ meine Gegner zu beobachten. Und die waren wirklich gut. So gut, dass ich bald unsicher wurde: Ob es nicht doch besser wäre, zumindest ein wenig zu trainieren? Aber erst am Tag vor dem Bewerb siegte meine immer stärker werdende Unsicherheit und ich absolvierte einen Trainingssprung. Eine absolute Katastrophe. Also gleich wieder an den Start, und wieder misslang der Sprung völlig.

Die Erkenntnis, dass Skifliegen etwas anderes ist als Skispringen, kam zu spät, denn knapp 24 Stunden vor dem Wettkampf lässt sich ein verpasstes Training nicht aufholen. Ich war dementsprechend nervös und versuchte den ganzen Abend lang, mich zumindest mental optimal vorzubereiten. Es gelang nicht, noch dazu verkrampfte ich mich viel zu sehr – und wurde schließlich nur Elfter. Der Österreicher Alfred Lengauer gewann. Er wurde Europameister, und ich, der eigentliche Favorit, wäre am liebsten im Boden versunken. Das war die Strafe dafür, dass ich nicht auf mein Gefühl gehört hatte. Denn das hatte mir vom ersten Tag an gesagt, ich sollte trainieren. Aber das Motiv war falsch: Ich wollte nicht gewinnen, ich wollte cool sein. Immerhin hatte auch mein Vorbild Toni Innauer beim Springen im tschechischen Liberec nicht oder fast nicht trainiert. Aber im Unterschied zu mir hat er gewonnen. Gegen Dummheit ist kein Kraut gewachsen.

Bei der Vierschanzen-Tournee 1978/79 – mittlerweile war ich Mitglied des österreichischen Nationalteams – war ich mit meinen Platzierungen (48., 59., 51., 52.) weit davon entfernt, ganz vorne mitzumischen. Wie instabil meine Leistungen zu dieser Zeit noch waren, sieht man daran, dass ich eine Woche darauf Dritter bei der Dreiländertournee wurde. Ich war faktisch überall zu finden: mal weiter hinten, dann in der Mitte und immer öfter aber unter den ersten Zehn. Im März 1979 wurde ich Fünfter am Holmenkollen in Norwegen.

Kurz darauf fand diese Saison für mich ein etwas vorgezogenes und ziemlich schmerzhaftes Ende, als ich bei der Skiflugweltmeisterschaft in Planica schwer stürzte. Nach der Landung überkreuzten sich im Sulzschnee des Auslaufes meine Ski, und ich prallte mit einer Geschwindigkeit von zirka 100 km/h auf den Boden. Der Aufprall war so gewaltig, dass ich das Bewusstsein verlor und schwerste Prellungen erlitt. Statt eine Medaille zu bekommen, immerhin hatte ich die zweit- oder drittgrößte

Weite erzielt, konnte ich mich wochenlang nicht rühren. Armin Kogler wurde damals Skiflugweltmeister; mein Freund war der beste Skiflieger der Welt. Diese Tatsache war sehr motivierend. Es zahlte sich aus, fokussiert auf ein Ziel hinzuarbeiten, Schritt für Schritt. Armin und ich waren Trainingspartner, und ich wusste, dass er nicht mehr oder weniger trainierte als ich.

Mit dieser Einstellung ging ich in das Training für die nächste Saison. Ich arbeitete körperlich sehr gewissenhaft und verstärkte das mentale Training. Tagtäglich, morgens, mittags und abends, trainierte ich meinen Geist. Ich setzte mich hin, entspannte mich und befreite durch bewusstes Atmen meinen Kopf von allen störenden Gedanken. Zehn Minuten lang beobachtete ich das Ein- und Ausatmen, wie sich mein Bewusstsein öffnete. Dann projizierte ich einen Super-8-Ringfilm auf eine Leinwand, der einen Sprung von mir zeigte, immer und immer wieder – und versank ganz in diesen Sprung. Ich stellte mir vor, wie ich die Schanze hinunterfahre, wie ich abspringe, fliege und perfekt und sicher lande.

Beim mentalen Training ist es wichtig, möglichst viele Sinne anzusprechen, und während dieser Imaginationsübungen immer dieselbe Musik im Hintergrund zu spielen. Jeder hat seine eigene Musik, die auf ihn inspirierend wirkt. Ich verstärkte den Trainingseffekt mit „Jonathan Livingston Seagull". Im Laufe der Zeit und nach vielen Wiederholungen entstand vor meinem geistigen Auge ein klares Bild der perfekten Sprungtechnik. Kurz vor Saisonbeginn war dieses Training so effektiv geworden, dass ich förmlich eins wurde mit dem im Film gezeigten Sprung. Ich spürte im warmen Raum die kalte Luft, die mich trug. Bei großen Wettkämpfen brauchte ich nur diese Musik zu hören, um die nötige Konzentration und Gelassenheit abzurufen. Besonders gut gelungen ist mir das im Jänner 1980, am Vortag der Vierschanzen-Tournee in Innsbruck. Ich begann mich beim Auslaufen am Abend mental auf den nächsten Tag einzustimmen. Dabei war ich sehr nervös, denn ich hatte das Neujahrsspringen in Garmisch-Partenkirchen gewonnen und war somit der Favorit für den nächsten Tag. Die Schlagzeilen der Presse betitelten mich mit „König der Lüfte“ oder „Mann ohne Nerven“. Es fiel mir durch diese ungewohnte Rolle schwer, die Ruhe zu bewahren. Zurück auf meinem Zimmer, spielte ich in Gedanken den nächsten Tag bis in die kleinste Einzelheit durch. Ich stellte mir vor, wie ich an der Schanze ankommen würde, meine Ski präparieren, den Turm hinaufgehen und mich dann zum ersten Sprung fertig machen würde. Ich hörte, wie mich der Stadionsprecher ankündigte, und genoss den Jubel der 30.000 Menschen. Dann kam der Sprung, ich spürte, wie es mich über den Vorbau hinaustrug, ich einem Schanzenrekord entgegenflog, sicher im Radius der Schanze landete und mich im Auslauf der Begeisterung der Menschen hingab. Das ging bis zur Siegerehrung. Und das Verblüffende war, all das trat am nächsten Tag genau so ein, wie ich es mir vorgestellt hatte.

Heute noch geht es mir so: Das Lied der Möwe Jonathan löst unmittelbar diese Erinnerung an eine perfekte Sprungtechnik aus.

Die erste Weltcupsaison der Skisprunggeschichte (1979/80) begann mit dem Weltcupbewerb in Cortina d'Ampezzo. Zu meiner Überraschung stand ich als Zweiter hinter Toni Innauer auf dem Stockerl. Voller Stolz und in der Annahme, für diese Leistung gelobt zu werden, marschierte ich zu Baldur Preiml, unserem Cheftrainer. Aber statt des erwarteten „Super, Hupo!“ meinte er: „Na ja, das war nicht schlecht.“ Er erklärte mir, dass zwischen mir und dem Toni Innauer ganze zehn Punkte lägen und keine Springer aus der DDR und Finnland am Bewerb teilgenommen hätten. Ich sollte mir also vorstellen, wie viele Finnen und DDRler sich zwischen mir und dem Toni befinden könnten. Das war kurz vor den Weihnachtsferien, danach sollte die Vierschanzen-Tournee stattfinden – und statt nervös zu sein, war ich beleidigt. Ich war fest davon überzeugt, dass sich Baldur

1. Platz, Intersport Springer-Tournee Oberstdorf, 1980

Olympiade 1980, Kleinschanze in Lake Placid (6. Platz)

Abflug nach Lake Placid von Flughafen Schwechat: mit Baldur Preiml, Willi Dungl und Toni Innauer

Olympiateam, Skispringen 1980: stehend v.l.n.r.: Max Golser, Hans Millonig, Otto Maier, Toni Innauer, Peter Baumgartl, Armin Kogler (gebückt) Hubert Neuper, Willi Dungl, Baldur Preiml. Vorne kniend: Alfred Groyer, Klaus Tuchscherer

Unterrichtsminister Fred Sinowatz begrüßt die Olympia-Teilnehmer am Flughafen Wien

Eagle Challenge: Golf mit (v.l.n.r.) Alois Lipburger†, Prim. Peter Baumgartl,
Toni Innauer, Armin Kogler

Bundesheer 1980: mit Klaus Tuchscherer ,links und Toni Innauer, rechts

Bundeskanzler Bruno Kreisky beglückwüscht zur Olympischen Silbermedaille.

1980: Ehrung durch Unterrichtsminister Fred Sinowatz (Bild Mitte, rechts) und Bundespräsident Rudolf Kirchschläger

Bild oben: V.l.n.r.: Ferdl Wallner, Peter Berger, Gebhard Aberer, Hubert Neuper, Alfred Groyer, und Arno Stipsitz; Saisonabschluss 1976 in Mühlbach/Hochkönig
Bild links: mit Peter Baumgartl

Bild unten: mit Armin Kogler in Japan 1977

Erstmals Skifliegen am Kulm – erste Autogrammkarte

Unten: Intersport Springer Tournee, Sieg in Garmisch 1. 1. 1980:
2. Platz: Jari Puikkonen (Fin), Hubert Neuper (1), dritter Platz: Johann Saetre (Nor).

1982 Sieg am Kulm in der Heimatgemeinde Bad Mitterndorf

irrte und dass ich ihm zeigen würde, wie sehr er sich täuschte. Ich intensivierte mein mentales Training, bis ich mit jeder Faser meines Körpers wusste, wie ich die Schanze bezwingen würde.

Dass ich für vieles kämpfen musste, zieht sich wie ein roter Faden durch mein Leben. Wenig hatte sich von selbst ergeben, und so hatte ich gelernt, in bestimmten Situationen dreimal mehr zu geben, um ein Ziel zu erreichen. Ob es sich um die Aufnahme in die Bodenturn-Gruppe in Bad Goisern handelte oder etwas anderes: Ich war gewohnt, beweisen zu müssen, wie gut ich in einer Sache war. Dass ich von mir überzeugt war, hieß noch lange nicht, dass meine Lehrer und Trainer das auch sein mussten. Um Anerkennung zu kämpfen, war also schon Routine geworden, lange bevor sie letztendlich wichtiger geworden war als das Ziel.

Dann kam das erste Springen der Vierschanzen-Tournee in Oberstdorf. Das Training deutete schon darauf hin, dass ich vorne mitmischen konnte. Im Wettkampf wurde ich dann gleich beim ersten Springen der Tournee Zweiter, hinter Jochen Danneberg, Toni Innauer wurde Zehnter. Wieder ging ich zu Baldur Preiml und diesmal fragte ich ihn: „Na, wo sind jetzt die DDRler?" Er gab mir sehr besonnen, aber bestimmt die kurze Antwort: „Ich verstehe die Frage nicht. Einer ist noch immer vor dir." Auf mein Argument, dass alle anderen hinter mir wären, meinte er nur: „Ja, und?" Es blieb mir also gar nichts anderes übrig, als zu gewinnen. Und das tat ich dann auch. Ich wurde Erster in Garmisch-Partenkirchen und gleich darauf Erster in Innsbruck. Ein zehnter Platz in Bischofshofen reichte trotzdem für den Gesamtsieg der Vierschanzen-Tournee.

Ich wurde gefeiert wie ein Superstar, bekam tausende Briefe aus aller Welt, gab Interviews und war auf der Titelseite von diversen Illustrierten. Der Sieg der Vierschanzen-Tournee war mein Ticket in eine faszinierende Scheinwelt, die mich auf gewisse Art dann gefangen genommen hat. Mein Gesicht war innerhalb kürzester Zeit überall bekannt, ich konnte in Österreich nicht unerkannt auf der Straße gehen und wurde sogar von Bundeskanzler Bruno Kreisky zum Essen eingeladen. Das verstärkte das Gefühl, ein bedeutender Mensch zu sein. Über Nacht erhielt ich die Anerkennung, für die ich immer gekämpft hatte – und das gleich im Übermaß.

Es ist leicht, diesem euphorischen Zustand zu erliegen. Man gewinnt stellvertretend für seinen Fan, der – wie man selbst – nicht gerne verliert. Es ist daher auch ganz natürlich, dass sich die Menschen wieder abwenden, wenn man nicht mehr siegt. Und da man ja diese Anerkennung persönlich nimmt, ist es schwer, die Abwendung nicht persönlich zu nehmen. So hatte auch ich später mit diesem „Liebesentzug" zu kämpfen.

Das Jahr 1980 hatte gut angefangen und sollte auch gut weitergehen. Sowohl meine Form als auch meine Technik waren ausgezeichnet, und ich hatte gelernt, vor allem durch das mentale Training, mich bei den Bewerben nicht mehr zu verkrampfen. Aus Erfahrung wusste ich, dass ich dann schlechte Leistungen erzielte, wenn ich mehr wollte, als ich erreichen konnte. Irgendwann legte ich dieses Gefühl ab und konzentrierte mich vor dem Absprung nicht auf den Sieg, sondern einfach auf die perfekte Technik.

Während des Fluges zu den Olympischen Spielen in Lake Placid kam mir in den Sinn, dass man mir etwas mehr als vier Jahre zuvor noch empfohlen hatte, Malermeister zu werden. Vor einem Jahr war noch absolut keine Rede davon gewesen, dass ich einmal an den Olympischen Spielen teilnehmen würde. Und jetzt stand im *Time*-Magazine mein Name unter den Favoriten. Das machte mich irgendwie ziemlich nervös.

Aber wir hatten ja den großartigen Baldur Preiml dabei, der mich davor bewahrte, die Nerven zu verlieren. Und wieder machte er dies mit seiner einzigartigen Methode. Beim Skispringen ist es üblich, dass die Besten zum Schluss springen und die Schwächeren eher am Anfang. Ich hatte im Training auf beiden

Schanzen schon sehr gute Ergebnisse gebracht und war mir daher sicher, eine der letzten Startnummern zu bekommen. Was auch in Bezug auf die Kampfrichter wichtig ist, denn diese sind am Anfang mit ihren Bewertungen oft noch verhalten und „tauen" erst im Lauf des Springens auf.

Nach den Trainingssprüngen war ich mit Armin Kogler noch eine Runde laufen und wollte nach meiner Rückkehr auf der Liste gleich nachsehen, welche Startnummer ich haben würde. Auf dem Weg dorthin fiel uns Willi Dungl über die Stiegen entgegen, mit zwei Müllsäcken in den Händen, die er nicht auslassen wollte. Das sah so komisch aus, dass sich Armin und ich vor Lachen nicht mehr halten konnten. Er hatte sich nichts getan, und als wir ihm wieder auf die Beine geholfen hatten, entschuldigten wir uns für unser Benehmen. Das Lachen verging mir aber kurz darauf völlig, als ich auf der Startliste für die Großschanze meine Position sah: Startnummer 10, Neuper. Ich sollte in der ersten Gruppe springen. Zu meiner Zeit wurden die am Wettkampf teilnehmenden Springer in vier Gruppen eingeteilt. In der ersten Gruppe starteten die schwächsten Springer, in der letzten die besten. Jede Nation konnte vier Springer aufstellen, die dann vom Trainer den einzelnen Gruppen zugeteilt wurden. Aufgebracht marschierte ich zu Baldur Preiml und machte meinem Ärger Luft: „Was soll das? Du weißt genau, wie wichtig das ist, da kann es um einen Zehntelpunkt gehen, um einen halben Punkt. Und ich bin Nummer Zehn, das ist nicht in Ordnung!"

Worauf er mir nur sagte, dass ich so gut auch wieder nicht gesprungen wäre. Armin Kogler und Toni Innauer waren im Training zum Teil etwas besser als ich gesprungen und hatten gute Startnummern bekommen. Ich warf ihm in meiner Enttäuschung noch vor, dass der Toni ohnehin immer sein Liebkind gewesen wäre.

Die Olympischen Spiele zählten ab dem Moment nicht mehr für mich, sondern mir war nur wichtig, es dem Preiml zu zeigen:

Der täuscht sich! Und wieder hatte mich unser Cheftrainer richtig gepackt: Ich wurde Zweiter und gewann Olympia-Silber hinter dem Finnen Youko Törmänen.

Heute weiß ich, dass Baldur Preiml mich immer richtig behandelt hat. Lob hätte mich nicht angespornt, aber sein leicht provokantes Verhalten ärgerte mich so, dass ich mich voll auf das Wesentliche konzentrieren musste und keine Zeit fand, um nervös zu sein. Er hat mich nie wirklich in den Himmel gehoben, sondern schön am Boden gehalten, auf seine sensationelle Art und Weise.

Ich war der erste Gesamtweltcupsieger der Skisprunggeschichte, konnte im Weltcup 25 Mal einen Stockerlplatz, eine Platzierung unter den ersten Drei erreichen. Ich bin einer der wenigen Springer, die auf allen vier Schanzen der Vierschanzen-Tournee gewonnen haben. Zwar nicht in einer Saison, aber innerhalb von zwei Jahren – 1980 bis 1982. Das Schwierige bei der Tournee sind die unterschiedlichen Bedingungen – meistens findet jeder Bewerb bei anderem Wetter statt. Wenn ich mich recht erinnere, war es in Oberstdorf meistens kalt und schön, in Garmisch-Partenkirchen hat es geschneit, in Innsbruck gab es Regen oder Föhn und in Bischofshofen wieder Kälte und Schnee.

1980/81 holte ich zum zweiten Mal den Gesamtsieg bei der Vierschanzen-Tournee. Im nächsten Jahr lief es nicht so gut. Im Herbst 1981 litt ich an einer akuten Blinddarmentzündung und musste operiert werden, knapp vor dem Saisonstart ein denkbar schlechter Zeitpunkt. Noch dazu kamen damals die breiten Sprungski auf, ich war aber auf meine schmalen fixiert. Erst als Armin Kogler die Nase voll hatte und zu den breiten Skiern wechselte, tat ich dies auch. Die Entscheidung zum Skiwechsel hätten wir früher treffen sollen, denn Armin wurde mit den neuen Skiern Zweiter in Bischofshofen und ich gewann den Bewerb.

In dieser Saison erzielte ich noch ein paar gute Ergebnisse und wurde zum Beispiel Erster beim Skiflugweltcup am Kulm und Zweiter beim Weltcup-Bewerb in Planica.

Danach ging es mit meiner Form – und mit meinem Ehrgeiz – bergab. 1983 war ich nur mehr 27. bei der Vierschanzen-Tournee, 1984 konnte ich mich als Zweiter bei den Österreichischen Meisterschaften noch für die Olympischen Spiele in Sarajewo qualifizieren, wo ich die Trainingssprünge derartig verpatzte, dass ich nicht einmal aufgestellt wurde. Daher zog ich mich im Jänner dieses Jahres aus dem Spitzensport zurück.

In der Saison 1984/85 wollte ich es noch einmal wissen und als ich am 4. 1. 1985 beim Vierschanzen-Bewerb in Innsbruck an 29. Stelle landete, wusste ich, es ist vorbei. Am 17. Jänner, im Alter von 24 Jahren, gab ich das Ende meiner Sportkarriere bekannt.

Mentale Kraft

Als wir diesen Abschnitt meines Lebens durchgesprochen hatten, zog sich Karin mit den Aufzeichnungen in das Arbeitszimmer zurück. Ich blieb allein im Wohnzimmer sitzen, um das Erzählte zu reflektieren. In diesen vergangenen Jahren meiner Sportkarriere hatte ich viel Energie, Begeisterung und klare Ziele. Als mich Karin fragte, wie Skifliegen eigentlich sei, konnte ich ihr keine Antwort geben. Alles was mir einfiel, war der „Kirschen-Vergleich“. Wie beschreibt man jemandem den Geschmack von Kirschen, der noch nie welche gegessen hat? Kirschen schmecken wie Kirschen. Skifliegen ist wie … Skifliegen.

Die Erinnerung daran löste Sehnsucht aus, nicht nur nach dem Gefühl des Fliegens, sondern auch nach der damit verbundenen hohen Konzentration. Mein Geist war damals so gut trainiert, dass ich innerhalb weniger Minuten völlig ruhig werden konnte.

Dazu brauchte es nur ein paar Atemzüge und Rituale, wie eben die immer gleiche Musik. Ich hatte mit diesen Abläufen in meinem Bewusstsein einen Anker gesetzt, mit dessen Hilfe ich mich mitten im größten Chaos konzentrieren konnte.

Das waren gute Zeiten gewesen, in denen ich viel erreicht hatte. Vielleicht, so überlegte ich, könnte ich mir ein Stück dieser Zeit in die Gegenwart holen – ich bräuchte nur zu versuchen, das mentale Training wieder aufzunehmen. Ich schloss die Augen und begann, ruhig zu atmen. Nach kurzer Zeit stürmten so viele negative Gedanken auf mich ein, dass ich den Versuch unterbrechen musste. Ich konzentrierte mich auf den Atem – und übertrieb wie beim Laufen maßlos. Statt mir Zeit zu lassen, wollte ich in einer halben Stunde den gleichen Erfolg erzielen, wie man ihn erst durch monatelanges Üben erreichen kann.

Als Folge war ich nicht entspannt, sondern noch verspannter als zuvor und ließ die Atemübungen wieder sein.

Offensichtlich war ich noch nicht so weit. Erst drei Monate später sollte ich es schaffen, durch die Atem- und Konzentrationsübungen gelassener zu werden. Trotzdem empfand ich diese ersten Versuche nicht wirklich als Fehlschlag. Eine Methode hatte sich angeboten, die Zeit, in der ich sie anwenden konnte, würde schon kommen.

Was mir bei diesem Rückblick noch bewusst wurde: In meiner Zeit als aktiver Sportler war ich nie nervös geworden, hatte nie den Glauben an das verloren, was ich tat. Beharrlich und fokussiert ging ich meinen Weg, tat einen Schritt nach dem anderen. Nie verteilte ich damals meine Aufmerksamkeit auf mehr Dinge, als nötig war – im Gegensatz zur jüngsten Vergangenheit, wo ich auf zehn Hochzeiten gleichzeitig tanzte. Die daraus resultierende Überforderung war auch einer der Gründe warum es zum Burnout kam.

Das Projekt Nashville zeitigte erste Erfolge, ich begann wieder durchzuatmen, klarer und innerlich ruhiger zu werden.

Neuorientierung

Gedanken, Gespräche, Arbeit am Buch

Die Tage vergingen. Ich erkannte, dass die Auseinandersetzung mit meiner Vergangenheit Früchte trug, als mir das Zwitschern der zum Teil sehr farbenprächtigen Vögel auffiel. Ich hatte sie nicht beachtet, da ich mich mit allem Möglichen beschäftigte, der Vergangenheit, der Zukunft, meinem Leid und meinen Sehnsüchten – nur mit dem Naheliegenden befasste ich mich nicht. Nun war es, als ob ein dicker, dämpfender Vorhang weggezogen worden war: Ich erlebte meine Umgebung viel deutlicher, viel klarer. Mit der Arbeit am Buch begann sich mein Chaos zu lichten. Natürlich motivierte mich diese positive Veränderung, und es fiel mir leichter, mein „Exil" zu ertragen. Ging es mir schlecht, konnte ich mich nun immer öfter positiv beeinflussen – durch so selbstverständliche Dinge wie ein Glas Wein oder ein gutes Essen, das ich mir kochte.

Ich wurde zuversichtlicher und begann ein Tagebuch zu führen. Es gab noch keine wirklichen Höhen, aber auch keine extremen Tiefen mehr. Nur am Abend kam regelmäßig die Sehnsucht nach meiner Familie: Ich hatte Heimweh.

Nach ungefähr drei Wochen hatten wir einen großen Teil meiner Biographie fertiggestellt und damit war der Tag von Karins Abreise gekommen. Wir vereinbarten, die weitere Arbeit per Mail auszutauschen, und ich war guter Dinge, als ich sie zum Flughafen brachte. Ich hatte das Gefühl, über den Berg zu sein. Doch als ich dann in das leere Haus zurückkam, war es mit meiner Zuversicht schnell wieder vorbei. Nun hatte ich niemanden mehr, mit dem ich über alles reden konnte. Die intensiven Gespräche, die wir geführt hatten, waren zum fixen Bestandteil meines Tagesablaufes geworden und ich hatte einen gewissen

Rhythmus gefunden. Nun dehnten sich die Tage wieder so endlos vor mir, dass ich bald wieder in eine depressive Stimmung kippte.

Statt mich aber mit ihren Ursachen auseinanderzusetzen, versuchte ich mich ein paar Tage lang auf die verschiedenste Weise abzulenken. Ich begann zu basteln, ich begann den Bootssteg zu reinigen und brachte nichts zu Ende. Schließlich konnte ich die Unruhe nicht mehr ertragen. Um die Gespräche mit Karin zu ersetzen, nahm ich die Arbeit am Buch wieder auf – und reflektierte meinen nächsten Lebensabschnitt, den Umstieg vom Sportlerleben in das Berufsleben.

Vom Bakken in die Bank

Nach meinem Ausstieg aus dem Spitzensport stand ich nun mit 24 Jahren vor der Tatsache, keinen Beruf zu haben. So schön meine Erfolge beim Skispringen auch waren, einen finanziellen Polster hatten sie mir nicht ermöglicht. Zwar sollte ich die Skischule meiner Eltern übernehmen, aber dazu musste ich erst die Ausbildung zum staatlich geprüften Skilehrer machen, was frühestens im Herbst möglich war.

*

Vorerst aber war ein anderer Höhepunkt ganz anderer Art in meinem Leben fällig. Im Mai 1984 heiratete ich meine Claudia.

Zum ersten Mal waren wir uns schon 1978 in Stams begegnet, damals war ich bereits drei Jahre an dieser Schule. Armin Kogler und ich waren damals eine Art „Ausbildungsleiter in Sachen Liebe“ für die Mädchen dieser Schule. An einem Samstag im Frühling ging ich mit „Koxi“ in die Disco „Alte Schmiede“. Unter den vielen Mädchen hatte eine das gewisse Etwas, und das war Claudia. Ich forderte sie zum Tanzen auf, und da hat es gefunkt. Nach einer Unterbrechung von drei Jahren traf ich 1982, wieder in Stams anlässlich einer Feier, wo auch ehemalige

Schüler geladen waren, Claudia wieder. Mittlerweile war sie noch attraktiver geworden, ich verliebte mich Hals über Kopf in sie.

So war ich nun frisch verheiratet, und wir erwarteten im Oktober unser erstes Kind.

*

Um die Zeit bis zur Skilehrerausbildung zu überbrücken, begann ich in einer Innsbrucker Bank zu arbeiten. Da ich innerhalb weniger Monate zehn Kilogramm zugenommen hatte, entschloss ich mich am Morgen meines ersten Arbeitstages zu einer radikalen Fastenkur. Und so trat ich unglücklich und hungrig meinen Dienst in der Bank an, wo ich von fünf Damen in Empfang genommen wurde und Belege sortieren musste. Dabei war ich doch das Training gewöhnt, frische Luft und Leichtigkeit – und nun saß ich von acht bis zwölf und von eins bis fünf in einem Büro und erschwerte meinen Kolleginnen die Arbeit.

Ich legte die Belege falsch ab, zählte falsch zusammen – und fastete nebenbei noch den ganzen Tag. Diese Kombination – totale berufliche Unzufriedenheit und der Nahrungsentzug – setzte mir zu, aber immerhin zeigte das Fasten Wirkung. Nach drei Wochen waren die überflüssigen Kilos wieder weg, und ich wurde sogar befördert – zum „Abteilungsleiter“ der Mikroverfilmung. Der „Trotteljob“ schlechthin. In einem winzig kleinen Raum verfilmte ich den ganzen Tag Belege. Ich fühlte mich wie eine Supernull. Bald war mir klar, dass ich etwas unternehmen musste. Lieber wollte ich wieder trainieren und ein Comeback versuchen, als meine Zeit hinter dem Mikrofilmgerät zu vergeuden.

Ich vereinbarte mit der Bank, nur noch halbtags zu arbeiten. Anfangs trainierte ich noch mit dem alten Material, aber als die ersten Qualifikationsspringen näher rückten, war das nicht mehr gut genug. Ich schrieb an den Österreichischen Skiverband, ob er mir nicht einen Anzug zur Verfügung stellen konnte. Und tatsächlich erhielt ich einen – mit der beigelegten Rechnung in Höhe von 261 Euro (3.600 ATS). Das hat mich ziemlich enttäuscht. Ich war dem Trugschluss erlegen, meine sportlichen Erfolge hätten einen gewissen Wert besessen. Heute weiß ich: Diese Siege waren schön für mich, sie waren eine wunderbare Erfahrung. Aber Vergangenes berechtigt nie, Zukünftiges zu fordern.

Drei Jahre zuvor hatte ich noch zehn Anzüge besessen, und wenn einer davon einen kleinen Schmutzfleck hatte, wurde er ausgemustert. Und nun musste ich mir einen kaufen, obwohl ich doch immer noch der selbe Mensch war. Das war eine harte Prüfung für mein Selbstwertgefühl, aber sie half mir, wieder auf den Boden zu kommen. Selten ein Schaden, wo nicht auch ein Nutzen ist.

Ich trainierte eifrig weiter und startete ein Comeback auf Europacup-Niveau. Ich gewann mehrere Springen hintereinander. Später, nachdem ich dem aktiven Sport endgültig den Rücken zugekehrt hatte, waren diese Siege der Grund für Zweifel. Wer weiß, vielleicht hätte ich mir nur etwas mehr Zeit geben müssen, um wieder zur Weltklasse zu gehören.

Letzten Endes hat es nicht so funktioniert, wie ich erwartet hatte. So gab ich schließlich im Jänner 1985, im Rahmen der Nordischen Skiweltmeisterschaft, meinen endgültigen Rücktritt bekannt. Meine Karriere als Spitzensportler hatte ein Ende gefunden, mit meiner Karriere als Skischul-Besitzer stand es dafür nicht so schlecht. Im Frühjahr 1985 schloss ich die letzten Prüfungen ab und war somit ein „staatlich geprüfter Skilehrer“. Aber da die Grundvoraussetzung für die Ausübung dieses Berufes Schnee ist, blieb ich noch ein halbes Jahr zu Hause.

Ich hatte nun Zeit, darüber nachzudenken, was geschehen war. Warum ich in der Scheinwelt der Popularität meinem Ego erlegen war. Echte Anerkennung für eine Leistung kann nie von außen kommen, sie entsteht in einem selbst. Nur dann hat sie Bestand und Wert. So klar stand diese Erkenntnis vor mir, dass ich den Entschluss fasste, nie wieder in der Öffentlichkeit zu stehen oder mich der Aufmerksamkeit der Medien auszusetzen.

Denn sobald sich die Aura des Erfolges verflüchtigt, verschwinden auch jene Menschen aus deinem Blickfeld, die direkt oder indirekt von deinen Siegen profitiert haben.

Dieser Entschluss, mir die „mediale“ Öffentlichkeit nicht mehr anzutun, war wirklich ernst gemeint. Nahezu acht Jahre hielt ich mich, bis auf einige wenige Ausnahmen, an diesen Vorsatz. Aber vorerst stand nur eine Frage im Vordergrund: Wie geht es weiter? Ich hatte kein großes Interesse an der Übernahme der Skischule in Bad Mitterndorf. Diese Art von Arbeit hatte keinen Reiz für mich.

Irgendwie fehlten mir jedoch die Highlights, der Jubel von tausenden Menschen im Stadion. War das ein Widerspruch zu meiner Entscheidung, mich aus dem Rampenlicht zurückzuziehen? Wahrscheinlich, aber ich dachte nicht viel darüber nach. Statt die Skischule zu führen, wollte ich lieber eine oder zwei Saisonen am Arlberg als Skilehrer arbeiten. Ob ich mich so vor der Verantwortung drückte oder nicht – diese Entscheidung wurde mir auf tragische Weise aus der Hand genommen. Am 7. Juli 1985 verletzte sich mein Vater bei einem Sturz vom Dach lebensgefährlich. Er überlebte den Unfall, blieb aber querschnittgelähmt. Es gab keinen Ausweg mehr, keine Möglichkeit, mich davor zu drücken, sondern nur den Sprung ins kalte Wasser: Ich übernahm die Skischule. Und war damit wieder auf dem Boden der Realität gelandet.

Wir – meine Frau Claudia, Nina, unsere damals gerade ein Jahr alte Tochter, und ich – übersiedelten von Telfs (Tirol) nach Bad Mitterndorf, und da wir anfangs noch keine Wohnung hatten, teilten wir uns ein Zimmer in der Frühstückspension meiner Mutter. Für Claudia war all das wohl besonders hart: die beengten Lebensumstände, eine neue Umgebung, die bedrückende Stimmung aufgrund des Zustands meines Vaters. Doch mit der Zeit richteten wir uns so halbwegs ein. Die Familie hielt zusammen, und ich eröffnete im Dezember 1985 die Wintersaison als Skischulbesitzer.

Eine Skischule zu besitzen klingt nach einer sicheren Geldquelle. Früher, als es in dieser Branche noch eine Art Gebietsschutz gab, war es wahrscheinlich auch so. Als dieser ausgerechnet 1985 fiel, waren Schnee, ein paar Lifte und eine Handvoll Skilehrer keine Garantie mehr für ein Umsatzplus. Es machte also durchaus Sinn, mir neue Konzepte für meinen Betrieb zu überlegen. Ich setzte auf etwas, das mir ohnehin liegt: Entertainment. Musik auf den Pisten, Morgengymnastik, Theaterspiele mit den Kindern, Skijöring – und als strahlenden Mittelpunkt die *Neuper & Team Show*. Seit Jahren kann man nun während der Hauptsaison bei Wochenendveranstaltungen auch am Donnerstagabend das Showprogramm sehen, das wir mit unseren Mitarbeitern auf die Beine stellen. Anfangs kostete es einige von uns viel Überwindung, sich auf der Bühne zu präsentieren. Aber mittlerweile sind alle mit Begeisterung bei der Sache.

Darin unterschied sich unser Betrieb von den anderen: Die Show war ein Service, ein Zeichen der Wertschätzung für unsere Gäste, und gleichzeitig lernten diese ihren Skilehrer oder ihre Skilehrerin von einer ganz anderen Seite kennen.

In dieser Zeit erhielt ich die Chance, einen außergewöhnlichen Profi bei der Arbeit zu beobachten. Fritz Trafler, der Generalsekretär der alpinen Skiweltmeisterschaft in Schladming, organisierte die Skiflug-WM in Tauplitz-Bad Mitterndorf 1986 – und ich durfte ab Herbst 1985 an seiner Seite arbeiten. Es war beeindruckend, wie er mit Engagement und Können ein derart großes Ereignis auf die Beine stellte. Von Fritz Trafler habe ich viel gelernt, praktisch die Basics meiner späteren Karriere als Eventmanager.

Der Betrieb der Skischule endet im März, daher stellte sich die Frage, was ich den Rest des Jahres machen sollte. Warum im Frühjahr und Sommer nicht einfach als Pilot arbeiten? Immerhin war ich Berufspilot, genau wie Armin Kogler. Wir hatten zwischen 1981 und 1984 die Grundausbildung absolviert, wobei für

Armin die „Fliegerei“ immer ein klares Berufsziel war, obwohl die Chancen hierfür anfänglich nicht gut standen. Als wir uns 1981 entschlossen hatten, eine Laufbahn als Berufspilot ins Auge zu fassen, vereinbarten wir einen Gesprächstermin mit dem Schulungsleiter der AUA. Armin und ich stiegen in Innsbruck in den Zug, und nach einer Anreise von sechs Stunden standen wir in seinem Büro. Das Gespräch selbst dauerte nur drei Minuten. Zwei Minuten lang erkundigte sich der Herr über Details aus unserer Springerkarriere. Dann trugen wir unser Anliegen vor: Wir wollten bei den Austrian Airlines als Piloten fliegen. Postwendend kam die Frage, ob wir maturiert hätten. Wir verneinten.

Der Ausbildungsleiter erklärte uns knapp, dass es ohne Matura (Abitur) unmöglich sei, bei den Austrian Airlines Linienpilot zu werden. Wir bedankten uns für das Gespräch und fuhren wieder sechs Stunden zurück nach Innsbruck – leicht irritiert, denn wir hatten uns schon als Berufspiloten gesehen. Trotzdem konnten wir schließlich doch noch unser Ziel erreichen. Armin hatte sich bei *Tyrolean Airways* schon 1986 mit guten Chancen als Linienpilot beworben, und da im März 1986 ein entsprechender AUA-Ausbildungslehrgang angeboten wurde, nutzte ich die Gelegenheit und meldete mich an. Schließlich bestand ich die Prüfung und hatte somit alle Voraussetzungen, um als Pilot zu arbeiten.

Als sich Gerhard Berger ein Flugzeug kaufen wollte, bot ich mich ihm als Privatpilot an. Alles, was mir noch fehlte, war das Jet-Rating, also die Typenberechtigung für Jets. An Stelle eines Honorars finanzierte mir Gerhard das Rating. Diese „Investitionsphase“ machte sich bezahlt, denn im Herbst 1987 absolvierte ich die Typenberechtigung für die Dash 7 in Toronto, und im März 1988 erfüllte sich ein weiterer Traum: Ich war Linienpilot bei den *Tyrolean Airways*.

Berufspilot und Skischulleiter

1991 war ich wieder auf der Strecke Wien – Innsbruck unterwegs, diesmal als Kapitän eines Linienfluges der *Tyrolean Airways*. Die Stewardess brachte mir die Visitenkarte eines Fluggastes ins Cockpit. Sie war von einem Piloten, der anfragen ließ, ob er bei der Landung im Cockpit sitzen könnte. Als ich den Namen las, wusste ich sofort, mit wem ich es zu tun hatte: Es war jener Mann, der uns zehn Jahre zuvor jede Hoffnung auf das Kapitänsabzeichen genommen hatte. Ich ließ ihn nach vorne bitten, um ihn an Bord willkommen zu heißen. Danach plauderten wir über die verschiedensten Dinge, bis ich den Anflug auf Innsbruck einleitete. Unser alter Gönner meinte, es würde mir wohl nichts ausmachen, wenn er bei der Landung im Cockpit bleiben würde – und ich konnte mir nicht verkneifen, ihm eine Abfuhr zu erteilen. Ich sagte: „Das kann ich leider nicht verantworten, da ich immer noch nicht die Matura gemacht habe. Aus Sicherheitsgründen muss ich Sie bitten, Ihren Platz in der Kabine wieder einzunehmen. Am besten schnallen Sie sich gut an.“

Im Sommer fliegen, im Winter skifahren – das klingt fast zu schön, um wahr zu sein. Mein Deal mit den *Tyrolean Airways* war für beide Seiten ideal. Die Fluglinie hatte in ihren Anfangsjahren in den Sommermonaten durch die Charterflüge ein viel höheres Flugaufkommen (die Linienflüge waren noch nicht so etabliert). Daher war es für mich möglich, im Winter drei Monate lang wenig oder kaum zu fliegen und mich um die Skischule zu kümmern.

Mittlerweile führte ich den Betrieb meiner Eltern mit großer Begeisterung. Es ging mir richtig gut und ich fühlte mich sehr wohl, denn ich konnte das tun, was ich wollte. Meine Leistungen musste ich nicht mehr messen, meine Anerkennung nicht mehr mit vielen Menschen teilen – die Erfolge schlugen sich in der Umsatzsteigerung der Skischule nieder, und die spürbare Zufriedenheit unserer Kunden war Bestätigung genug. Es war ein herrliches Gefühl, wenn sich alles, was wir uns am Beginn der Saison vorgenommen hatten, bis zum Saisonende erfüllt hatte. Wir hatten keinen anderen Druck als unseren eigenen.

Zu dieser Zeit wollte ich nichts anderes tun als das, was ich tat, und versuchte, aus meinen beiden Jobs das Beste zu machen. In der Skischule lief alles nach Plan, und als Pilot wurde ich 1991 Kapitän. Wer hätte sich das noch vor ein paar Jahren gedacht? Was sich alles erreichen lässt, auch wenn einiges dagegenspricht! Alles war wunderbar – bis mich die *Tyrolean Airways* vor eine schwierige Entscheidung stellte. Meinen Kapitänsstatus hatte ich im Spätherbst erreicht, kurz bevor ich mich wieder für wenige Monate der Skischule widmen wollte. In einem Schreiben erklärte mir die Fluglinie jedoch, ich müsste ab jetzt das ganze Jahr fliegen. Nun, da ich Kapitän wäre, bräuchten sie mich auch im Winter, ich wäre qualifiziert und die *Tyrolean* könnten es sich nicht leisten, noch jemanden einzustellen. Ich versuchte zu argumentieren. Vergebens, mein Chef stellte mich vor die Entscheidung: entweder Unternehmer oder Pilot. Ich sagte, ich hätte mich schon entschieden, und zwar für Unternehmer und Pilot. Doch ich hatte keine Chance; die Fluglinie wollte keinen Kompromiss mehr eingehen.

Diese Situation war sehr schwierig. Endlich war ich so weit gekommen, meine beiden Hauptinteressen sinnvoll kombinieren zu können – dann sollte ich mich für eine davon entscheiden. Ich versuchte darüber zu schlafen, vielleicht würde mir ja doch noch eine Lösung einfallen. Und so kam es auch. Ich erkundigte mich bei der *Tyrolean Air-Ambulance*, ob sie nicht einen zusätzlichen Piloten brauchen würden. Wie es der Zufall wollte, wechselte just zu dieser Zeit einer ihrer Piloten zu den *Tyrolean Airways*. Ein Glück für mich, denn bei der *Air-Ambulance* gibt es im Sommer aufgrund der vielen Urlaubs-Rückholdienste viel mehr zu tun als im Winter. Also verabschiedete ich mich nach vier Jahren von den *Tyrolean Airways*, kümmerte mich ein paar Monate um die Skischule und begann im Frühjahr als Ambulanzpilot.

Manchmal waren die Rückholflüge richtig abenteuerlich; schon mein erster Einsatz wurde zum unvergesslichen Erlebnis. Es ging nach Irkutsk am Baikalsee. Ich war zuvor noch nie in das russische Landesinnere geflogen und bei den Flugvorbereitungen etwas nervös. Ich versuchte mich auf alle Eventualitäten vorzubereiten. Noch dazu hatte man uns prophezeit, dass jeder Zwischenstopp lange dauern würde, und wir wussten, dass wir den Jet einige Male auftanken mussten. Aber alles lief problemlos: Die Tankstopps dauerten nie länger als 40 Minuten, wir landeten nach zwölf Stunden in Irkutsk und flogen über Omsk und Novosibirsk wieder Richtung Heimat.

Respekt hatte ich auch, als wir auf dem Militärflughafen in der Nähe von Sebastopol landeten, um einen schwerverletzten britischen Schauspieler zu holen. Der Arzt hatte uns gesagt, dass der Mann möglichst schnell nach Großbritannien gebracht werden musste. Während wir auf dem Flughafen auf den Patienten warteten, versuchte ich die Behördenwege zu vereinfachen. Ich erklärte dem zuständigen Kommandanten, dass wir aufgrund der schweren Verletzung des Patienten direkt nach London fliegen wollten, ohne Umweg über Sebastopol, wo wir eigentlich noch die Zollformalitäten erledigen müssten. Sein Kommentar dazu war: „This is not possible." Erst nach sechs Stunden konnte ich ihn überzeugen, dass das doch möglich sei. Wir bekamen grünes Licht für den sofortigen Abflug vom Militärflugplatz direkt nach London. Und ich war um eine russische Uniform, mehrere Kappen, einen Mantel und eine Münzsammlung reicher, die ich dem Kommandanten während unserer Verhandlungen abgekauft hatte.

Dass ich sehr hartnäckig sein kann, wenn ich mir etwas in den Kopf gesetzt habe, hat sich schon im Kindergartenalter abgezeichnet – aber nicht jede „Sturheit" hätte gut ausgehen müssen. Einmal wurden wir bei einem Flug nach Lagos über der Sahara von heftigem Gegenwind überrascht – was eine geringere Geschwindigkeit über Grund bedeutete, wodurch der Treibstoff für einen Direktflug nach Lagos nicht gereicht hätte. Wir waren aber gerade über Niamey (Niger), ein Flughafen, der zwar für internationale Flüge bestimmt ist, auf dem aber niemand gerne freiwillig landet. Denn es kann die Beschlagnahme des Flugzeuges bedeuten, ohne die notwendigen Papiere – die so genannten Permissions – zu landen. Zeit spielt aber in der Ambulanzfliegerei immer eine gewisse Rolle. Was sollten wir also tun? Zurückfliegen nach Algerien oder in Niamey landen? Schließlich entschied ich mich für das größere Risiko und bat um Landeerlaubnis. Postwendend kam die Frage nach der Permission-Nummer, worauf ich dem Tower meine Reisepass-Nummer vorlas, was dort für Verwirrung sorgte. Nach einigem Hin und Her ließ man uns dann doch landen. Kaum waren wir gelandet, kam ein Militärjeep angebraust. Ich stieg aus, erklärte dem Anführer der Gruppe die Situation und spendete 150 Dollar. Wir tankten und waren nach 45 Minuten wieder nach Lagos unterwegs.

Insgesamt war ich von 1991 bis 1997 bei der *Tyrolean Air-Ambulanz* im Einsatz. Auch wenn nicht alle Flüge so „dramatisch" waren wie die hier geschilderten, so waren es doch sehr interessante Jahre, in denen ich die unterschiedlichsten Menschen kennenlernen durfte. Ich war ausgelastet und zufrieden, ich liebte meinen Job als Pilot und ebenso den als Unternehmer – und hatte dennoch immer das mir mittlerweile sehr vertraute Gefühl: Ich könnte noch mehr machen, noch viel mehr.

*

Im Rückblick auf diese Zeit kam mir ein Spruch in den Sinn, den ich mir zwischen 2001 und 2003 oft vorgesagt hatte: „Arbeite nur, die Freude kommt von selbst." Die Freude kam aber nicht, egal, wie viel ich arbeitete. Das war zermürbend. In Nashville verstand ich auch, warum: Der Spruch funktioniert nur, wenn man nicht nur mit dem Verstand, sondern auch mit dem Herzen bei der Sache ist.

Tornados

Am 3. Mai 2003 läutete um zwei Uhr früh das Telefon. Terry, der sich um das Haus kümmerte, wenn Gilbert O'Sullivan nicht hier war, sagte, ich müsste mir sofort einen sicheren Ort im Haus suchen, am besten wäre die Kammer unter der Stiege oder noch besser die Garage. Für das Gebiet war eine Tornadowarnung ausgegeben worden. Ich packte ein paar wichtige Sachen in eine Tasche und begab mich in die Kammer. Ich hatte mich für sie entschieden, weil ich beim Aufräumen der Garage gesehen hatte, welche Kleintiere dort ansässig waren. Dafür war es in der Kammer so eng, dass ich mich nicht einmal richtig niedersetzen konnte und von zwei Uhr bis fünf Uhr morgens stehen musste. Ich habe schon viele Unwetter erlebt, aber noch nie einen Tornado. Es blitzte die ganze Nacht und dazu regnete es, als würde die Welt untergehen. Der Sturm war so stark, dass ich dachte, jede Sekunde fliegt das Dach weg.

Gott sei Dank war mir nicht wirklich bewusst, was ein Tornado anrichten kann. Statt mir ernsthaft Sorgen zu machen, gab ich mich in meinem Unterschlupf dem Selbstmitleid hin und stellte mir wieder einmal die Frage, warum ich hier war. Ich sollte eigentlich bei meiner Familie sein. Die Mission „Nashville" hing an einem seidenen Faden. Geistig sah ich mich schon im Flieger Richtung Heimat sitzen. Nach dieser Tornadonacht war nicht nur mein Verstand, sondern auch mein Gefühl davon überzeugt: Danke, es reicht.

Aber letzten Endes bin ich geblieben. Es schien, als wäre alles, was ich mir bis zu dieser Nacht mühevoll erarbeitet hatte, mit einem Schlag verschwunden: das bisschen Hoffnung, dass alles wieder gut werden würde, der bessere Umgang mit der Zeit, die Konzentration auf weniger Dinge. Als dann noch der Strom ausfiel, war meine Stimmung wiedereinmal am absoluten Tiefpunkt angelangt.

Erst um fünf Uhr konnte ich den Unterschlupf verlassen und ins Bett gehen. Aber es war noch nicht überstanden, denn schon wenige Stunden später kam die nächste Tornadowarnung. Ab in die Kammer, für weitere zwei Stunden. Der Tornado richtete über Tennessee einen enormen Schaden an und kostete in der näheren Umgebung dreizehn Menschen das Leben. Insgesamt gab es laut Auskunft der Medien 30 Tote in Tennessee.

Als ich die Bilder der Verwüstung im TV sah, wurde mir bewusst, welches Glück ich gehabt hatte. Denn bis auf ein paar abgerissene Äste konnte an Gilberts Besitz kein Schaden festgestellt werden. Bei mir sah die Sache anders aus: Ich war psychisch wieder am Boden und musste von vorne beginnen.

Das schlechte Wetter mit Dauerregen hielt noch drei Tage, in denen ich im Kreis ging. Meine Stimmung wechselte zwischen Selbstaufgabe und Selbstmotivation. Wie es der Teufel haben wollte, prellte ich mir bei der Morgengymnastik beim Kopfstand die Wirbelsäule. In den Gelben Seiten fand ich dann einen Chiropraktiker, der für seinen Fünf-Minuten-Auftritt 300 Dollar verlangte. Nun war nicht nur das Wetter schlecht, ich konnte mich zudem nicht rühren und daher die nächsten fünf Tage nichts unternehmen.

Durch die Kombination Wetter und Schmerzen war ich völlig ruhig gestellt und an das Haus gebunden – Flucht war unmöglich. Was blieb mir anderes übrig, als das Beste aus der Situation zu machen. Ich fügte mich in mein Schicksal, las, kochte, ruhte mich aus – und als dann nach Tagen zum ersten Mal wieder die Sonne schien, fühlte ich mich stärker. Ich war stolz darauf, das alles allein durchgestanden zu haben, und hatte durch diese Lektion gelernt: Einsamkeit ist zu ertragen, wenn man sich ihr stellt. Ich weiß, es gibt Schlimmeres, aber ich hatte das Gefühl, durch die Hölle gegangen zu sein.

Frisch motiviert und mit voller Konzentration arbeitete ich an meinem Buch. Es ging mir gut, viel besser als in den letzten

Wochen – und in manchen Phasen gelang es mir sogar, glücklich zu sein. Diese Phasen dauerten nicht lange, aber immerhin, sie waren da.

Ich telefonierte mit meinem Freund Toni Fritsch. Der zweifache Superbowl-Gewinner lebt in Houston, und wir vereinbarten, dass ich ihn besuche. Natürlich war der Besuch bei Toni eine weitere Gelegenheit, die Arbeit an mir wieder aufzuschieben. Aber ich brauchte die Verschnaufpause: Wegfahren, durchatmen, Kraft tanken und weitermachen.

Ich machte mich also auf die insgesamt 1.350 Kilometer lange Reise durch das vom Tornado zum Teil schwer verwüstete Land. Nachdem ich in Hot Springs übernachtet hatte – dort hat US-Präsident Bill Clinton seine Jugend verbracht – kam ich am späten Nachmittag des nächsten Tages in Houston an. Toni empfing mich sehr herzlich und zuvorkommend, er widmete mir in den nächsten Tagen seine ganze Zeit. Wir fuhren zum Golf von Mexiko, machten einen Abstecher zur NASA, wo ich das Kontrollcenter der Apollo-Missionen besichtigte, das übrigens immer noch so aussieht wie vor 30 Jahren. Und wir zogen durch die verschiedenen Lokale. Überall wurde Toni als „Champ“ begrüßt. Ich genoss den Ausflug sehr, war mit meinen Gedanken bei der Sache und fühlte, dass es herrlich ist zu leben – und dass man sich dafür Zeit nehmen muss. Zum ersten Mal seit sechs oder sieben Jahren konnte ich einen „Urlaub“ genießen, obwohl es mir nicht immer leicht fiel, in der Gegenwart zu bleiben, um so viel wie möglich bewusst wahrzunehmen.

Ein Erlebnis beeindruckte mich in Houston besonders: Toni Fritsch ist sehr eng mit dem ehemaligen Boxweltmeister George Foreman befreundet. Dieser wiederum arbeitet jetzt auch als Prediger, und so kam es, dass ich mit Toni an einer der legendären Predigten von George teilnehmen konnte. Ich hatte auch Gelegenheit, mich mit ihm zu unterhalten, und George erzählte mir, dass für ihn die Predigten eine Art Therapie sind, um mit den

Füßen am Boden zu bleiben. Mit diesem Dienst für Bedürftige stellte er die Balance zwischen dem Weltstar und dem Menschen George Foreman her.

Nach vier Tagen machte ich mich wieder auf den Heimweg, mit dem guten Gefühl, dass mir die Tage in Houston, die Zeit mit Toni Fritsch, persönlich viel gebracht hatten. Sie machten mir Mut, beharrlich daran zu arbeiten, mein Leben wieder in den Griff zu bekommen. Zurück in Nashville gelang es mir immer besser, im Augenblick zu leben und mich nicht ständig mit der Zukunft zu beschäftigen; meine gedanklichen Fluchtversuche wurden weniger. Dies forderte zwar ein hohes Maß an Disziplin, aber die kleinen Erfolgserlebnisse waren sehr ermutigend.

Für den 19. Mai hatte ich ein Rückflugticket nach Österreich gebucht. Ursprünglich hätte ich am 23. Mai einen Vortrag halten sollen, den ich aber unmittelbar nach meiner Ankunft in Nashville absagen ließ. Ich dachte an Marbella und dass ich damals meinen Versuch, mit mir ins Reine zu kommen, zu früh abgebrochen hatte. Als ich das Ticket in Händen hielt, kam mir der Gedanke, dass ich eigentlich Claudia überraschen könnte – der 19. Mai ist unser Hochzeitstag.

Lange überlegte ich hin und her. Ich wusste nicht, was richtig war, und konnte nicht „aus dem Bauch heraus“ entscheiden. Ging es mir wirklich um den Anlass oder war ich schon wieder auf der Flucht vor der Verantwortung, die ich mir auferlegt hatte? Schließlich entschloss ich mich zwar, nach Hause zu fliegen, aber nicht in Österreich zu bleiben, sondern gemeinsam mit meiner Familie ein paar Tage in Italien zu verbringen – um so wenig Kontakt wie möglich zu meinem alten Umfeld zu haben. Kurz vor der Abreise hatte ich wieder Zweifel, aber der Entschluss war gefallen, und ich sagte mir: „Verschwende deine Gedanken nicht darauf, ob es richtig oder falsch ist. Mach es einfach.“

Gleich nach der Landung in Innsbruck fühlte ich mich unbeschreiblich wohl. Ich wusste in diesem Moment, es war die richtige Entscheidung gewesen. Die Luft, das Licht, die Berge – dass das so herrlich war, hatte ich schon lange nicht mehr so intensiv wahrgenommen. Was ich früher durch meine Getriebenheit alles versäumt hatte! Nur meine Tochter Laura wusste von meiner Ankunft; sie hatte die Abholung organisiert – Claudia fiel aus allen Wolken, als ich plötzlich vor ihr stand.

Gleich am nächsten Tag fuhren wir nach Italien, wo ich eine sehr schöne Zeit mit meiner Familie verbrachte. Als der Aufenthalt sich dem Ende zuneigte, wurde ich unruhig. Ich spürte, es war an der Zeit, nach Nashville zurückzukehren, bevor ich in meine alten Verhaltensmuster zurückfiel. Das wollte ich auf keinen Fall. Als ich wieder im Flugzeug saß, war ich guter Dinge. Die Pause – die Auszeit von der Auszeit – hatte sich ausgezahlt. Ich hatte Kraft getankt für den nächsten Teil meines Weges.

WM am Kulm

Der erste Großevent

Während meiner aktiven Sportlerzeit hatte ich kein Problem damit gehabt, Pausen zu machen. Sie hatten ihren festen Platz im Trainingsplan. Durch diesen beständigen Wechsel von Aktivität und Passivität blieb ich nicht nur körperlich, sondern auch seelisch unverkrampft. So oft hatten sich in schwierigen Zeiten die Lösungen scheinbar von selbst ergeben, solange ich einfach weitergemacht hatte – mit dem Training, mit der Ausbildung. Hier in Nashville erkannte ich dies zwar, konnte allerdings diese „alten" neuen Erkenntnisse noch nicht richtig umsetzen. Nach wie vor war ich zu ungeduldig und oft auch zu deprimiert. Es schien, als wäre der Fortschritt, den ich machte, ein eigenständiges, eigenwilliges Wesen: Er hielt sich nicht an meine Regeln und schon gar nicht an die Zeiten, die ich für die „aktive Problembewältigung" reserviert hatte. Also jene Stunden am Tag, an denen ich am Buch arbeitete oder mich damit auseinandersetzte, was ich früher falsch gemacht hatte und in Zukunft richtig machen wollte.

Der Fortschritt – der Weg aus der grauen Welt des Burnouts – machte sich anders bemerkbar: nicht an großen Erkenntnissen, sondern an den kleinen Dingen. Noch hatte ich keine Antworten, aber mehr Energie. Es ging mir besser. Das Selbstmitleid war zwar immer noch mein treuer Begleiter, aber ich richtete meinen Blick nicht mehr ausschließlich nach innen – sondern sah, wie schön es um mich herum war.

Frisch motiviert arbeitete ich weiter an meinem Buch. Es ging mir gut, viel besser als in den letzten Wochen – und in manchen Phasen gelang es mir sogar, glücklich zu sein. Der ideale Zeitpunkt, um mich mit jenem Ereignis zu beschäftigen, mit dem ich mir die Eintrittskarte in den Burnout gesichert hatte: der Skiflugweltmeisterschaft 1996.

Skiflugweltmeisterschaft 1996

Seit meinem Entschluss, mich aus der Öffentlichkeit zurückzuziehen, bis zum Herbst 1993 verlief mein Leben sehr ausgeglichen und ruhig. Keinerlei Druck, keine Sehnsucht nach dem Blitzlichtgewitter der Presse, nach dem Gefühl der Wichtigkeit störte meinen Alltag. Wenn ich mich früher bei Interviews oder auf dem Siegerpodest vielleicht als der Mittelpunkt der Welt gefühlt hatte, so war ich jetzt im Mittelpunkt der Welt – meiner eigenen Welt, gemeinsam mit meiner Frau, meinen Töchtern und der Arbeit, die ich liebte. Beruflich richtete ich meine Aufmerksamkeit auf die Leitung der Skischule, und im Sommer brachte ich mit dem Ambulanz-Jet verunglückte und kranke Menschen aus den verschiedensten Ländern der Welt nach Hause.

Im Herbst 1993 änderte sich dieses Leben. Zu diesem Zeitpunkt entschied der Österreichische Skiverband, sich mit der Region Tauplitz-Bad Mitterndorf um die Skiflugweltmeisterschaft zu bewerben. ÖSV-Präsident Peter Schröcksnadel lud mich zu einem Gespräch ein, auf Empfehlung von Helmut Lexer, dem Präsidenten des Steirischen Skiverbandes. Er bot mir an, die Bewerbung und in weiterer Folge die Gesamtorganisation der WM '96 zu übernehmen. Von diesem Angebot überrascht, zweifelte ich im ersten Moment, der Aufgabe gewachsen zu sein. Ich erinnerte mich noch lebhaft an die Weltmeisterschaft 1986, bei der ich dem Generalsekretär Fritz Trafler assistieren durfte. Daran, an wie viele unterschiedliche Elemente gedacht werden musste. Erfahrung hatte ich auf diesem Gebiet keine, denn meine Arbeit bestand 1986 mehr aus repräsentativen Aufgaben als aus organisatorischen. Bei der Organisation einer Skiflugweltmeisterschaft ist auch die Verantwortung für eine große Zahl von

Mitarbeitern zu tragen. Und ich hatte bislang eine Skischule mit einer Handvoll Skilehrer und einer Sekretärin geleitet. Mehr nicht.

Trotzdem war das Angebot sehr reizvoll. Vielleicht könnte man mit der Weltmeisterschaft 1996 neue Dimensionen in der Veranstaltung von Skiflugevents setzen, ein Fest kreieren, das der Größe des Ereignisses entsprach. Immerhin handelte es sich um eine Weltmeisterschaft, um einen Sportbewerb ersten Ranges. Und so überwog der Reiz der neuen Aufgabe meine Bedenken; ich sagte zu. Bei dieser Entscheidung schreckte mich auch die Tatsache nicht ab, dass ich als Verantwortlicher wieder mehr im Rampenlicht stehen würde. Vielleicht war ich auch so naiv gewesen zu glauben, dass dies nicht der Fall sein würde.

Ich verschwendete nicht einen Gedanken daran, dass ich meinem 1985 gefassten Vorsatz untreu wurde, sah aber auch nicht die Notwendigkeit, meine Person quasi als Werbeträger einsetzen zu müssen. Damit die Veranstaltung ein Erfolg wird, braucht sie die Medien, und die würden – dachte ich – sich von selbst für die WM interessieren. Die Presse und das Fernsehen, so glaubte ich, warteten ja nur darauf, über alles zu berichten, was mit der WM in Zusammenhang stand. Heute habe ich für diese Fehleinschätzung schon alle meine Sünden abgebüßt und weiß: Das Interesse der Medien kommt frühestens drei Wochen vor dem eigentlichen Bewerb von selbst. Damals fehlte mir diese Erfahrung, und so kam es, dass ich bei der Eventplanung kein Marketingbudget berücksichtigte.

Ich diskutierte mit Peter Schröcksnadel meine Ideen zur Neugestaltung der WM, sie gefielen ihm, und indem er meine Visionen unterstützte – von einem Konzept war zu diesem Zeitpunkt noch keine Rede –, schenkte er mir Vertrauen. Ich konnte frei arbeiten. Also begann ich, mir ein Team zu suchen – und hatte bald mein Dreamteam zusammengestellt. Bis auf unseren sportlichen Direktor hatte niemand bereits etwas Ähnliches gemacht.

Aber alle waren mit voller Begeisterung bei der Sache, was den Mangel an Erfahrung wettmachte.

Bei unserer ersten Sitzung schilderte ich leidenschaftlich, was aus der Skiflugweltmeisterschaft gemacht werden sollte. Worauf zwei Stunden lang heftig diskutiert wurde – mit der Erkenntnis, dass dieses Projekt, so wie ich es mir vorstellte, nicht realisierbar wäre. Dabei war das Argument der enormen Kosten nur eines von vielen. Jede Idee, die ich auf den Tisch legte, wurde als undurchführbar erklärt. Die Zweifel hatten in gewissem Sinn auch ihre Berechtigung. Aber eines war klar: So würde aus der Traum-Weltmeisterschaft nichts werden.

Ich stellte eine neue Regel auf: In Zukunft würde jeder sofort von der Diskussion ausgeschlossen, der einer neuen Idee keine Chance geben wollte. Wir würden gemeinsam versuchen, die Idee positiv zu verstärken, und wenn sich am Ende herausstellen sollte, dass sie tatsächlich nicht zu verwirklichen wäre – dann hatten wir dem Neuen immerhin eine Chance gegeben oder durch die positive Diskussion einen anderen Weg gefunden.

Alle waren einverstanden, und so realisierten wir schließlich Dinge, die sich keiner von uns je hätte träumen lassen. Wir waren zum Beispiel die Ersten, die mit dem Wintersport in die Stadt gegangen sind. Wir veranstalteten sogar in New York ein Skispringen, ein außergewöhnlicher Event vor den Türmen des World Trade Centers im Battery Park, mit Schnee aus Lake Placid. Diese und andere innovative Marketing-Ideen konnten entstehen, weil wir das Phantasieren einfach zuließen, egal, wie verrückt unsere Hirngespinste waren. Daraus entwickelte sich eine spürbare Begeisterung, die das ganze Team erfasste – und bald wussten wir, was das Ziel zu sein hatte: 100.000 jubelnde Menschen im Auslauf der Skiflugschanze. Ein Event, wie ihn der Skiflug-Sport noch nie gesehen haben würde.

Um das zu erreichen, musste schon jetzt, also Anfang 1994, über die WM 1996 geredet werden. Was lag näher, als die Bewerbung um die Weltmeisterschaft zu einem Thema zu machen? Wir warben um Unterstützung und hatten bald genug Geld aufgetrieben, um bei der Skiflugweltmeisterschaft in Planica (Slowenien) unsere Absichten der Öffentlichkeit zu präsentieren. Bei diesem ersten offiziellen Auftritt wurde ich von meinen Kollegen, dem Olympiasieger Toni Innauer, und dem Skiflugweltmeister Armin Kogler unterstützt.

In der Begeisterung können einem schon Fehler passieren. Kein Marketingbudget einzuplanen, war ein solcher. Aber Not macht erfinderisch, also setzten wir auf eine andere Strategie und boten den Medien ein Showprogramm, über das sie berichten konnten. Die Reporter und Journalisten schienen es interessant zu finden, dass ich als ehemaliger Weltklassespringer hinter der Organisation der WM 1996 stand. Und vor lauter Begeisterung an der Idee, etwas Besonderes aus dieser Weltmeisterschaft zu machen, warf ich alle meine Vorsätze über Bord – und stand genau dort, wo ich nie mehr stehen hatte wollen: vor Kameras und Mikrophonen. Ich ging sogar so weit, um Interviews zu bitten – so konnte ich möglichst viele Menschen über das geplante größte Skiflugereignis der Welt informieren. Es machte mir viel Freude zu sehen, wie sich mehr und mehr Menschen für unsere Sache zu interessieren begannen.

An meine früheren negativen Erfahrungen dachte ich nicht mehr; mein Ziel war, die beste Weltmeisterschaft aller Zeiten zu organisieren. Dass ich dafür mit meinen Prinzipien brechen musste, war es mir wert.

Als der Region Tauplitz-Bad Mitterndorf der WM-Zuschlag erteilt wurde, inszenierten wir ein Freudenfest, als hätten wir die Olympischen Spiele bekommen. Ein Fest für die Medien und die Bevölkerung, die von Anfang an miteinbezogen wurde. An die tausend Menschen feierten mit uns, Presse und Fernsehen waren mit dabei, und ich genoss meine Rolle, als Gastgeber im Rampenlicht zu stehen. Meine „Selbstdarstellung“, die Identifikation eines heimatverbundenen Bad Mitterndorfers mit der Weltmeisterschaft 1996, machte das abstrakte Sportereignis für die Menschen der Region realer – machte es zu „ihrer“ Weltmeisterschaft. Sie haben durch ihre Begeisterung einen wesentlichen Teil zum Gelingen dieses Großereignisses beigetragen.

Je mehr Menschen sich für die Idee begeisterten, um so mehr gewann diese an Eigendynamik. Der Event am Kulm gehörte nicht mehr nur uns – er gehörte der ganzen Region, in deren Tourismus die WM neuen Wind bringen sollte. Die allgemeine Begeisterung war sehr motivierend, nicht nur die Organisation selbst betreffend. Ich fühlte mich plötzlich wieder wichtig und bedeutsam und hatte schnell vergessen, dass der Jubel mit meiner Person wenig bis nichts zu tun hatte. Nicht ich wertete die WM auf, die WM wertete mich auf. Wäre an meiner Stelle jemand anderer gestanden, um die Organisation mit Energie und Eifer voranzutreiben, wäre ihm die gleiche Anerkennung und Hilfe entgegengebracht worden. Darauf achtete ich nicht, sondern gab mich wieder dem Gefühl hin, von allen geliebt und geschätzt zu werden.

Damals war ich der Meinung, dass außergewöhnliche Ereignisse auch einen außergewöhnlichen Einsatz verlangten und man daher notfalls über seinen Schatten springen müsste. Auch wenn dies bedeutete, seinen Vorsätzen untreu zu werden. Aber das ist falsch: Ich war anfällig für Jubel und Applaus und täuschte mich in der Annahme, ein „bisschen“ davon verantworten zu können – als Einsatz für ein hehres Ziel. Wer einmal mit dem Rauchen aufgehört hat, weiß: Der Rückfall kommt mit einer Zigarette, die man sich ausnahmsweise gönnt …

Ich war intensiv damit beschäftigt, neue Marketingstrategien zu finden. Geld war nach wie vor keines da. Trotzdem entstanden auf dem Weg zum Mega-Event 1996 viele kleine Events. Im Grunde kommt es nur darauf an, wie man die Dinge inszeniert. Man kann eine Skiflugschanze einfach umbauen oder zum Spatenstich eine Person des öffentlichen Interesses einladen. Im Fall des Umbaues der Sprungschanze am Kulm war der damalige Verkehrsminister Viktor Klima unser Gast. In meiner einleitenden Ansprache vor den versammelten Festgästen erwähnte ich auch die Bahnlinie, die neben der Schanze verläuft, und erzählte von meinem Traum: ein Bahnhof neben der Schanze, tausende Leute steigen aus, um den besten Skispringern der Welt zuzusehen. Dann gab ich das Wort an den Verkehrsminister weiter, der die Idee des WM-Bahnhofes aufgriff und versprach: Wir bauen ihn! Und wieder waren wir in den Medien. Viktor Klima hat übrigens sein Wort gehalten.

Im Abstand von zwei bis drei Monaten sollte über die Weltmeisterschaft berichtet werden. Wir überprüften daher jede Aktion auf Medientauglichkeit und inszenierten, wo nötig, ein Spektakel. Sogar als der Schanzentisch im Zuge des Umbaues abgerissen wurde, wussten wir dies zu feiern, mit einem prominent besetzten Golfzielschießen und einem Showprogramm.

Danach überlegten wir uns, wie wir den österreichischen Bundespräsidenten zur Skiflug-WM einladen sollten. Natürlich hätte auch ein schön geschriebener Brief auf exklusivem Briefpapier diesen Zweck erfüllt – aber keine Zeitung berichtet über den präsidialen Briefverkehr, geschweige denn ein Fernsehsender. Ihm die Einladung persönlich zu übergeben wäre zwar schon etwas besser gewesen, aber ihm eine Sprungschanze vor die Hofburg zu bauen, war zweifelsohne die beste Variante.

Und so kam es dann auch. Wir veranstalteten auf dem Wiener Heldenplatz im November 1994 ein Skispringen. Danach war die Delegation aus Bad Mitterndorf Gast in der Hofburg, um im Rahmen einer Präsentation die offizielle Schlüsselübergabe vorzunehmen. Ich war gerade mitten in meiner Rede, als mir einfiel, dass wir den extra angefertigten goldenen Schlüssel im Auto vergessen hatten! Gott sei Dank standen im Festsaal große Uhren mit großen Schlüsseln. Einer davon wurde kurzerhand als Ersatzschlüssel zweckentfremdet. Blitzlichtgewitter, Kameras,

Reporter – und wieder hatten wir unsere Medienpräsenz, die wir uns ohne diese Inszenierungen nie hätten leisten können.

Das war eine tolle Aktion, über die viele Zeitungen auf ihren Titelseiten berichteten. Ich war stolz darauf und überlegte, wie man diese Sache noch übertreffen, etwas noch Größeres, Ausgefalleneres inszenieren könnte. In meiner kindlichen Begeisterung ging es nur darum, eine großartige Weltmeisterschaft zu veranstalten. So wie ich die Sache heute sehe, begann mir aber damals unbewusst auch die Tatsache zu gefallen, dass ich und meine Ideen hinter dem Projekt standen. So kam es vielleicht hier schon zu einer ersten Motiv-Verschiebung, ohne dass ich es wahrnahm.

Wir hatten mit der Werbung für die Weltmeisterschaft etwas früh begonnen und standen nun vor der Situation, nicht nachlassen zu dürfen. Als wir nach dem Skispringen am Heldenplatz dessen Gelingen feierten, meinte ich: „Und das nächste Springen veranstalten wir in New York!“ Alle hoben sofort ihre Gläser und riefen: „New York, wir kommen!“ Ein Skispringen in New York, das klang nach einer großen Herausforderung.

In Folge waren dann alle mit ihren WM-Hausaufgaben beschäftigt, jeder in seinem Bereich. Ganz am Beginn unserer Zusammenarbeit stellten wir uns in einer Klausur vor, die Weltmeisterschaft würde am nächsten Tag stattfinden. Was braucht man alles, woran muss gedacht werden, wo parken die Autos, wer kümmert sich um die Sportler, wer um die technische Ausrüstung? Tausend Dinge, auf die nicht vergessen werden durfte. So entstand unsere Generalcheckliste, die wir wöchentlich ergänzten und Punkt für Punkt abarbeiteten.

Skispringen in New York

Aber der Gedanke an ein Skispringen im New Yorker Central Park ging mir nicht mehr aus dem Kopf. Vielleicht, so überlegte ich, sollte ich mich einfach erkundigen – fragen kostet nichts. Im

März 1995 hatten mein Mitarbeiter Ronald Brandl und ich schließlich einen Termin in der Central Park-Verwaltung. Wir sprachen mit einem freundlichen 150-Kilo-Mann, der mein Anliegen zuerst nicht ganz verstand. Ein Skispringen im Park? Ich erklärte es ihm nochmals genauer, und die Idee schien ihm zu gefallen: „Sounds good." Aus Interesse erkundigte ich mich nach den eventuellen Mietkosten für den Park. Er erklärte uns, wie das im Central Park so abläuft: Wer Platz braucht, der spendet. Naiverweise dachte ich an eine großzügige Summe in der Höhe von 720 Euro (10.000 ATS), die wir freigiebig spenden würden, und fragte dann doch noch nach der üblichen Spendengröße. Das waren dann allerdings ganz andere Dimensionen: Michael Jackson hatte für sein Konzert im Park eine Million Dollar gespendet, Tina Turner 800.000 Dollar. Ich war um eine Illusion ärmer, denn laut Bob musste die Park-Verwaltung auf einer Spende in einer gewissen Höhe bestehen.

Der Commissioner stellte uns den Kontakt zur Verwaltung eines anderen Parks her. Im Battery Park wurde der Platz zu festen Tarifen vermietet: Mit 25.000 Dollar war man dabei. 25.000 Dollar! Wir fuhren nach Hause und beschlossen beim nächsten Jour Fixe auf das Springen in New York zu verzichten. New York war eindeutig eine Schuhnummer zu groß für uns. Obwohl wir den Event bitter nötig gehabt hätten, denn die WM 1996 war in den Medien einfach nicht mehr präsent. Wie sollten wir unsere Vorstellung von 100.000 Zuschauern verwirklichen?

Kurze Zeit darauf traf ich mich nach einem Konzert in Innsbruck mit Fred Steinacher, dem Sportchef der *Tiroler Tageszeitung*. Er fragte mich: „Was ist jetzt mit New York?" Worauf ich ihm die Fakten erzählte: Gute Idee, aber zu teuer, könnten wir leider nicht machen. Als Konsequenz wurden mir von ihm freundschaftlich die Leviten gelesen: Er hätte schon darüber geschrieben und jetzt sollte das nichts werden, und so weiter. Nachdenklich ging ich nach Hause. Auch am nächsten Tag dachte ich über Freds Vorwürfe nach und musste zugeben: Er hatte Recht. Nur weil es am Geld fehlte, hatten wir die Idee sofort aufgegeben. Die erste Hürde hatte uns gleich so eingeschüchtert, dass wir gar nicht nach anderen Lösungen suchen wollten. Außerdem passte eine Absage nicht zu meinem neu erworbenen Image, ein „klasser Bursch" zu sein.

Das und die Tatsache, dass uns eindeutig frischer Schwung fehlte, ließen mich meine Meinung ändern. Ich beschloss, das Springen in New York auf die Beine zu stellen. Keine Ahnung, wie, aber wir würden es machen. Ich trommelte das Team zusammen, stellte es vor fixe Tatsachen und ließ mich auf keine Diskussionen ein. Was ich wollte, waren Vorschläge zur Finanzierung. Innerhalb einer Stunde hatten wir eine Strategie ausgearbeitet, nämlich einen Hype daraus zu kreieren, Sponsoren aufzutreiben und mit 200 Leuten nach New York zu fliegen, um ein großartiges Wochenende zu erleben. Ich kümmerte mich um die Sponsoren, die anderen um eine Liste mit möglichen Interessenten. In unser Eventangebot rechneten wir eine Veranstaltungspauschale ein, um die Schanze bauen zu können – und dann kam die Checkliste: Woher bekommen wir den Schnee, woher das Gerüst, wer holt die Leute am Flughafen ab, und so weiter.

Das Springen sollte am 17. November stattfinden – und es war bereits August. Wir trommelten aus der ganzen Welt Olympiasieger und Weltmeister zusammen, die in Teams gegeneinander antreten sollten: Wir veranstalteten das erste *World Team Masters* in New York. Franz Klammer war dabei, Annemarie Moser-Pröll, die besten Sportler des Wintersports. Wir hatten sogar ein Royal-Team mit dem Prinzen von Senegal und Hubertus von Hohenlohe. Ebenfalls mit von der Partie: Eddie „The Eagle" Edwards. Und alle sind gesprungen! Es war ja nur eine kleine Schanze, aufgebaut von meinem Skilehrer-Trupp. Drei riesige Trucks hatten den nötigen Schnee aus Lake Placid geholt. Das Springen in New York wurde ein Riesenfest.

„Wenn der Hubert sagt, er bringt den Niki Lauda auf die Bühne, damit der dort ein Tralala singt, dann steht wenig später der Lauda singend auf der Bühne“ (Zitat Armin Kogler).

Nacht des Sports, 1997
Oben: Show-Auftritt mit Claudia: „Money, money …“

Mitte: Band mit Werner Grissmann, Toni Sailer, Armin Assinger, Patrick Ortlieb und Harti Weirather,

Unten: Vortrag für die Österreichische Sporthilfe

Armin Kogler, wie er leibt und lebt (Skischulshow 1995).

Pilot Hubert Neuper, mit
Königin Silvia von Schweden

Zwischenlandung in Saloniki (Dash 7)

Skispringen im Battery Park,
New York im November 1995
Bild oben: Toni Innauer

Sprungschanze vor den Türmen des
World Trade Centers

Prinz „Bertl“ von Monaco zu Gast in Tauplitz-Bad Mitterndorf, bei der Skiflug-WM, 1996

Skiflug-Promotion für den Skiflugweltcup 2000 mit Elmar Oberhauser, Jänner 1999

Mit Gilbert O'Sullivan in London bei der Aufnahme des Skiflug-WM-Songs

Mit Andreas Felder und Toni Innauer

120.000 begeisterte Menschen bei der Skiflug-WM 1996 am Kulm

Der Höhepunkt war, als wir mit 200 Österreichern am New Yorker Time Square standen, auf dessen riesiger, weltberühmter Werbetafel von 18 Uhr bis 18.15 Uhr zu lesen stand: „Skifliegen Tauplitz-Bad Mitterndorf" und eine Ankündigung für das Skispringen im Battery Park am nächsten Tag – auf einer der besten Werbeflächen der Welt.

Zurück in Österreich nutzten wir die gute Presse und starteten sofort den bereits vorbereiteten Vorverkauf. Mehr als 15.000 Vereine und Organisationen wurden per Postwurf über unsere zahlreichen Angebote rund um die Skiflugweltmeisterschaft informiert, mögliche Logen-Kunden wurden angeschrieben – und der Erfolg unserer PR-Aktion ließ sich bald in den Verkaufszahlen messen. Schon in dieser Woche konnten wir an die 7.000 Karten verkaufen – und ab dann lief alles nach Plan. Die Medien berichteten nun auch ohne unser Zutun. Am Ende wurden alle unsere Erwartungen bei weitem übertroffen. Immerhin hatten wir unser Anfangsbudget weit überzogen. Die Dimensionen, in denen wir dachten, sprengten jeden vernünftigen Rahmen.

Die Eröffnungsfeier war beeindruckend. Der Einzug der Sportler in die ganz in mystisch-blaues Licht getauchte Arena wurde von den „Schab" angekündigt. Diese traditionellen Gestalten aus dem alten Bad Mitterndorfer Nikolospiel werden von ganz in Stroh gehüllten Männern mit riesigen Hörnern auf dem mächtigen Kopfschmuck und mit eindrucksvollem Peitschengeknalle dargestellt. Während es rundherum schneite, fanden die Wettkämpfe bei strahlender Sonne statt. Nicht nur das Wetter war nahezu perfekt – die gesamte Weltmeisterschaft war ein großer Erfolg.

Wir hatten mit 120.000 Menschen mehr Besucher, als wir uns zum Ziel gesetzt hatten, und konnten einen schönen Gewinn erzielen. So viel, dass wir die Siegerprämie für den neuen Weltmeister Andreas Goldberger um einiges erhöhen konnten. Aufgrund seiner sportlichen Leistungen war er ein wichtiger Werbeträger im Vorfeld der WM gewesen. Bei jedem Siegerinterview, das Andreas in den zwei Jahren zuvor gegeben hatte, erklärte er die Weltmeisterschaft am Kulm als sein großes Ziel.

Trotz des wirtschaftlichen Erfolges wurde ich ein paar Monate danach darauf angesprochen, dass die WM ein finanzieller Verlust gewesen sein soll. Da ich es besser wusste, beschäftigte ich mich nicht weiter damit, was andere reden. Das gab mir in Nashville zu denken. Die Vorwürfe, die mir später in anderen Zusammenhängen gemacht wurden, hatten mich tief getroffen – und mich ebenso an meinem Wert wie auch an dem Wert meiner Leistung zweifeln lassen. Doch nach der Weltmeisterschaft am Kulm war meine Welt noch in Ordnung. Dass ich mein Ziel erreicht hatte, war mir Bestätigung genug.

Schließlich war die Skiflugweltmeisterschaft vorbei, und ich beschloss, es damit gut sein zu lassen. Der Druck der letzten Wochen war enorm gewesen. Ich war vor lauter Stress nicht mehr ansprechbar, und das war ein Zustand, den ich nicht haben wollte. Und obwohl es letzten Endes auch irgendwie eine angenehme Anspannung gewesen war, stand mein Entschluss fest: Das war das letzte Mal für mich. Die Organisation eines solchen Ereignisses, die Sorge um tausende Dinge, die praktisch zeitgleich zu geschehen haben, würde ich auf Dauer nicht aushalten.

Ich war rechtschaffen müde und wusste, dass ich eine längere Pause brauchte. Es ist ja ein logisches Gesetz, dass auf Anspannung Entspannung folgen muss; auch in der Natur läuft nichts ständig auf Hochtouren.

Den Entschluss, nie wieder einen solchen Event zu veranstalten, hatte ich etwas vorschnell gefasst. Eine Pause, etwas Abstand von der hektischen Welt war notwendig. Aber sollte ich gleich wieder alles aufgeben und mich nie wieder von einer großen Veranstaltung herausfordern lassen?

„Schnellschüsse“ dieser Art sind wohl auch ein Zeichen von Überarbeitung. Hat man sein Ziel erreicht, fällt die Belastung mit einem Schlag weg und man stürzt in ein Loch. Diese vorübergehende Leere gehört einfach dazu.

Ich wollte also die Finger von der Eventorganisation lassen, obwohl das eine sehr interessante und abwechslungsreiche Arbeit ist. Kaum hatte ich mich so entschieden, wurde dem ÖSV von Oberstdorf die Organisation des Skiflugweltcupbewerbes 1997 angeboten. Oberstdorf steckte mitten in den Vorbereitungen zur WM 1998 und wollte daher dieses Skifliegen nicht veranstalten. Ich wollte das auch nicht, besprach mich aber dennoch mit meinen Mitarbeitern.

Ihre Argumente überzeugten mich schließlich, und wir entschieden uns, die Organisation zu übernehmen. Immerhin waren wir ein eingespieltes, erfahrenes Team. Dazu kam, dass ich mich mittlerweile erholt hatte und die Erinnerung an die anstrengende Zeit verblasst war. Zudem meldete sich mein Ego: Wer außer mir sollte das machen? Und wer würde meinen Platz als Frontman einnehmen und Aufmerksamkeit und Anerkennung genießen? Ohne die Warnsignale zu beachten, war ich wieder süchtig nach Bewunderung geworden. Drei Jahre lang hatte ich die Öffentlichkeit genossen, nun wollte ich nicht mehr darauf verzichten.

Als der Weltcupbewerb 1997 erfolgreich abgeschlossen war, kehrte ich dennoch wieder in meine private Welt zurück. Trotz der emotionellen Höhen, der vielen positiven Reaktionen, trotz der Tatsache „wieder wer zu sein“, fehlte mir eine innere Harmonie. Ich sehnte mich nach jenem ruhigen Leben, das ich vor 1993 genossen hatte. Der nächste große Skiflugevent war erst für das Jahr 2000 geplant, und somit gab es einen Grund, im Veranstaltungsgeschäft zu pausieren.

Ich kümmerte mich um meine Skischule, und ab März 1997 konzentrierte ich mich wieder aufs Fliegen.

*

Als ich nun in Nashville diese Zeit reflektierte, fiel mir vieles auf. Zum Beispiel, dass ich 1996 völlig anders auf Kritik reagiert hatte als 1999. Vielleicht lag der Grund dafür in dem Ausmaß, in dem ich von Anerkennung abhängig war. Bei der Weltmeisterschaft am Kulm war ich praktisch noch von der Öffentlichkeit „entwöhnt“, da ich mehrere Jahre im Hintergrund agiert hatte. In den Jahren darauf änderte sich das: Die Rolle als „Frontman“ diverser Projekte war mir so in Fleisch und Blut übergegangen, dass ich mich anders gar nicht mehr sehen wollte. Folglich war ich aber auch von Bestätigung abhängig. Mir selbst zu sagen, dass ich etwas gut gemacht hatte, reichte nicht mehr aus. Somit war ich auch insgesamt angreifbarer geworden, wie die späteren Ereignisse zeigen sollten. Mir war wichtig geworden, was andere Leute über mich dachten, und konnte daher auf die Vorwürfe, mit denen ich konfrontiert wurde, nicht mehr so gelassen reagieren wie nach der Weltmeisterschaft 1996.

Es wäre die richtige Entscheidung gewesen, mich 1997 wieder für eine Zeit in die Anonymität des Alltags zurückzuziehen. Intuitiv wusste ich, was zu tun war. Mit mehr Abstand zu den beiden großen Veranstaltungen am Kulm war mir auch bewusst geworden, dass ich Gefahr lief, langsam wieder in altes Fahrwasser zu geraten. Mir würde mein Ego möglicherweise wichtiger werden als die Events.

Trotzdem traf ich kurz darauf eine falsche Entscheidung. Es half nichts, jetzt, fünf Jahre später, in Nashville zu sitzen und zu überlegen, was gewesen wäre, wenn ich mich anders entschieden hätte. Es wäre anders gewesen, so viel steht fest.

Sporthilfe

Geschäftsführer der Österreichischen Sporthilfe

Mitte März 1997 läutete das Telefon. Leo Wallner, einer der einflussreichsten Sportpolitiker Österreichs, bot mir die Stelle als Geschäftsführer der *Österreichischen Sporthilfe* an. Ich fühlte mich sehr geehrt, lehnte aber ab.

Vierzehn Tage später wurde mir der Job wieder angeboten, diesmal vom damaligen Staatssekretär für Sport, Peter Wittmann. Und wieder folgte ich meinem Gefühl und lehnte ab. Was ich dringend brauchte, war eine Pause, nicht noch mehr Arbeit. Mitte Mai erreichte mich die Nachricht, dass Bundeskanzler Viktor Klima mit mir sprechen wollte. Vierzehn Tage später saß ich im Bundeskanzleramt und ließ mich überreden: Nach Leo Wallner und Peter Wittmann hatte sich nun auch der Bundeskanzler persönlich bemüht, um mich für diesen Posten zu gewinnen. Ich fühlte mich geehrt und kam mir ungemein wichtig vor.

Also nahm ich an, erklärte aber, dass ich meine Autonomie behalten wollte. Die Vergangenheit hatte gezeigt, dass der Posten des Geschäftsführers der *Sporthilfe* auch ein Schleudersitz war. Ich konnte mich daran erinnern, wie man den Doppelolympiasieger Peter Seisenbacher medial „demontiert" hatte, als er von 1988 bis 1993 das Amt des Geschäftsführers ausgeübt hatte. Und noch einmal von vorne beginnen, weil ich für den neuen Job alles aufgegeben hatte, wollte ich nicht. Ich sei, so erklärte ich, Pilot und Unternehmer, ich hätte noch einiges vor und wollte finanziell unabhängig bleiben.

Aufgrund der Vereinsstatuten war dies jedoch nicht möglich: Der Geschäftsführer muss angestellt werden und folglich auch weisungsgebunden sein. Aber, so versprach mir Viktor Klima per Handschlag, das Förderbudget meines Vorgängers sollte die

Bemessungsgrundlage sein. Würde ich diese Summe – in diesem Fall 1,21 Millionen Euro (16,7 Millionen ATS) Fördergelder – überschreiten, wäre mein Auftrag erfüllt und es stünde mir frei, mich anderen Tätigkeiten zu widmen.

Die Arbeit bei der *Sporthilfe* war der Grund, warum ich dann trotzdem mit dem berufsmäßigen Fliegen aufhörte. Ich konnte zwar nebenbei noch die Skischule weiterführen, dank der Unterstützung durch meine Frau, aber mehr war nicht möglich. Um Geld für die *Sporthilfe* aufzutreiben, griff ich auf ein bewährtes Mittel zurück. Um die *Sporthilfe* zu einem Thema zu machen, nützte ich meine Bekanntheit, genau wie bei den Events am Kulm. Ich war wirklich auf jedem noch so kleinen Fest. Die *Sporthilfe* war mir zum echten Anliegen geworden. Heute kann ich zugeben, dass mich die Position sehr reizte: Ich identifizierte mich völlig mit ihr. Permanent unterwegs, jedes Wochenende auf einer oder mehreren Veranstaltungen – und auf jedem Fest war ich als *Sporthilfe*-Chef immer auf der Suche nach neuen Sponsoren. Dabei legte ich keinen Wert auf Pausen, sondern wollte die mir anvertraute Aufgabe bestmöglich erfüllen. Auf der anderen Seite genoss ich die Droge Popularität in vollen Zügen.

Auch die *Sporthilfe* veranstaltete mehrere kleine Events, die sich sowohl für das Image als auch finanziell bezahlt machten. Es dauerte nicht lange, und wir erhielten eine Vorladung vom Finanzamt, wo uns erklärt wurde: Die *Sporthilfe* würde als Eventveranstalter umsatzsteuerpflichtig, da sie als Verein damit im Wettbewerb zu Agenturen stünde. Wenn wir so weitermachten, wäre eine Umsatzsteuer in Millionenhöhe fällig. Was unser Ruin gewesen wäre. Mein Mitarbeiter Ronald Brandl und ich diskutierten mit dem Finanzbeamten verschiedene Möglichkeiten. Die beste davon war, nicht selbst zu veranstalten, sondern die Lizenz an eine Agentur zu verkaufen. Diese könnte dann im Auftrag der *Sporthilfe* die Events veranstalten.

Diese Lösung schien mir eine gute Idee zu sein. Noch dazu beschäftigte mich zu dieser Zeit der Gedanke an ein großes *Sporthilfe*-Fest, die *Nacht des Sports*. Ronald Brandl und Martin Demmerer hatten schon bei der WM '96 mit mir zusammengearbeitet, und Ronald war auch Teil meines *Sporthilfe*-Teams. Martin hatte gerade seinen Präsenzdienst abgeleistet. Da er darüber nachdachte, sich im Eventbereich eventuell selbständig zu machen, schlug ich ihm vor, eine Agentur zu gründen, welche die Veranstaltungen der *Sporthilfe* durchführen sollte. Diese Agentur sollte unter seinem Namen laufen, kostendeckend arbeiten und den erwirtschafteten Überschuss, vertraglich abgesichert, an die *Sporthilfe* abführen. Martin war einverstanden und gründete die Agentur *Easy Event*. Die Lizenzgebühren, die von *Easy Even*t im Laufe der Zeit an die *Sporthilfe* gezahlt wurden, waren beträchtlich. Außerdem war damit die Steuerpflicht erfüllt – rechtlich betrachtet ein einwandfreies Vorgehen. Gut zwei Jahre später sollte mir aber aus dieser Konstellation trotz allem der Strick gedreht werden.

Im November 1997 veranstalteten wir erstmals die *Nacht des Sports* – ein großer Gala-Abend, der vom ORF ausgestrahlt wurde. Kapazunder wie Toni Sailer, Hans Krankl und Armin Assinger wirkten auf der Bühne mit. Zusätzlich wurden die Sportler und Sportlerinnen des Jahres gewählt.

Mit Events wie diesem konnten wir im ersten halben Jahr meiner *Sporthilfe*-Tätigkeit dic Förderleistung von 1,21 auf 1,45 Millionen Euro (20 Millionen ATS) steigern, im zweiten Jahr auf 1,6 Millionen Euro (22 Millionen ATS) und im dritten Jahr sogar auf 1,74 Millionen Euro (24 Millionen ATS).

Die Zahlen bewiesen somit schwarz auf weiß: Unsere Arbeit war erfolgreich. Auch sonst schien alles gut zu laufen. Aber in mir drinnen sah es anders aus. Ich war ausgelaugt und müde. Die vielen Feste, Parties und offiziellen Anlässe hatten ihren Reiz verloren. Ich hatte praktisch die Kontrollanzeigen völlig ignoriert und fuhr seit einiger Zeit schon mit dem Reservetank. Besonders ein Moment hat sich mir eingeprägt: Das war 1998, bei der Generalprobe zur zweiten *Nacht des Sports* in der Wiener Stadthalle.

Ich stand gerade auf der Bühne, als ich einen Anruf erhielt: „Der Vater stirbt." Eigentlich hätte ich nach Hause fahren sollen, um mich von ihm zu verabschieden. Mein Herz zog mich nach Hause, mein Verstand aber sagte: Du musst die Show durchziehen. Minuten später war ich wieder im Saal und spielte meine Rolle weiter – Hubert Neuper Superman. Niemand sollte merken, wie es in mir aussah.

Dieses Erlebnis war furchtbar. Es beschleunigte meinen emotionalen Niedergang. Denn ein Teil in mir wollte zum Vater, ein anderer, der offensichtlich gewichtigere, aber pochte darauf, für die Show unverzichtbar zu sein. Ich blieb bis nach der *Nacht des Sports* in Wien, und um den Schmerz und die Scham darüber nicht zu spüren, drehte ich meine Gefühle auf Sparflamme. Ich war bei meinem Vater, als er drei Wochen später starb; ich war nervlich am Ende.

Die Notwendigkeit der ewigen Selbstdarstellung hing mir zum Hals heraus; ich hasste es, den Menschen ständig auf der Tasche zu liegen, und ich hasste den Zwang, immer mehr von allem zu wollen. So konnte ich nicht weitermachen. Trotzdem gab ich nicht auf. Meine Eitelkeit hielt mich davon ab, auch das Gefühl, etwas zu bedeuten, etwas bewegen zu wollen. Erfolg befriedigte mich nur mehr oberflächlich, ich definierte mich ausschließlich über meine Leistung. Persönliche Werte bedeuteten mir nichts mehr. Die Sucht nach Anerkennung überwog meine Bedenken, und einen Schlussstrich zu ziehen hätte bedeutet, diese Anerkennung zu verlieren. Zumindest redete ich mir das zu dieser Zeit ein.

Außerdem boten sich noch andere interessante Projekte zur Verwirklichung an – an erster Stelle waren das die *World Sports*

Awards, die mir seit der erfolgreichen ersten *Nacht des Sports* 1997 nicht aus dem Kopf gehen wollten. Immer wieder überlegte ich, diesen Event zu organisieren. Dann verwarf ich den Gedanken wieder als ein Hirngespinst, das sich allerdings in meinem Hinterkopf festgesetzt hatte.

Die Arbeit, das tägliche Business nahmen mich wieder gefangen. Nach dem Tod meines Vaters begann ich jedoch den Sinn meines Tuns zu hinterfragen. Ich spielte zwar meine Rolle bis zur Perfektion: Nach außen war ich immer der Lustige, der große Sporthilfe-Zampano. Innen aber sah das anders aus, innen nagte immer mehr der Wunsch, aufzuhören. Auf Dauer, das wusste ich genau, würde ich diese Lebensweise nicht aushalten. Stimmt schon, ich wusste es, aber ich begriff es nicht – das ist ein großer Unterschied. So wollte ich weiterhin die in mich gesetzten Erwartungen erfüllen und identifizierte mich mit meiner Arbeit. Um den Ernst der Lage zu begreifen, fehlte mir die Zeit.

Ein ganz großer Fehler war, mit niemandem darüber zu reden, wie es wirklich in mir aussah. Nicht einmal mit meiner Frau. Immer wieder sagte ich mir: Hör auf! Mach etwas Sinnvolles! Aber das war doch etwas Sinnvolles, jeder Cent, den wir verdient hatten, war wichtig. Die Sportler und Sportlerinnen waren angewiesen auf die Förderung durch die *Sporthilfe*, ich wusste, die brauchten das Geld. Das war ein Motiv, warum ich nicht aufhören konnte. Zum Zweiten war da dieser krampfhaft am Leben erhaltene Mythos vom Neuper, der nicht aufgeben darf. Und das dritte Motiv war dieses Gefühl der Wichtigkeit. Jemand zu sein, Erfolg zu haben. Koste es, was es wolle – und es hat viel gekostet.

Diese drei Motive haben mich dominiert und mich davon abgehalten aufzuhören. Daraus ist beides entstanden: der große Erfolg mit den *World Sports Awards*. Und mein absoluter emotionaler Absturz.

Familie

Wenn ich von mir erzähle, muss ich auch von jenen Menschen erzählen, die mir am nächsten stehen. Meine Familie war von den Gegebenheiten der letzten Jahre genauso betroffen wie ich selbst. Aus der Selbstverständlichkeit, mit der sie hinter mir stand und mich „ertrug", erschließt sich ihr Wert.

Meine engste Umgebung war mir von Kindheit an immer wohl gesonnen. Was meine Eltern und Großeltern mir beigebracht hatten, halte ich auch in meiner Familie hoch: sich gegenseitig Rückhalt bieten. Deiner Frau, oder deinen Kindern, oder den paar Freunden, die du quasi zu deiner Familie zählst – diesen Menschen musst du nie etwas vorspielen, in keiner Situation.

Meine Familie ist mir wohl das Wichtigste auf dieser Welt. Die Geburt unserer Töchter Nina und Laura waren herrliche Erlebnisse. Jetzt sind die Mädels schon so gut wie erwachsen; wir haben allen Grund auf sie stolz zu sein. Beide sind fleißig und sehr selbständig. Als unsere Kinder noch klein waren, passten oft unsere Eltern auf sie auf, da wir beide arbeiten mussten.

Auch wir – meine Schwestern und ich – sind zum Teil bei den Großeltern aufgewachsen, da sich meine Eltern um den Betrieb kümmern mussten. Das war nie ein Problem, und so lernte ich früh den Wert einer intakten Familie schätzen. Meine nur um zwei Jahre ältere Schwester Gundi und ich wuchsen in einer liebevollen Umgebung auf, die es allerdings auch nicht an der nötigen Strenge fehlen ließ. Es bestand kein Zweifel darüber, wo uns Grenzen gesetzt waren; ohne diese Klarheit, denke ich, ist eine gewisse Unbeschwertheit nicht möglich.

Eva-Maria, meine zweite Schwester, kam 1970 zur Welt. Ich hing sehr an ihr. Da ich wegen meiner Schulzeit in Bad Goisern, später in Stams kaum zu Hause war und mich anschließend meiner Sportkarriere widmete, blieb mir nicht genügend Zeit, um

Eva-Maria kennenzulernen. Sie starb mit 18 Jahren an den Folgen eines schweren Verkehrsunfalles.

Ich glaube, sie war sehr klug, eigensinnig und zielstrebig. Sie wusste genau, was sie wollte. Eva-Maria besuchte das Tourismus-Kolleg Schloss Kleßheim und hatte nur ein paar Wochen zuvor ihren Führerschein gemacht, als sie im November 1988 von einem Praktikum von Bad Gastein nach Hause fuhr. Sie schleuderte in einer Kurve gegen ein Brückengeländer, das durch die Seitenscheibe stieß und ihr sehr schwere Kopfverletzungen zufügte.

Ich war damals in Bad Mitterndorf und als ich die Nachricht von ihrem Unfall erhielt, dachte ich zuerst natürlich: „Hoffentlich ist nichts passiert." Und dann: „Hoffentlich ist sie nicht gelähmt und sitzt im Rollstuhl wie der Vater. Wenn sie sich bloß nur was gebrochen hat, das wird schon wieder." Kein Mensch sagte mir, was genau passiert war, und ich dachte keine Sekunde daran, dass sie sterben könnte. Ich machte mich sofort auf den Weg ins Spital nach Bad Aussee, und als mir dort der Rot-Kreuz-Sanitäter entgegenkam, der Eva-Maria ins Krankenhaus gebracht hatte, standen ihm Tränen in den Augen. Ich fragte ihn, was los sei, und er meinte nur: „Das schaut nicht gut aus." Die Kopfverletzungen wären so schwer, dass sie es nicht schaffen würde. Der behandelnde Arzt bestätigte das.

Was sollte das heißen: Nicht schaffen? In meiner Verzweiflung versetzte ich das ganze Spital in Aufruhr. Die Ärzte versicherten mir, sie könnten in dem Fall nichts mehr machen. Eva-Maria lebte zwar noch, aber es bestand kein Zweifel daran, dass sie im Sterben lag. Nichts mehr machen können, das gibt's doch nicht! Ich schlug vor, meine Schwester in die Neurologie nach Salzburg zu bringen. Das Schlimmste überhaupt in dieser Situation war, hilflos dabei zusehen zu müssen, wie die Schwester stirbt. Nein, noch schlimmer war, es dem Vater sagen zu müssen. Die Mutter war zur Erholung in Italien und nicht leicht zu erreichen. Als ich um Mitternacht aus dem Spital zum Vater fuhr, wusste dieser noch nichts von dem Unfall. Er lag bereits im Bett, ich musste ihn wecken. Das war furchtbar, ihn aus dem Schlaf zu reißen und dann zu sagen: „Die Eva liegt im Sterben." Sein Schmerz und seine Hilflosigkeit waren gewaltig. Wir waren sehr verzweifelt.

Irgendwie überstanden wir die Nacht. Ich klammerte mich an den Gedanken, dass man das Leben meiner Schwester doch noch retten könnte. Am nächsten Tag organisierte ich einen Hubschrauber und ließ Eva-Maria nach Salzburg bringen. Die Mutter hatte ich in der Zwischenzeit erreicht, ihr aber nicht die ganze Wahrheit gesagt: Eva-Maria habe einen Unfall gehabt und sei schwerst verletzt. Wie es wirklich um sie stand, sollte Mutter erst nach ihrer Rückkehr erfahren.

Meine Schwester lebte noch vier Tage, bevor sie starb. Ihr Gehirn war so schwer verletzt, sie hatte keine Chance. Nach ihrem Tod ging es mir so, wie es wohl allen geht, die jemanden auf diese Art verlieren.

Für eine Weile verlangsamte sich der Alltag, und meine Gedanken waren immer wieder bei Eva-Maria. Was hätte sie aus ihrem Leben gemacht? Warum war es plötzlich vorbei? Vielleicht, wenn sie zehn Minuten später gefahren wäre … Meine Eltern waren in ihrer Trauer nur zu bewundern. Meine Mutter nahm seit Jahren, seit dem schweren Unfall ihres Mannes, das Schicksal an, ohne zu hadern – und mein Vater ertrug ohnehin alles wie ein Ritter. Genau dieses Bild ist mir oft in den Sinn gekommen, wenn ich über ihn nachgedacht habe: ein Ritter, dem es auch unter größtem Leid nicht einfallen würde zu klagen. Er lebte nach seinem Unfall, der ihn in den Rollstuhl zwang, noch dreizehn Jahre, und davon verging kein Tag, an dem er nicht von starken Schmerzen gequält wurde. Es waren paradoxerweise Phantomschmerzen im Rücken und in den Beinen, die er eigentlich nicht mehr spüren konnte. Nichts konnte ihm helfen, auch nicht der Aufenthalt in einer Schmerzklinik.

Vielleicht waren meine Eltern anders, wenn sie allein waren, vielleicht klagte der Vater der Mutter sein Leid oder umgekehrt. Aber vor uns Kindern und den Enkelkindern waren sie stark und so gelassen, wie es eben ging. Und wer weiß, vielleicht hat sich die Eigenschaft meines Vaters, trotz größter Schmerzen nichts zu sagen, auch irgendwie auf mich übertragen. Denn je schlechter es mir geht, egal ob es nun im Körper zwickt oder in der Seele, desto stiller und zurückgezogener werde ich. Und desto mehr versuche ich im Gegenteil, diese Zurückgezogenheit zu überspielen.

Als es mir am schlechtesten ging, dachte ich nicht viel über die Werte von Freundschaft und Familie nach. Egal, ob es sich um den Privatkredit handelte, den ich später für die *World Sports Awards* aufnehmen musste, oder die Geschichte mit den Diffamierungen rund um die *Sporthilfe*: Ich teilte meine Sorgen mit niemandem. Nicht einmal mit meiner Frau. Claudia war aber gewohnt, dass wir vieles gemeinsam besprachen. In dieser Zeit konnte sie mich fragen, so oft sie wollte. Was sie zu hören bekam, war: „Alles okay, mach dir keine Sorgen."

Genau darum ging es mir: Sie sollte sich keine Sorgen machen. Es war eine sehr schwierige Zeit für meine Familie. In den letzten Jahren hat sie erlebt, dass ich immer ruhiger und introvertierter wurde und meine Sorgen in mich hineinfraß. Wir verbrachten wenige glückliche, gelassene Tage zusammen.

Dass Claudia trotzdem wie ein Felsen neben mir stand und immer noch steht, beweist, wie stark sie ist. Ich hätte mich ihr bis ins kleinste Detail anvertrauen können, sie hätte alles ertragen. Sie hat mich unterstützt, wo immer es ging, und mit Geduld meine Krisen und Launen ausgehalten. Und als dann alles vorbei war, die *Sporthilfe*-Zeit, die großen Events in Wien und in London, hat sie wie ich darauf gehofft, dass sich unser Leben wieder beruhigen würde.

Nach unserer Hochzeit im Mai 1984 hatte ich wohl den Teil der Trauungszeremonie vergessen, in dem es um das Teilen von Glück und Leid geht.

World Sports Awards of the Century

Von der Idee zur Realisierung

1999 war ein abwechslungsreiches Jahr für mich, das beides bringen sollte, den größten beruflichen Erfolg und die größte menschliche Enttäuschung.

Die Idee zu den *World Sports Awards* war mir schon 1997 gekommen, unmittelbar nachdem ich in Wien die erste *Nacht des Sports* veranstaltet hatte. Während die *Nacht des Sports* nationale Sportler ehrte, sollten die *World Sports Awards* auf internationaler Bühne stattfinden: eine große Feier zur Ehre der besten Athleten der Geschichte, vergleichbar mit der Oscar-Verleihung in der Filmbranche. Immer wieder hatte ich im Lauf der Zeit daran gedacht, dieses Vorhaben zu verwirklichen, manchmal mehr, manchmal weniger ernsthaft. So sehr mich auf der einen Seite die Vorstellung faszinierte, die berühmtesten Sportgrößen auf einer Bühne zu versammeln, so sehr war mir auf der anderen Seite bewusst, dass dies nicht einfach sein und eine Menge Geld kosten würde. Kostenintensiver und aufwendiger als alles, was ich bisher gemacht hatte. Allerdings wollte mir die Sache trotz aller Bedenken nicht aus dem Kopf gehen, und im Oktober 1998 war ich endgültig davon überzeugt, dass diese Idee zu gut wäre, um sie im Sand versickern zu lassen.

Ich begann mich intensiv mit dem Thema *World Sports Awards* zu beschäftigen: Wie könnte man sie finanzieren? Welche möglichen Sponsoren und Finanziers könnten einen Nutzen daraus ziehen? Was wäre der geeignete Rahmen, wo könnten die *Awards* stattfinden, und wer – außer mir – könnte an ihrer Umsetzung interessiert sein? Ein Zeitungsartikel half mir schließlich auf die Sprünge: Er berichtete über das geplante Millenniumsfeuerwerk in Sydney. Die australische Stadt wollte für dieses

Feuerwerk zum Jahrtausendwechsel an die 3,6 Millionen Euro (50 Millionen ATS) ausgeben. Vielleicht, so überlegte ich, könnten wir die *World Sports Awards* als österreichisches Millenniumsfest inszenieren, mit finanzieller Unterstützung der Republik Österreich und der Stadt Wien.

Ob sich die öffentliche Hand ebenso für meine Idee begeistern würde und für die Vorstellung, diese großzügig zu finanzieren, war eine andere Frage. Um herauszufinden, ob ich von politischer Seite Unterstützung bekommen würde, wandte ich mich an Peter Wittmann, den Staatssekretär für Sport und geschäftsführenden Präsidenten der *Sporthilfe*. Ihm gefiel das Projekt und er bot an, einen gemeinsamen Termin mit Bundeskanzler Klima zu organisieren. Dieses Gespräch verlief dann ebenso positiv wie die Gespräche mit der Wiener Vizebürgermeisterin Grete Laska.

Ermuntert durch die guten Reaktionen machte ich mich daran, ein Konzept zu erstellen. In dieser Phase war noch nicht abzusehen, welche Kosten bei der Organisation dieses Events entstehen sollten. Würden die Sportler und Sportlerinnen für ihr Kommen ein Honorar verlangen, würden sie mit teuren Privatflugzeugen anreisen wollen? Würde sie die Awardverleihung überhaupt interessieren? Viele offene Fragen.

Ursprünglich wollte ich die *World Sports Awards* mit und für die *Sporthilfe* veranstalten. In der Zeit vom Oktober 1998 bis Jänner 1999 dachte ich das Projekt von allen Seiten durch. Vom organisatorischen Ablauf bis zur Finanzierung, von den ersten Marketing-Strategien bis zu einer groben Schätzung des möglichen Gesamtbudgets.

Die Arbeit am Konzept hatte meine Begeisterung für dieses Jahrhundertfest nur noch wachsen lassen, entsprechend nervös war ich, als ich es den zuständigen Personen der Stadt Wien und der Bundesregierung vorlegte. Sollten sie es ablehnen, wäre es schwierig gewesen, die *World Sports Awards* trotzdem durchzuführen: Angesichts des laufenden Budgetjahres, der verbliebenen Zeit und in Kenntnis des heimischen Sponsormarktes wäre es unmöglich gewesen, einen Event dieser Größe durch Sponsoring zu finanzieren. Außerdem hätte sich noch die Frage gestellt, ob die Sportler vor Sponsorenflächen aufgetreten wären, die möglicherweise in Konkurrenz zu ihren privaten Sponsoren standen. Also blieb als Ideallösung die hundertprozentige Finanzierung durch die öffentliche Hand.

Darüber hatte also eine Entscheidung zu fallen, und so geschah es auch: Am 4. Februar 1999 wurde per Ministerratsbeschluss die Unterstützung des Projektes mit 1,8 Millionen Euro (25 Millionen ATS) beschlossen. Gleichzeitig erhielt ich eine politische Zusage der Wiener Vizebürgermeisterin Grete Laska, dass sich die Stadt Wien im selben Ausmaß wie die Bundesregierung an den Ausgaben beteiligen würde. Im Unterschied zum Beschluss des Bundes musste sich die Gemeinde Wien die Finanzierungszusage erst vom Gemeinderat absegnen lassen.

Mit diesen beiden Zusagen war der Idealfall der Finanzierung eingetreten. Erleichtert und voller Freude garantierte ich im Namen der *Sporthilfe* die Organisation der *World Sports Awards of the Century*.

Damit war der Startschuss gefallen, und ich flog noch am selben Tag mit Peter Wittmann nach Lausanne, um Juan Antonio Samaranch, den damaligen Präsidenten des Internationalen Olympischen Komitees (IOC), für den Vorsitz der *World Sports Awards*-Jury zu gewinnen. Der zur selben Zeit stattfindende Anti-Doping-Kongress des IOC war ein Glücksfall, denn ich traf dort gleich zwanzig weitere mögliche Jury-Mitglieder und bot jedem von ihnen die Mitgliedschaft in der Weltjury der *World Sports Awards* an.*

* Die WSA-Weltjury: Dr. Leo Wallner (ÖOC), Dr. Thomas Bach (IOC), Dr. Viatcheslav Koloskov (Football Union Russia), Chiharu Igaya (NOC Japan), Kenneth D.Schofield (PGA European Tour), Gian Franco Kasper (FIS), Ion Tiriac (NOC Rumänien), Joseph Blatter (FIFA), Marc Hodler (FIS), Mark Miles (ATP), Prinz Albert von Monaco (Palais Princier), René Fasel (IIHF), Luca di Montezemalo (Ferrari SpA), Max Mosley (FIA) und der mittlerweile verstorbene Primo Nebiolo (IAAF Roma).

Die anläßlich der World Sports Awards beleuchtete Wiener Staatsoper

Juan Antonio Samaranch, Präsident des internationalen olympischen Komitees
Unten: Carl Lewis

Muhammad Ali,unten: Désirée Nosbusch und Tobias Moretti moderieren die Awards

Nadia Comaneci und Mark Spitz

Jean-Claude Killy und Dawn Fraser

Annemarie Moser-Pröll und Pelé

Alain Prost und Brigitte Nielsen, unten: Carl Lewis

Boris und Barbara Becker mit Rod Laver (Mitte)

Die Gewinner der Awards auf der Wiener Opernbühne. V.l.n.r.: Annemarie Moser-Pröll, Alain Prost, Pelé, Dawn Fraser, Muhammad Ali, Carl Lewis, Mark Spitz, Nadia Comaneci und Jean-Claude Killy

Zurück in Österreich begannen wir mit der konkreten Arbeit. Es gab so viele Dinge, die geklärt werden mussten. Wer sollte für einen Award nominiert werden – und wer über die Nominierungen entscheiden? Dann war natürlich wichtig, die einzelnen Kategorien zusammenzustellen, die prämiert werden sollten, und für jede von ihnen die besten zwanzig Sportler und Sportlerinnen herauszufinden. Der nächste Schritt war, eine Nominierungs-Jury zusammenzustellen. Wir kontaktierten die profiliertesten Sportjournalisten aus den unterschiedlichsten Ländern der Welt, sie sollten als Nominierungs-Jury aus unserem Grundvorschlag eine Vorauswahl treffen. In dieser Jury gaben viele namhafte Reporter ihre Stimme ab, darunter der Chef der *Gazzetta de lo Sport* und der Sportchef der *Daily Mail*.

Der operative Betrieb kam nach und nach ins Laufen. Um dem Ganzen noch einen weltweit übergeordneten Sinn zu geben, vereinbarte ich die Zusammenarbeit mit der UNICEF*: Sie unterstützte das Projekt *World Sports Awards* auf internationaler Ebene.

Die ersten Teilerfolge stellten sich ein: Aus allen Teilen der Welt erhielten wir Zusagen von bekannten Journalisten, ein Zeichen dafür, dass dieser Event auch außerhalb Österreichs auf großes Interesse stieß. Gerade zu dieser Zeit entschied die *Sporthilfe* in einer Vorstandssitzung, dass die *World Sports Awards* nicht in ihrem Namen durchgeführt werden könnten. Der Grund lag in dem Risiko, das zu tragen war: Würden die Gesamtkosten den bereits finanzierten Betrag von 3,6 Millionen Euro (50 Millionen ATS) übersteigen, hätte die *Sporthilfe* für den Mehraufwand aufkommen müssen. Und natürlich war es nicht möglich, das Gesamtbudget zu diesem Zeitpunkt schon genau zu beziffern.

Wir wussten zum Beispiel noch nicht, wie hoch die Reisespesen für die Sportler sein würden. Und gerade in diesem Bereich

* UNICEF: Kinderhilfswerk der Vereinten Nationen (www.unicef.or.at)

lag eine große finanzielle Spannweite. Die *Sporthilfe* zog sich also aus dem Projekt zurück. Mir stünde aber frei, so wurde mir versichert, die *World Sports Awards* ungeachtet meiner Funktion als Geschäftsführer der *Sporthilfe* privat zu veranstalten.

Die Situation war verfahren. Eigentlich sah ich nur einen Ausweg: die Gründung einer Firma zur Organisation der *World Sports Awards*, die sich im gemeinsamen Eigentum der Stadt Wien und der Republik Österreich befinden sollte. Ich hätte die Führung dieser Firma übernommen und die Funktionäre beider Körperschaften wären im Beirat vertreten gewesen, was die Kontrolle über alle Geldtransaktionen von Anfang an gesichert hätte. Dieses System kannte ich von der Skiflugweltmeisterschaft, bei der Bund und Land den Umbau der Flugschanze finanziert und jeweils Vertreter in den WM-Beirat entsandt hatten, die damit Einblick in alle wirtschaftlichen Gebarungen nehmen konnten. Dieser Vorschlag wurde aber in einer der nächsten Sitzungen sowohl von der Gemeinde Wien als auch der Republik Österreich abgelehnt.

Die Zeit wurde mittlerweile immer knapper, und ich wollte mich zusätzlich nicht auch noch um die Gründung einer neuen Firma kümmern müssen. Daher stellte ich dem bei der Sitzung anwesenden Steuerberater und Wirtschaftstreuhänder Heinz Jaitler die Frage, ob theoretisch meine Skischule, die *Neuper & Team Freizeitbetriebe GmbH*, als Veranstalter der *World Sports Awards* auftreten könnte. Immerhin war in der Geschäftsordnung meiner Firma die Durchführung von Veranstaltungen verankert. Ich war mir nicht sicher, ob sich mein kleiner Bad Mitterndorfer Familienbetrieb für die Organisation eines Events in dieser Größenordnung eignen würde. Bisher hatte er nur mit Festen im Stil der *Neuper & Team-Show* und Wochenendparties zu tun gehabt. Und war es überhaupt möglich, mit einem Betrieb, der um die 300.000 Euro Umsatz im Jahr macht, einen Event zu veranstalten, der an die 3,6 Millionen Euro kosten würde?

Heinz Jaitler erklärte, dass dies in Anbetracht der Situation unter Berücksichtigung gewisser Umstände durchaus möglich wäre. Zum Beispiel müsste die Abrechnung der *World Sports Awards* ausschließlich über ein eigenes Subkonto der *Neuper & Team GmbH* laufen, es dürfte keinerlei Verknüpfungen mit dem Normalbetrieb der Skischule geben, und außerdem wären sämtliche Rechnungen, von mir geprüft, dem Budget zuzuordnen und dann an Heinz Jaitler zwecks Verbuchung weiterzuleiten. Mit dieser Vorgangsweise war ich einverstanden. Noch dazu hatten hohe Beamte des Finanzministeriums an der Sitzung teilgenommen, dann würde wohl alles seine Ordnung haben.

Und so kam es, so absurd es auch klingen mag, dass die *Neuper & Team GmbH*, die Skischule aus Bad Mitterndorf, die *World Sports Awards of the Century* veranstalten sollte.

Nachdem diese Entscheidung gefallen war und die organisatorischen Belange daher wieder gesichert waren, kam es zur Übergabe an meine Firma *Neuper & Team GmbH*. Bei einem Kontoausgleich wurde alles, was die *Sporthilfe* bis zu diesem Zeitpunkt in die *World Sports Awards* investiert hatte, von mir rücküberwiesen.

Nach dieser „Unterbrechung“ war es hoch an der Zeit, die Pressearbeit zu intensivieren. Um zu vermeiden, dass die *Awards* der Event einer Zeitung würden, sollte die gesamte Presse Österreichs miteinbezogen werden.

Ich suchte der Reihe nach Zeitungsredakteure auf – und stieß bei fast allen auf wenig bis gar kein Interesse. Ich wollte aber, dass alle Zeitungen an einem Strang zogen, andernfalls, so befürchtete ich, könnte durch den Konkurrenzkampf unter den einzelnen Blättern die Idee der *World Sports Awards* zunichte gemacht werden. Meiner Ansicht nach bot sich durch die *Awards* die Gelegenheit, der ganzen Welt zu zeigen, wozu ein kleines Land wie Österreich fähig ist – eine Visitenkarte zum Jahrtausendwechsel.

Da mich anscheinend nur wenige Zeitungen ernst nahmen, wandte ich mich im Mai 1999 an die *Kronen Zeitung*. Ich erzählte Hans Dichand, dem Gründer und Chefredakteur der *Kronen Zeitung*, von den *World Sports Awards*, und nachdem ich ihm alles rund um das Jahrtausendfest geschildert hatte, meinte er: „Herr Neuper, das ist ein kühnes Vorhaben. Ich unterstütze Sie."

Und so war es dann auch. Wir setzten einen Vertrag auf über das Ausmaß von Promotion und Berichterstattung. In diesen Vertrag wurde auch der Passus eingefügt, dass die *Kronen Zeitung* aufgrund der großen internationalen Bedeutung der *World Sports Awards* keine wie auch immer gearteten Exklusivrechte auf das Ereignis haben sollte. So blieb die Tür für Kooperationen mit anderen österreichischen Zeitungen im Zuge der Berichterstattung weiterhin offen.

Wieder ein kleiner, wichtiger Teilerfolg. Denn in einer im Juni stattfindenden Sitzung, an der Vertreter des Finanzministeriums, des Sportministeriums und der Stadt Wien teilnahmen, äußerten unsere Finanziers Bedenken, ob alles nach Plan laufen würde – ob wir die Veranstaltung überhaupt in der verbleibenden Zeit auf die Beine stellen könnten. Und stellten Fragen wie: Was, wenn das Konzept nicht funktioniert, wenn keine Sportler kommen, keine Medien berichten, das Fernsehen kein Interesse zeigt? Diese Fragen waren zwar unangenehm, aber aus Sicht der Geldgeber durchaus berechtigt. Ein Misserfolg hätte auch auf sie abgefärbt – und die nächsten Wahlen standen bevor.

Nach längerer Diskussion einigten wir uns auf ein „Ausstiegs-Szenario": Bis Ende August hatte ich glaubhaft und schriftlich zu beweisen, dass Sportler kommen würden, dass mit Printmedien Vereinbarungen getroffen wurden, welche die Berichterstattung garantieren, und zwar im In- und Ausland – und dass das Fernsehen die Veranstaltung übertragen würde. Konnte ich diese Punkte nicht erfüllen, dann würden die Republik und die Stadt

Wien die Kosten bis zu diesem vereinbarten Zeitpunkt übernehmen, und der Event würde abgesagt werden.

Als nächster Schritt wurde die Nominierungskonferenz vorbereitet. Österreichische Journalisten hatten uns dabei geholfen, Listen hervorragender Sportler und Sportlerinnen in insgesamt elf Kategorien zu erstellen. Diese Listen waren dem international besetzten Journalistenkomitee zugeschickt worden, mit der Bitte, sie um jene Namen zu ergänzen, die wir nicht berücksichtigt hatten, und dann eine Vorauswahl zu treffen. Die gesammelten Wahlvorschläge wurden danach ausgewertet und im Rahmen einer Konferenz im Bundeskanzleramt präsentiert, im Beisein von Viktor Klima und Grete Laska.

Diese Präsentation war ein wichtiger offizieller Termin, bei dem erstmals die Namen jener großartigen Athleten genannt wurden, die tatsächlich für die *World Sports Awards* nominiert waren und nach Wien kommen würden. Darunter zum Beispiel der Weltklasse-Fußballer Pelé und die Boxlegende Muhammad Ali. Die gesamte Presse war bei diesem ersten offiziellen Termin im Rahmen der *Awards* anwesend. Allerdings fanden sich dann, abgesehen von einem doppelseitigen Bericht in der *Kronen Zeitung*, nur wenige Zeilen darüber in den Zeitungen.

Da ich mir ein größeres Interesse der heimischen Medien erwartet hatte – und dieses in wenigen Wochen auch nachweisen musste –, wurde ich nervös. Wobei mich die Tatsache etwas beruhigte, zumindest mit der *Kronen Zeitung* und einigen internationalen Zeitungen bereits schriftliche Vereinbarungen getroffen zu haben.

Was mir im Rückblick auf diese Zeit besonders auffällt: Auch wenn ich manchmal unruhig und unsicher wurde ob der vielen kleineren und größeren Hindernisse, die sich uns in den Weg stellten – tief in mir war die Gewissheit, dass wir unser Ziel erreichen würden. Es gab keinen Zweifel, sondern nur die Frage: Was ist als nächstes zu tun? Wir hatten auch gar nicht die Zeit, lange über grundsätzliche Fragen nachzudenken. Die Entscheidung für die *Awards* war getroffen worden, und somit steuerten wir weitgehend unbeirrt darauf zu. Da unser Team in der Anfangsphase nur aus wenigen Leuten bestand, konnten Unklarheiten schnell bereinigt werden.

Ich fand es belebend, an ständig neue, herausfordernde Aufgaben heranzugehen. Wir waren begeistert, motiviert und improvisierten im Chaos, wo es nötig war. Anders, also nach den üblichen Richtlinien einer gut vorbereiteten Organisation, hätten die *World Sports Awards* vielleicht gar nicht stattgefunden. Zumindest nicht zum angepeilten Termin.

Seit meiner Sportlerlaufbahn habe ich mir immer ein Beispiel an der Hummel genommen. Die Hummel hat 0,7 cm^2 Flügelfläche bei 1,2 Gramm Gewicht. Nach den Gesetzen der Aerodynamik ist es unmöglich, bei diesem Verhältnis zu fliegen. Die Hummel weiß das aber nicht und fliegt einfach. In diesem Sinn werden auch wir, dachte ich, die *Awards* schon irgendwie schaffen.

*

In Nashville zog ich die Parallelen: Damals hatte ich keinen Urlaub, kaum Zeit für privates Vergnügen und war trotzdem nicht müde. Die Pflichten, die ich vor Beginn der Organisationsvorbereitungen zu den *World Sports Awards* zu erfüllen hatte, hatten mich angeödet und mir die Energie geraubt. Ich fühlte mich reif für die Insel. Wenige Wochen später, mitten in der Arbeit zu den *Awards*, strotzte ich hingegen vor Kraft und Leidenschaft. Es war mir auch egal, ob meine Leistung anerkannt wurde. Mein einziges Ziel war das Gelingen der Veranstaltung. Anders wäre es auch gar nicht möglich gewesen, diesen Megaevent zu organisieren. Da ich spürte, dass wir es schaffen würden, ließ ich mich von den immer wieder auftauchenden Zweifeln wenig tangieren.

Nun dagegen saß ich grübelnd über meinem halbfertigen Manuskript in Gilbert O'Sullivans Haus. Vielleicht, so dachte ich mir, müsste ich nur wieder etwas finden, das mich wirklich fasziniert. Dann würde ich auch wieder die nötige Begeisterung finden, die mich erfüllt und vorwärts treibt. Gut einen Monat nach meiner Ankunft in Nashville hatte ich das Gefühl, einen Ausweg finden zu können – die Zeit war auf meiner Seite.

*

Die Vorbereitungen für die *Awards* gingen weiter. Sobald wir wussten, welche Sportler nominiert waren, begannen wir mit der Recherche: Wo leben die Nominierten, wie kann man sie erreichen? Nach und nach wurden alle betreffenden Sportler und Sportlerinnen angeschrieben, über die *World Sports Awards* und ihre Nominierung informiert und eingeladen. Bald kamen die Antworten, und fast alle sagten sofort ihr Kommen zu: Giacomo Agostini, Eddy Merckx, Mark Spitz …

Ein weltberühmter Sportler nach dem anderen meldete sich an, alles lief bestens. Allerdings hatten wir den einen noch nicht erreicht, dessen Teilnahme wir uns am meisten wünschten: die Boxlegende Muhammad Ali. Nach vielen Versuchen und den verschiedensten Umwegen erreichten wir Alis Anwalt. Wir erklärten ihm in einem Schreiben, was wir hier in Wien veranstalten wollten und wie wichtig Muhammad Ali für die *World Sports Awards of the Century* wäre. Tatsächlich erhielten wir bald eine Antwort, allerdings mit einer Absage: Ali hatte am 19. November schon einen Termin. Was sollte ich nun tun? Ohne Ali kein Jahrhundertereignis. Wir brauchten diesen Ausnahmesportler für die *Awards*, er war das Highlight, der Höhepunkt!

Verzweifelt rief ich seinen Anwalt an, schilderte ihm meine Sorgen und erörterte mit ihm Möglichkeiten, Ali doch zu bekommen. Nach einem einstündigen Telefonat versprach er, mit jenen Leuten zu reden, die Ali für den 19. November verpflichtet hatten. Vielleicht konnte er ihn für die Wiener *Awards* freibekommen. Die Zeit verging – keine Nachrichten aus Amerika. Immer wieder rief ich an, immer wieder hieß es: Ich weiß es noch nicht.

Im Juni befand ich mich mit meinem Team beim Grand-Slam-Tennisturnier in Wimbledon, um dort mit Unterstützung von Ion Tiriac bei einer Pressekonferenz die Tenniswelt über die *World Sports Awards* zu informieren. Als wir uns am Abend in einem italienischen Restaurant trafen, läutete mein Handy. Ich verstand nur kurz „Hi, this is …“, bevor die Verbindung unterbrochen wurde, sprang auf und stürmte zur Tür hinaus, denn offensichtlich hatte ich im Restaurant keinen Empfang. Ich war mir sicher, dass es Alis Anwalt war. Draußen wollte ich sofort zurückrufen – als mir einfiel, dass ich die Nummer im Hotel hatte. Ich stand da – es regnete leicht – und wartete. Nach einer Viertelstunde wurde es mir dann doch zu viel, und gerade als ich wieder hineingehen wollte, läutete es abermals. Ich war unglaublich nervös und wiederholte im Stillen immer wieder: Bitte, lass es keine Absage sein, bitte, lass es keine Absage sein … Aber Alis Anwalt hatte gute Nachrichten für mich: „Muhammad will come to Vienna.“ Mit Mühe gelang es mir, meine Emotionen unter Kontrolle zu halten und das Gespräch seriös weiterzuführen – wobei ich kein Hehl daraus machte, wie sehr ich mich freute.

Die Bedingung für Muhammad Alis Teilnahme an den *Awards* war der Ersatz der im Zuge seiner nun stornierten Verpflichtung bereits angelaufenen Kosten. Wir hatten zwar im Budget den Posten „Sportlerspesen“, aber diese Summe hätte gleich den Großteil davon aufgefressen. Wo doch gerade dieser Budgetposten einer der unsichersten von allen war! Ich hatte keine Ahnung, wieviel Unvorhergesehenes noch auf uns zukommen würde.

Zurück in Österreich setzte ich mich ins Auto und fuhr zu Dietrich Mateschitz, dem Eigentümer von *Red Bull*. Er hatte sich im Vorfeld an einem eventuellen Sponsoring nicht interessiert gezeigt. Aber als ich ihm die Situation beschrieben hatte, erklärte er sich bereit, mir mit einer Ausfallshaftung zu helfen. Falls am Ende, nach allen Abrechnungen also, jener Betrag aushaften sollte, den Muhammad Ali kosten würde, würde er diesen übernehmen.

Nachdem die Fragen in Zusammenhang mit Ali geklärt waren, wurde mit dessen Management eine Vereinbarung ausgearbeitet, die den strengen Bedingungen Alis entsprach: Er kommt, er wird, falls er einen Preis erhält, diesen akzeptieren, aber weder Interviews geben, noch Autogramme schreiben oder auf der Bühne etwas sagen. Ich selbst hatte nur eine einzige Forderung: Wir müssen ein PR-Foto machen dürfen, damit die Leute das auch glauben – nicht nur Muhammad Alis Teilnahme an den *World Sports Awards*, sondern dass diese tatsächlich stattfinden sollten.

Der Vertrag mit Muhammad Ali wurde unterschrieben, das PR-Foto zugesagt. Unmittelbar darauf, Anfang August, war ohnehin eine Reise in die USA geplant, bei der wir auch Ali treffen sollten. Michael Kuhn von der *Kronen Zeitung* und ich flogen gemeinsam mit Toni Fritsch nach Los Angeles. Wir trafen uns mit Mark Spitz, um ihn zu den *Awards* einzuladen, und trafen auch Joe Douglas vom Santa Monica Athletic Club wegen Carl Lewis, sprachen mit den Managern von Ray Sugar Leonard und mit Bernie Youman. Youman ist einer von Alis PR-Managern und hat unter anderen auch Siegfried und Roy unter Vertrag.

Nachdem wir unsere Angelegenheiten in L.A. erledigt hatten, machten wir uns auf den Weg zu Muhammad Ali. Er lebt auf seiner riesigen Farm in Berrien Springs in der Nähe von Chicago. Wir wurden vom Flughafen abgeholt und auf Alis Anwesen gebracht. Dort bat man uns in ein Haus, dessen einzige Einrichtung aus einem Boxring bestand; an den Wänden hingen zahlreiche Fotos von Ali. In wenigen Augenblicken sollten wir Muhammad Ali, alias Cassius Marcellus Clay, dem dreifachen Weltmeister im Schwergewicht, gegenüberstehen.

Unsere Aufregung können vielleicht nur jene verstehen, die die Karriere dieses Mannes verfolgt haben – die sich daran erinnern können, wie sie den Wecker stellten, um mitten in der Nacht einen Boxkampf im Fernsehen live mitzuerleben. Zum Beispiel den legendären Fight 1974 zwischen Muhammad Ali und dem damals ungeschlagenen George Foreman, bei dem sich Ali den Weltmeistertitel zurückholte.

Dann ging endlich die Tür auf: Muhammad Ali stand vor uns. Er begrüßte uns freundlich und sehr natürlich – das war ein bewegender, großartiger Moment in meinem Leben. In lockerer Atmosphäre machten wir das zugesagte Foto und unterhielten uns noch eine Weile, auch über die *World Sports Awards*, bis wir uns schließlich verabschieden mussten.

Als nächste große Herausforderung war Pelé an der Reihe, neben Franz Beckenbauer und Bobby Charlton der beste Fußballer vergangener Tage. Wir hatten sicher an die hundert Mal in Brasilien angerufen, bis wir endlich die Telefonnummer seines Managers hatten. Ich habe sehr oft mit diesem telefoniert, bis die erlösende Antwort kam: Pelé sagte sein Kommen zu. Ich traf ihn für ein Pressefoto in Amsterdam. Auch das war ein beeindruckendes Erlebnis. Pelé ist ein sehr freundlicher Gentleman. Er nahm sich Zeit für uns und die Fotos, dabei versicherte er, sich schon sehr auf Wien zu freuen.

Pelé sollte wenige Tage vor der Award-Verleihung noch unabsichtlich eine wesentliche Änderung im geplanten Ablauf verursachen – aber davon ahnten wir zu dieser Zeit natürlich noch nichts.

Wir waren damit beschäftigt, alle Nominierten zu erreichen und uns mit einer großen Zahl von ihnen zu treffen, um sie für Idee der *World Sports Awards* zu begeistern. Mit Erfolg. Jenen Teil meines Deals mit der Republik und der Stadt Wien, der das Kommen der Sportler und Sportlerinnen betraf, hatten wir erfüllt, denn immer mehr der eingeladenen Gäste zeigten sich interessiert und meldeten sich an. Der zweite Teil – die Presse betreffend – schien sich auch zu erfüllen: Das internationale Interesse war groß. Um es zu wecken, hatten wir mit Sportredaktionen rund um den Erdball Kontakt aufgenommen und ihnen den Status „Partnerzeitung“ angeboten. Als solche wurde jeweils einer ihrer Journalisten zu den *Awards* eingeladen, wobei wir die Kosten übernahmen und als Gegenleistung eine ausführliche Vor- und Nachberichterstattung erhalten sollten. Über vierzig Zeitungen hatten den entsprechenden Vertrag bereits unterschrieben, und bei den anderen intensivierten wir die Pressearbeit.

Nur der dritte Teil der Abmachung war ein ernstes Problem: Wir hatten – trotz der vielen Sport-Superstars, trotz Ali, Pelé und anderer Granden, trotz Lauda, Klammer, Sailer, Moser-Pröll – kein Fernsehen, auch keinen ORF. Bereits mehrere Male waren meine Versuche, den ORF für die Sache zu begeistern, gescheitert. Der ORF-Sportchef legte mir zwar einige internationale Kontakte, zeigte aber selbst kein Interesse an der Übertragung der *World Sports Awards*. Es konnte doch nicht sein, dass eine Veranstaltung mit den größten Sportlegenden der Gegenwart den ORF nicht interessierte. Die Argumente des Sportchefs erschöpften sich darin, dass meine Arbeit unprofessionell wäre und er sie aus diesem Grund nicht unterstützen könnte.

Aber ich brauchte den ORF, um mein Abkommen mit der Regierung und der Stadt Wien erfüllen zu können. Ich bat um eine Erklärung, was denn professionell sei, denn wie oft hätte einer von uns schon etwas Ähnliches wie die *World Sports Awards* gemacht?

Natürlich, wenn er mit „unprofessionell“ das noch immer fehlende Drehbuch für die „Award-Show“ meinte, dann hatte er Recht. Ich hatte keine Texte, keinen Moderator, kein Showprogramm, keinen Ablauf. Aber was hätte mir ein perfekter Ablauf ohne die Sportler genützt? Wenn es heißt „The Award goes to …“ und keiner geht raus, dann wären wir zur Lachnummer geworden. Meine oberste Priorität waren also die Sportler und Sportlerinnen, und erst dann kamen die Showelemente. So wichtig diese auch sein mochten.

Siebzig der besten Athleten der Welt, die in ihren Disziplinen Geschichte geschrieben haben, feiern in der Oper ein Fest – doch der ORF zeigte kein Interesse. Ich war sehr besorgt, denn wenn der Event nicht ins Fernsehen kommt, würde die Regierung die Finanzierung streichen!

In meiner Verzweiflung bat ich Leo Wallner, mit dem damaligen ORF-Generalintendanten Gerhard Weis zu reden, damit die *World Sports Awards* zumindest aufgezeichnet würden, wenn schon keine Live-Übertragung möglich sein sollte. Was ich nicht geschafft hatte, gelang Leo Wallner: Der ORF entschied sich zur Aufzeichnung. Mit dem Kaufmännischen Direktor des ORF wurden die vertraglichen Details vereinbart. Er rechnete mir vor, was den ORF die Produktion kosten würde, ich sagte ihm, was die *Awards* dem ORF bringen würden. Worauf er mir versicherte, er habe kaum noch Budget für zusätzliche Ausgaben. Und ich konterte, dass es sich hier nicht um irgendeine Bad Mitterndorfer Sportlerehrung handelte, sondern um die *World Sports Awards*, bei denen am 19. November Spitzenstars der Sportszene auftreten würden. Schließlich bot er an, dass der ORF die Produktion übernähme, wenn wir die anfallenden Kosten trügen. Ich argumentierte, dass wir dafür kein Geld im Budget hätten. Waren wir doch davon ausgegangen, dass bei einer derartig großen Veranstaltung zumindest die TV-Produktion bezahlt werden würde, wenn es schon kein Geld vom ORF geben würde.

Aber so war es nicht: Unter dem enormen Druck, unter dem ich mittlerweile stand, willigte ich nach langem Verhandeln ein, dem ORF eine Summe in Schilling-Millionenhöhe zu bezahlen. Der Tag der Entscheidung stand vor der Tür. Ich musste nachweisen, dass das Fernsehen übertragen würde. Darüber hinaus musste auch noch das Interesse internationaler Sender gesichert sein. Hier konnten wir noch keinen einzigen Vertragspartner vorweisen, da die Stationen natürlich den Inhalt der Show und auch den Host-Broadcaster kennen wollten, bevor sie die Übertragung zusagten. (Der „Host-Bradcaster“ ist jene Fernsehstation, die bei großen Veranstaltungen das technische Fernsehsignal zur Verfügung stellt.)

Der kaufmännische Direktor des ORF zeigte guten Willen und verhalf uns zu zwanzig Werbetrailern, auf denen ein kommerzieller Sponsor mittransportiert werden durfte. So hatten wir zumindest die Möglichkeit zur Refinanzierung der unerwartet hohen Investition. Über den geplanten Zeitpunkt der Ausstrahlung war ich aber enttäuscht, denn diese sollte erst vier Tage nach der Aufzeichnung erfolgen, noch dazu auf einem undankbaren Sendeplatz. Aber ich konnte unseren Finanziers zumindest etwas vorlegen.

WSA vor dem Scheitern

Der Tag im August 1999 war gekommen, an dem wir vor Bund und Stadt Wien zu beweisen hatten, dass die *World Sports Awards* ein Erfolg zu werden versprachen. Wir hatten bereits Zusagen von mehr als der Hälfte der siebzig nominierten Sportler und konnten die Partnerzeitungs-Verträge mit einer großen Zahl renommierter internationaler Tageszeitungen vorlegen. Allein was das Fernsehen betraf, musste ich weniger positive Fakten auf den Tisch legen. Der ORF, so erklärte ich, schlägt eine Aufzeichnung und vielleicht eine Koproduktion vor. Die Stimmung im Sitzungszimmer sank schlagartig – nicht nur die Stimmung, sondern auch der Wert der *World Sports Awards*.

Das alles geschah zu einem denkbar schlechten Zeitpunkt, denn es ging um einen sehr großen Betrag (Steuergelder) und die Wahlen standen vor der Tür. Im Lauf der Diskussion versicherte ich, dass wir uns jetzt, nachdem die Sportler zugesagt hatten, mit ganzem Einsatz auf die Show konzentrieren würden und sich so auch die TV-Lage entspannen würde. Immer wieder kamen durchaus berechtigte Einwände: So viel Geld wäre für die zu diesem Zeitpunkt zu erwartende Gegenleistung an medialer Präsenz nicht zu vertreten. Ich versuchte, meine Begeisterung auf die Teilnehmer dieser entscheidenden Konferenz zu übertragen, sie davon zu überzeugen, dass ich es schaffe, dass es genau so werden würde, wie ich es immer und immer wieder gesagt hatte. Aber mein Glaube an die Sache war wohl kein allzu überzeugendes Argument. Sowohl die Vertreter der Stadt Wien als auch jene der Republik Österreich beschlossen letzten Endes, die finanzielle Unterstützung zu kürzen, jeder auf 1,09 Millionen Euro (15 Millionen ATS), insgesamt also statt 3,6 nur 2,18 Millionen Euro, mit einem Spielraum von plus/minus zehn Prozent.

Sollte ich die *World Sports Awards* absagen? In zweieinhalb Monaten sollten sie stattfinden. Ich bat um Bedenkzeit und saß die ganze darauf folgende Nacht über dem Budget und versuchte zu streichen, was aus unternehmerischer Sicht noch zu rechtfertigen war. So kam ich auf eine Minimumsumme von 3,27 Millionen Euro (45 Millionen ATS). Das bedeutete, nach dem Finanzierungsvorschlag der Republik und der Stadt Wien würden noch 1,09 Millionen Euro (15 Millionen ATS) fehlen. Ich konnte mir damals nicht vorstellen, diese Summe innerhalb von zwei Monaten aufzutreiben. Wieder rechnete ich zusammen: Was können wir versponsern, wie viel Geld werden wir mit Logen- und Kartenverkauf verdienen? Es blieb dabei: 1,09 Millionen fehlten. Es schien, als wäre das Ganze zum Scheitern verurteilt. Andererseits hatten wir die Sportler, hatten wir schon so viel, was für die *Awards* sprach. Aber das Risiko trug meine Skischule, ein Mini-Betrieb, dessen finanzielle Möglichkeiten bei weitem nicht ausgereicht hätten, eine Belastung dieser Größenordnung zu tragen.

Was sollte ich bloß tun? Ich tat die ganze Nacht kein Auge zu, sondern befand mich im Zwiespalt zwischen der Chance auf etwas Außergewöhnliches und dem damit verbundenen übergroßen finanziellen Druck.

Am nächsten Tag bat ich um ein weiteres Treffen, bei dem ich den versammelten Damen und Herren erklärte, was die *Awards* bei allen nur möglichen Einsparungen kosten würden: immer noch 3,27 Millionen Euro. Ich fragte, ob der Spielraum von plus/minus 10 Prozent nicht in eine fixe Summe umgewandelt werden könne – woraus sich ca. 1,2 Millionen pro Finanzpartner ergeben würden, insgesamt 2,39 Millionen Euro (33 Millionen ATS). Dieser Vorschlag wurde angenommen.

Wobei natürlich nicht von der Hand zu weisen war, dass ein Event in dieser Größe ohne entsprechende Fernsehzeit entscheidend an Wert verlieren musste. Und so hatte mein Betrieb, die *Neuper & Team GmbH*, eine Haftung für die Durchführung der *World Sports Awards* in Millionenhöhe zu tragen. Ein Betrag, den ich bei weitem nicht besaß; auch mein gesamter Besitz war das nicht wert. Noch dazu hatte ich mich auf eine politische Zusage der Stadt Wien verlassen, die erst am 4. November durch einen Gemeinderatsbeschluss abgesegnet werden sollte. Was, wenn Grete Laska, die mir die Zusage gegeben hatte, aus irgendeinem Grund ihr Amt als Vizebürgermeisterin nicht mehr ausüben könnte und ihr Nachfolger den Event und somit auch die Zahlung ablehnen würde? Ein Wahnsinn, aber ich hatte ohnehin keine Zeit, darüber nachzudenken. Denn jetzt galt es, mehr als 870.000 Euro aufzutreiben.

Nochmals überarbeitete ich das Budget und strich alle nur möglichen Reserven heraus. Während ich damit beschäftigt war, das Risiko zu minimieren und andererseits dennoch die *World Sports Awards* so professionell wie möglich über die Bühne zu bringen, geschah etwas, womit ich am allerwenigsten gerechnet hatte: Ich wurde an den Pranger gestellt und auf eine bösartige Weise diffamiert.

Diffamierung

Angriff aus den eigenen Reihen

Der Versuch eines *Sporthilfe*-Mitarbeiters, mich und damit auch die gesamte *Sporthilfe* in Misskredit zu bringen, traf mich völlig unvorbereitet wie ein Blitz.

Besagter Mitarbeiter war schon vor meiner Zeit bei der *Sporthilfe* angestellt gewesen und konnte es nicht verwinden, dass ich weiterhin mit Ronald Brandl und Martin Demmerer zusammenarbeitete. Dabei war er weder übergangen noch war sein Kompetenzbereich verringert worden. Im Gegenteil. Auch er hatte von der neuen Struktur der *Sporthilfe* profitiert.

Ronald und Martin waren (und sind) hervorragende Mitarbeiter, denen ich in jeder Hinsicht vertraue, und die Gründung der Agentur durch Martin Demmerer garantierte einerseits die Umsetzung der *Sporthilfe*-Events nach meinen Vorstellungen und bewahrte, wie bereits angeführt, zugleich die *Sporthilfe* vor einer Steuernachzahlung in Millionenhöhe.

Was hatte dieser Mensch für Gründe, mir derart in den Rücken zu fallen? Neid, Minderwertigkeitskomplexe, Missgunst und Gier, anders kann ich es mir nicht erklären. Und eines muss man ihm lassen: Er hat seine schmutzige Sache so „gut" gemacht, dass mein Ruf nachhaltig geschädigt wurde und sich von dieser Diffamierung noch immer nicht völlig erholt hat. Vom Schaden, vor allem in wirtschaftlicher Hinsicht, den er der *Sporthilfe* zugefügt hat, ganz zu schweigen.

Er hatte, um mich ans Messer zu liefern, Akten aus der Buchhaltung entwendet und diese den Medien serviert, garniert mit falschen Behauptungen und aus dem Zusammenhang gerissenen so genannten „Beweisen". Ich hätte das alles verhindern können, denn kurz bevor er sich an die Presse wandte, war er in meinem

Büro aufgetaucht, um eine Gehaltserhöhung zu verlangen. Sollte er diese nicht bekommen, so drohte er mir, würden „alle linken Sachen, die ich mit Brandl und Demmerer gemacht" hätte, an die Öffentlichkeit gebracht. Und dann würde ich nur mehr ein „Clown ohne Zirkus" sein.

Ich war vor den Kopf gestoßen und völlig außer mir. Was denn für linke Sachen? Statt auf seine Forderungen einzugehen, warf ich ihn ohne Umschweife aus meinem Büro: Er solle „aufdecken" gehen und sich hier nie wieder blicken lassen – worauf er die Medien mit seinen Unwahrheiten fütterte: meine angebliche Beteiligung an der Agentur *Easy Event*, Unstimmigkeiten bei den Abrechnungen, und so weiter.

Dass die angeblich belastenden Unterlagen verschickt worden waren, gemeinsam mit schweren Anschuldigungen, erfuhr ich bei einer Veranstaltung der *Sporthilfe* in Bad Loipersdorf. Da alle Anschuldigungen jeder Grundlage entbehrten, was später auch die Prüfberichte bestätigten, hatte ich diesem Thema keine weitere Bedeutung beigemessen. Bis mich etwa eine halbe Stunde nach meiner Ankunft in Loipersdorf Staatsekretär Peter Wittmann anrief. Er hatte von besagtem Mitarbeiter einen Ordner bekommen, mit einer Auflistung der konstruierten „Ungereimtheiten". Zurück in Wien, konnte ich noch am selben Tag bei einer Besprechung mit Wittmann den Sachverhalt darstellen. Es war mir daran gelegen, die Angelegenheit schnell zu klären, und so holte ich mir den Rat eines befreundeten Richters, Dr. Gerhard Klein, ein. Er riet mir, sofort zu klagen.

Was mir allerdings vom Vorstand der *Sporthilfe* untersagt wurde. Meine Argumente, es handle sich hier um einen Dieb und Gauner, der interne Unterlagen wie Verträge und Aufzeichnungen aus der Buchhaltung gestohlen hat, nützten mir wenig. Der Vorstand wollte den Schaden möglichst gering halten und die Angelegenheit intern regeln. Heute weiß ich, dass es für mich nur eine Vorgangsweise hätte geben dürfen: sofort mein Amt niederzulegen und am nächsten Tag Klage einzureichen. Es war die Entscheidung des Vorstandes, die mich von der Klage abhielt.

Eine klare Lösung wie diese wäre die einzig richtige gewesen, aber ich ignorierte mein Gefühl. Natürlich gibt es gerade in solchen Angelegenheiten immer die unterschiedlichsten Meinungen, die alle auf ihre Weise berechtigt sein mögen – aber letztendlich sollte eine übrig bleiben: die, von der man selbst überzeugt ist.

Dic Anschuldigungen gegen mich waren irrwitzig. Unter anderem wurde behauptet, dass es bei Abrechungen zur *Nacht des Sports* und anderen *Sporthilfe*-Veranstaltungen nicht mit rechten Dingen zugegangen wäre. Worauf begründeten sich diese Vorwürfe?

Die Agentur *Easy Event* war ein privatwirtschaftliches Unternehmen. Der besagte Mitarbeiter hatte keinerlei Einblick in die Buchhaltung der Agentur, die sich zur Abrechnung der Events und der Zahlung der Lizenzgebühren an die *Sporthilfe* verpflichtet hatte. Er stellte die Situation so dar, als wäre ich ebenfalls an der Agentur beteiligt gewesen und hätte an deren Geschäften mitverdient. Durch die enge personelle Verflechtung konnte der Eindruck zwar leicht entstehen – aber es war nun einmal nicht so.

Stünde ich heute wieder vor der Situation, mit Menschen aus meinem Bekanntenkreis zusammenarbeiten zu können, deren Qualitäten ich kenne und schätze, würde ich mich wieder dafür entscheiden. Die *Österreichische Sporthilfe* ist ein Verein, der von der öffentlichen Hand (Steuergelder) nicht subventioniert wird. Er wird rein privatwirtschaftlich geführt. Ich musste den Vorstand zwar über meine Tätigkeit informieren, war aber nicht zu öffentlichen Agenturausschreibungen verpflichtet.

Alles aufzuklären und die Wahrheit auf den Tisch zu legen, war das einzige, das mir zu tun blieb. Ein Vorstandsmitglied hatte mir empfohlen, an Stelle der Klage die Überprüfung der *Sporthilfe* in Bezug auf die Anschuldigungen zu beantragen, und zwar durch einen unabhängigen Steuerberater. Umgehend stellte ich den entsprechenden Antrag in einer Vorstandssitzung, worauf ein Steuerberater nominiert wurde, um den Sachverhalt zu prüfen. Zusätzlich informierte ich darüber, dass auch die Agentur *Easy Event* überprüft werden würde. Martin Demmerer war damit einverstanden, obwohl ein gültiger Vertrag zwischen seiner *Easy Event Gmbh* und der *Sporthilfe* bestand und es für ihn keine Veranlassung gab, einer gesamten Buchprüfung seines Unternehmens ohne weiteres zuzustimmen.

Als die Prüfberichte dann vorlagen, gab es nur Kleinigkeiten, die nicht in Ordnung waren: Zum Teil war die Buchhaltung nicht ordentlich genug geführt worden. Einmal hatte ich einem Sportler eine Geldsumme gegeben, ohne den üblichen Weg einzuhalten und diese Entscheidung vom Vorstand absegnen zu lassen. Damals war der Surfprofi Christoph Sieber in mein Büro gekommen und hatte mir verzweifelt seine Geschichte erzählt: Er könnte Olympiasieger werden, sein einziges Problem wäre das „Pumpen" – bei wenig Wind fehlte ihm die Kraft in den Armen. Daher hatte er bei dem bekannten Konditionstrainer Heinrich Bergmüller trainiert, um diesen Mangel zu beheben. Die dort offene Rechnung von knapp 7.300 Euro übernahm die *Sporthilfe*, Sieber hatte den Kopf frei – und wurde Olympiasieger.

Aber abgesehen davon war alles rechtens. Es wurden keine Ungereimtheiten festgestellt. Keine einzige der Anschuldigungen erwies sich als wahr, alle Gutachten sprachen mich von den gegen mich vorgebrachten Vorwürfen frei.

Auch die Prüfung der Agentur ergab, dass ich weder an ihr beteiligt war, noch ein höherer Geldbetrag von Martin Demmerer abgehoben worden war, aus dem eine Zahlung an mich abgeleitet werden konnte. Es wurden auch keine Sachleistungen, zum Beispiel in Form von Urlauben, festgestellt, die an mich geleistet worden waren. Kurz: Es fand sich nichts, das man mir vorwerfen konnte.

Diese Entlastung nützte mir allerdings nur theoretisch, praktisch überhaupt nicht. Die Medien hatten über die Vorwürfe groß und breit berichtet, die entsprechende Richtigstellung blieb jedoch aus.

Im Grunde hatte ich es hier mit einer umfassenden Diffamierung zu tun. Ausgehend von einem frustrierten Wenigbringer, unterstützt von jenen Medien, die „Sensationen" zur Auflagensteigerung brauchen.

Möglicherweise ist der Ursprung dieser Verleumdungskampagne gar nicht nur bei diesem einen *Sporthilfe*-Mitarbeiter zu suchen, sondern an einer noch ganz anderen Stelle – auf Funktionärsebene. Vielleicht hatte ich in meiner Zeit als *Sporthilfe*-Geschäftsführer zu viele Dinge in Frage gestellt. Mir wurden von allen möglichen Seiten die unterschiedlichsten Gerüchte zugetragen.

Was mich damals am meisten störte, war die Tatsache, dass dieser von mir mittlerweile bereits gekündigte Mitarbeiter ungeschoren davonkommen durfte. Aber der Vorstand blieb bei seinem Standpunkt, diese Angelegenheit nicht über die Gerichte zu regeln: Der Sport darf keinen Schaden erleiden.

Der Mann erhielt bei seiner Entlassung aufgrund der vertraglichen Prämienregelung noch sehr viel Geld. Insgesamt hatte der Vorfall die *Sporthilfe* über 72.000 Euro gekostet – Geld, das letzten Endes den Sportlern gehört hätte.

Emotionell belastete mich diese Situation extrem. Aber nach außen hin spielte ich den starken Mann, den das alles nicht wirklich berührte. Dabei lag der Hauptteil der Belastung gerade darin, dass ich nicht darüber sprach, dass ich in mich hineinfraß, wie sehr mich diese Diffamierung verletzte. Nicht einmal mit meinen engsten Freunden redete ich über die Situation und verdrängte die ganze Misere an eine dunkle Stelle in meinem Innersten, zu den schon vorhandenen unaufgearbeiteten Ereignissen – und wie eine illegale Sondermülldeponie das Grundwasser mit der Zeit vergiftet, nahm nach und nach meine Seele Schaden.

Ich kannte das richtige Maß nicht mehr: entweder alles oder nichts. Entweder Sunnyboy und „klasser Bursch", oder ein Problemhaufen und unbeliebt. Und so verlor ich über die Angelegenheit kein Wort mehr, obwohl ich wusste, dass ich mir damit nichts Gutes tat.

Es gab aber noch einen anderen Grund für mein Schweigen und den Umstand, dass ich nicht energisch gegen die Vorwürfe vorging: Ich hatte keine Zeit. Zwei große Fernsehshows und die *Nacht des Sports* der *Sporthilfe* standen bevor. Wir mussten das Sponsoring und die Karten für diese Veranstaltungen verkaufen, und dazu kamen noch die *World Sports Awards*, für die ich mittlerweile über 870.000 Euro privates Risiko aufgenommen hatte. Ich musste zum täglichen Business zurückkehren.

Aufgrund der gesamten Situation rund um die *Sporthilfe* und der verschiedenen zusätzlichen Hürden geriet meine Begeisterung für die *World Sports Awards* ins Wanken. Ohne diesen Enthusiasmus wurde auch der enorme Betrag, mit dem ich mein Konto überzogen hatte, zur schweren Last.

Wochen zuvor hatte ich das Gefühl gehabt, wieder richtig in Schwung gekommen zu sein. Das Risiko der enormen zusätzlichen Bürde durch die *World Sports Awards* war mir erträglich erschienen, sei es emotional, körperlich oder finanziell.

Nun war an Stelle meiner Begeisterung zu einem nicht geringen Teil Sorge getreten. Und nicht nur ich war besorgt: Auch die Herren der Volksbank Bad Aussee waren angesichts der großen Summe etwas nervös und drängten auf eine klare Regelung. Niemand wusste von dieser Transaktion, nicht einmal mit meiner Frau sprach ich darüber. Ich wollte sie nicht belasten.

Die Zeit vor den World Sports Awards

Auf der einen Seite die Schwierigkeiten rund um die *Sporthilfe*, auf der anderen Seite der enorme Arbeitsaufwand für die

World Sports Awards, die in zweieinhalb Monaten, am 19. November 1999, in der Wiener Staatsoper stattfinden sollten.

Zur Erfüllung der Auflagen der öffentlichen Geldgeber brauchte ich das Fernsehen. Nach Gesprächen mit dem kaufmännischen Direktor des ORF, bei denen die wirtschaftlichen Bedingungen abgesegnet wurden, wandte ich mich an den damaligen ORF-Unterhaltungschef, um die operative Durchführung zu verhandeln. Wir brauchten ja eine fertige TV-Produktion, damit die *World Sports Awards* auch anderen Fernsehstationen angeboten werden konnten.

Bei einem gemeinsamen Essen erklärte ich dem ORF-Team meine Vorstellungen, und wir arbeiteten den von mir bereits geschriebenen Ablauf durch. Eine gute Show war gerade für den Weiterverkauf der Sendung an andere Fernsehstationen wichtig. Tatsächlich war aber von Weiterverkaufen keine Rede. Wir verschenkten die Rechte quasi zu Dumpingpreisen, damit wir so viele Stationen wie nur möglich erreichen und somit jene Medienpräsenz erzielen konnten, welche die von der öffentlichen Hand zugesagte Summe von 2,39 Millionen Euro (33 Millionen ATS) rechtfertigen sollte.

Mit dem Einstieg des ORF in die Produktion der *World Sports Awards* kam frischer Schwung in die Sache, obwohl ein Wermutstropfen blieb: Nach wie vor sollten die *Awards* nicht live übertragen werden, sondern als Aufzeichnung vier Tage später.

Jetzt konnte ich mich endlich um die künstlerische Seite der Show kümmern. Ich hatte bis Mitte September diesbezüglich noch niemanden engagiert. Die Situation war ziemlich verfahren. Die Künstler wollten wissen, welche Sender die Award-Verleihung übertragen würden, und die Fernsehstationen wollten wissen, wer diese moderiert, bzw. welche Künstler auf dem Programm standen.

Für den musikalischen Teil wurden Cliff Richard und Eros Ramazotti engagiert, die Eröffnung mit dem Staatsopernballett stand ohnehin schon fest. Désirée Nosbusch und Tobias Moretti waren unsere Gastgeber. Peter Wolf, ein Österreicher, der seit vielen Jahren erfolgreich in L.A. als Musikproduzent arbeitet, lieferte die Musik für die *World Sports Awards*. Seine Musik war Spitzenklasse, ideal für den Event und den festlichen Ort, an dem dieser stattfinden sollte: die Wiener Staatsoper. Bereits im Februar dieses Jahres hatte ich mir die Oper als Veranstaltungsort gesichert: die besten Sportler der Welt auf der Bühne eines der berühmtesten Opernhäuser der Welt.

Die Show stellte sich nach und nach zusammen, die Künstler waren gebucht, die Sportler und Sportlerinnen hatten zugesagt – die Organisation lief stabil.

Zur Hektik der Vorbereitungen kam noch die Tatsache, dass wir die Plätze in der Oper verkaufen mussten – zu einem denkbar schlechten Zeitpunkt. Denn zeitgleich hatten wir an die selbe potenzielle Klientel auch Tickets für die *Nacht des Sports* verkauft, die am 4. November 1999 stattfinden sollte, nur zwei Wochen vor den *World Sports Awards*. Noch dazu mussten wir für die Logen in der Staatsoper einen relativ hohen Preis verlangen, um die Finanzierung des Ereignisses zu sichern.

Um den Verkauf anzukurbeln, wandte ich mich auch an die Medien. Ein Wochenmagazin brachte eine Doppelseite zu den *Awards*, aber das Problem des schlechten Verkaufes blieb bestehen. Niemand wollte glauben, dass die *World Sports Awards* in der Oper tatsächlich wie geplant stattfinden würden.

Es gelang schließlich auch, Sponsoren zu gewinnen, um das Risiko für die *Neuper & Team GmbH* zu verringern. Trotzdem befürchtete ich ein Desaster, denn wir hatten Anfang November noch nicht einmal die Hälfte der Plätze in der Oper verkauft. Und ich wusste genau: Wenn eine Veranstaltung näher kommt, wird es auch immer schwerer, Logen oder Einzeltickets zu verkaufen, weil die Leute ihre Zeit dann oft schon anders verplant haben.

Schließlich stagnierte der Ticketverkauf völlig. Zum Druck der finanziellen Belastung kam jetzt noch die Angst, die *World Sports Awards* in einer halb leeren Oper durchführen zu müssen. Ein Millenniumsfest vor leeren Rängen. Ich sah keine Chance mehr, innerhalb der verbleibenden Tage noch weit über tausend Karten zu verkaufen. Also gab ich einen großen Teil davon der *Sporthilfe*. Meine Mitarbeiter sollten jene Förderer einladen, die uns im Laufe der vergangenen Jahre immer wieder unterstützt hatten. Eine Marketingmaßnahme für die *Sporthilfe* im Wert von über 140.000 Euro.

Die letzten vierzehn Tage vor den *Awards* waren sehr hektisch und anstrengend, die Stimmung im Team schwankte zwischen Euphorie und Panik. Dass ich einen großen Teil der Karten verschenken musste, beunruhigte mich – andererseits aber schien nach und nach Ruhe im Chaos einzukehren. Wir waren auf der Zielgeraden, und die Vorfreude auf den Abend war spürbar.

Manchmal hätte ich allerdings schon gerne die Notbremse gezogen. Zum Beispiel, als ich eine Woche vor dem großen Abend endlich das Skript für den gesamten Ablauf der Preisverleihung erhielt. Ich war entsetzt: Es war furchtbar! Kein Witz, kein Esprit, gar nichts – eine lieblos zusammengestellte Abfolge von Programmpunkten. Nervös geworden, sprach ich mit Moderatorin Désirée Nosbusch über das Skript und gestand ihr meine Bedenken. Désirée erwies sich als Vollprofi: Zusammen mit Tobias Moretti und dem Autor Oliver Spiecker überarbeitete sie das Skript, so dass es schließlich den Anforderungen der *World Sports Awards* entsprach.

Eine Sitzung folgte auf die andere, die letzten wichtigen Details wurden besprochen und organisiert. Nach dem 4. November lief auch die *Sporthilfe*-Crew zu den *World Sports Awards* über: Side Events wie ein Heurigenbesuch oder der Galaempfang im Hotel Imperial waren zu organisieren. Wir hatten alle Zimmer im Hotel Imperial und im Hotel Bristol gemietet und außerdem Kurt Sölkner nach Wien geholt. Er organisiert den Shuttleservice bei den Skiflugveranstaltungen am Kulm. Gemeinsam mit der Wiener Polizei entwickelte er eine tolle Lösung für den Transport der *Awards*-Teilnehmer.

Langsam aber sicher zeichnete sich ein professioneller Event ab. Die Jury-Mitglieder, die Sportler und Sportlerinnen hatten ihre Teilnahme per Fax bestätigt. Über 80 Prozent unserer Wunschgäste sagten ihr Kommen zu. Die Flüge wurden gebucht. Für 200 Menschen im richtigen Moment die richtigen Tickets am richtigen Ort zu haben, auch solche Dinge raubten uns den Schlaf. Die ganze Crew, mittlerweile zwanzig Personen, arbeitete fast ununterbrochen, vom frühen Morgen bis spät in die Nacht, Tag für Tag, bis zur völligen Erschöpfung. Ein war tolles, ein einmaliges Team.

Aber nicht nur der Aufwand ließ mich nachts nicht schlafen, mich drückten noch ganz andere Sorgen. Immer wieder kam mir in den Sinn: Was, wenn die Sportler in letzter Minute absagen? Wenn der ganze Event perfekt vorbereitet ist und dann in letzter Minute platzt, weil die Stars nicht kommen? Und dann die Sache mit den Medien: Zehn Tage vor dem großen Abend waren nur 50 Journalisten angemeldet.

Dabei näherten wir uns der Rentabilitätsgrenze. Insgesamt hatten wir bereits an die 720.000 Euro (ca. 10 Millionen ATS) eingenommen, durch Sponsoring, die Gegengeschäfte und den Verkauf von Logen. Von den 2000 Tickets hatten wir allerdings nur 99 verkauft, ehe ich der *Sporthilfe* einen Großteil davon überlassen hatte.

Eine Probe des regulären Programms der Oper – die „Frau ohne Schatten" von Hugo von Hofmannsthal und Richard Strauss – konnte nicht verschoben werden, und so organisierten wir unsere Proben rund um diese phantastische Erzählung. Wir trafen uns täglich um sechs Uhr früh, um Allfälliges zu besprechen, und konnten Punkt für Punkt auf der Checkliste abhaken.

Am Vorabend der *Awards* stand ein Besuch beim Heurigen auf dem Programm – für die Sportler und Logengäste. Die Hostessen zur Betreuung unserer Gäste waren engagiert, das ursprünglich schlechte Skript wurde immer besser – und Peter Wolf schickte mir die Musik, die perfekt war, schlicht und einfach perfekt.

Es wäre gelogen zu behaupten, dass ich in der Vorbereitungszeit nie am Sinn der Sache gezweifelt hätte. Natürlich hatte ich das. Mehr noch: Manchmal war ich richtiggehend verzweifelt angesichts der Probleme, die sich uns in den Weg stellten. Aber in dem Moment, als ich Peter Wolfs Musik hörte, waren alle Zweifel mit einem Schlag wie weggeblasen. Nun wusste ich, dass all die Sorgen dafürstanden, dass es völlig ohne Bedeutung war, wie viel oder wie wenig Schlaf ich hatte – die *World Sports Awards* würden stattfinden und sie würden ein Erfolg werden.

Sportstars auf der Opernbühne

Die Woche brach an, in der die *World Sports Awards* stattfinden sollten. Alle wichtigen Punkte auf unseren Checklisten wurden wieder und wieder überprüft – die Anmeldungen, die Buchungsbestätigungen, die Hotelreservierungen. Vom Shuttleservice bis zu den Zimmerschlüsseln, vom Hostessenservice bis zum Personenschutz: Alles war organisiert.

Nun begann das Warten. Es gab noch immer Tickets für die Oper, aber immerhin war ein Großteil der Plätze belegt. Der ORF hielt immer noch an seinem ursprünglichen Plan fest und bereitete eine Aufzeichnung vor, um den Event vier Tage später zu senden. Und dann geschah etwas Unerwartetes: Der „Fußballgott" Pelé sollte drei Tage früher als geplant nach Wien kommen.

Pelé wollte sich mit seiner Frau Österreich ansehen, vor allem Wien und Salzburg. Sein Manager fragte an, ob sich für die beiden ein kleines Programm organisieren ließe. Das war die genau richtige Initialzündung für die *World Sports Awards*, der Beweis, dass es Ernst wurde. Als Pelé am 16. November 1999 um 9.30 Uhr am Flughafen Wien-Schwechat ankam, geschah dies natürlich nicht inkognito: An die 30 Journalisten und Fotografen waren unserer Presseeinladung gefolgt. Sie warteten im VIP-Center des Flughafens Wien, während ich gemeinsam mit Sport-Staatssekretär Peter Wittmann den Jahrhundertfußballer vom Flugzeug abholte.

Erwartungsvoll standen wir an der Gangway, die Passagiere des AUA-Fluges aus Frankfurt zogen an uns vorbei, bis niemand mehr aus dem Flugzeug kam. Ich fragte Peter Wittmann, ob er Pelé gesehen habe. War er vielleicht unbemerkt an uns vorbei gegangen? Aber das war doch unmöglich. Oder vielleicht doch? In meiner Verzweiflung und zur Verwunderung der Stewardess stürmte ich auf der Suche nach unserem berühmten Gast in das Flugzeug. Auch das Flugpersonal konnte mir nicht weiterhelfen: kein Pelé weit und breit! Mir wurde heiß und kalt zugleich. Ich dachte daran, was ich den wartenden Journalisten sagen sollte – und an die Blamage, wenn wir ohne den angekündigten Superstar in die VIP-Räumlichkeiten zurückkehrten.

Ich bat unsere Begleitung vom Flughafen Wien, per Funkgerät nachzufragen, ob noch ein weiterer Flug aus Frankfurt erwartet würde. Vielleicht hatte Pelé eine andere Maschine genommen. In der Zwischenzeit rief ich im Büro an, um nochmals die Flugnummer überprüfen zu lassen. Alles war korrekt. Doch Pelé war nicht da.

Begreiflicherweise stieg meine Nervosität mit jeder Minute, und ich klammerte mich an die Hoffnung, dass Pelé in einem anderen Flugzeug sitzen könnte. Ich drängte den Flughafenangestellten, alle Flüge aus Frankfurt auf Pelé abzuklären, als nach kurzer Wartezeit das Funkgerät schnarrte: „Sag dem Hupo, es gibt eine Lufthansa-Maschine, die in fünf Minuten landet.“

Gerade wollte ich erleichtert aufatmen, als die Stimme fortfuhr: „Aber einen Pelé hat diese Maschine auch nicht als Passagier."

Meine Stimmung schlug schlagartig um. Ich überlegte fieberhaft, was ich den wartenden Journalisten sagen sollte. Welche Chance hätte das für die *World Sports Awards* sein können! Aber nicht nur für mich, auch für den Staatssekretär war die Situation mehr als unangenehm. Und als ich Peter Wittmann gerade vorschlagen wollte, er sollte sich den wartenden Journalisten gar nicht mehr stellen, ich würde das schon machen – schnarrte das Funkgerät noch einmal: „Ist der Hupo noch da?" – „Ja!" schrie ich, als ob mich der Mann am anderen Funkgerät hören könnte. Und dann kam die Meldung: „Wir können zwar den Namen Pelé auf keiner Liste finden, aber einen Edson Arantes do Nascimento." Pelé sollte in wenigen Minuten landen!

Ich umarmte Wittmann: „Jetzt haben wir es geschafft!" Dann liefen wir zur richtigen Gangway, nahmen Pelé in Empfang und präsentierten ihn der wartenden Presse. Dem Blitzlichtgewitter im Presseraum und unserer Weltpresse-Aussendung folgte ein Sturm im Blätterwald: „Pelé in Wien!" Endlich hatte die Presse den Beweis, dass die *World Sports Awards* nicht nur in den Köpfen weniger enthusiastischer Spinner, sondern tatsächlich stattfinden sollten – und dass es sich lohnte, dabei zu sein und darüber zu berichten.

Mit Pelé kam also das Interesse der Medien, und mit der nunmehr plötzlich intensiven Berichterstattung kam das Interesse an den *World Sports Awards* – und die lang ersehnte Nachfrage an Tickets für die Veranstaltung. Leider zu spät: Wir hätten die Oper ab diesem Zeitpunkt zwei Mal verkaufen können. Aber die Karten waren waren ja zu einem großen Teil als „Werbegeschenk" an die *Sporthilfe* gegangen.

Noch vor wenigen Tagen hatte ich die Peinlichkeit halb voller Ränge befürchtet – jetzt platzte die Oper aus allen Nähten. Mein Medienteam lief auf Hochtouren: Von 50 Journalisten, die sich für den Event angemeldet hatten, stieg die Zahl innerhalb der verbleibenden Zeit auf 400! Wir standen vor der Tatsache, dass die Oper total überfüllt sein würde. Wer hätte sich gedacht, dass wir uns mit diesem, nun völlig anders gearteten Problem auseinandersetzen würden müssen?

Schließlich trafen unsere Gäste ein – aus Neuseeland, Australien, Indien, den Vereinigten Staaten, aus Europa – aus allen Teilen der Welt. Jetzt sollte sich zeigen, ob unsere Vorbereitungen etwas wert waren. Von der Abholung bis zur Begrüßung im Hotel, von der persönlichen Betreuung bis zum Shuttledienst zu den einzelnen Side-Events – die Zusammenarbeit funktionierte reibungslos.

Am Vorabend der *World Sports Awards* luden wir die Sportgrößen zu einem Heurigenbesuch ein. Die Stimmung war gut und es war schon knapp vor Mitternacht, als ich nach Hause gehen wollte. Gerade als ich aufbrechen wollte, läutete mein Handy. Der Produktionsleiter meldete sich völlig aufgeregt aus der Oper: Es gäbe ein Problem, die Models von Escada betreffend, ich solle doch bitte dringend in die Oper kommen. Ich machte mich auf den Weg und erfuhr bald die Ursache der Aufregung meines Produktionsleiters. Das Modelabel Escada war nicht zufrieden damit, wie die dreißig Models in Szene gesetzt werden sollten. Und diese sollten immerhin die Preise auf die Bühne bringen.

Von Mitternacht bis drei Uhr früh saßen der ORF-Regisseur, der Produktionsleiter, die Vertreterin von Escada und ich in der verlassenen Staatsopernkantine und suchten – erfolgreich – eine Lösung, mit der alle leben konnten. Schon wenige Stunden später, um halb sechs Uhr früh, begann für mich wieder der Tag mit unserem letzten Morgenbriefing.

Wenn die vergangenen Wochen schon spannend genug gewesen waren, war der letzte Tag vor dem Event Anspannung pur: Aus der Zeitung erfuhr ich, dass sich der ORF entschieden hatte, die *World Sports Awards* doch direkt zu übertragen – „semi-live", am selben Abend um 20.45 Uhr. Die Sendung sollte also live produziert und mit einer Verzögerung von 45 Minuten gesendet werden, gleich nach der Übertragung eines Ski-Weltcup-rennens aus den USA. Einerseits war das natürlich großartig, brachte aber andererseits neue Herausforderungen mit sich.

Die Produktionsleitung hatte die Proben in der Hand und führte diese mit großer Souveränität durch. Unsere Aufgabe war, den Sportlern und Sportlerinnen ein Tagesprogramm zu bieten. Jeder und jede einzelne wurde von einer persönlichen Hostess betreut, die ihrem Schützling rund um die Uhr zur Seite stand, Auskünfte erteilte und Unterstützung lieferte, wo diese nötig war.

Auch die Mitglieder der Weltjury waren mittlerweile eingetroffen, darunter Juan Antonio Samaranch. Ich kam direkt vom letzten Hauptmeeting der Organisation zum World-Jury-Meeting. Im Sitzungsraum des Hotels Imperial stand ich vor den mächtigsten Sportpolitikern der Welt und erklärte die Spielregeln für die Wahl der Sieger der verschiedenen Kategorien. Nach Abgabe der Wahlbögen wurden diese ausgewertet, unter Einhaltung höchster Verschwiegenheit, zu der sich auch die Mitglieder dieser hochrangig besetzten Jury schriftlich verpflichtet hatten.

Nach der Wahl wurde die Jury zum Mittagessen im Hotel Imperial geladen, an welchem auch Bundeskanzler Klima, der Wiener Bürgermeister Michael Häupl, die Vizebürgermeisterin Grete Laska, Staatssekretär Peter Wittmann und noch eine Menge anderer Gäste teilnahmen, die alle zur Realisierung der *World Sports Awards* beigetragen hatten.

Für den späteren Nachmittag war der Sektempfang geplant, aber zuvor hatte ich noch eine Aufgabe zu erledigen, auf die ich mich besonders freute. Einer der legendärsten Sportler der Welt, Muhammad Ali, war vom Flughafen abzuholen. Mit der selben Maschine erwarteten wir auch den Leichtathleten Carl Lewis und die Turnerin Nadia Comaneci. Ihre Ankunft war für 13.30

Uhr geplant. Ich hatte Tage zuvor veranlasst, mit der AUA in Kontakt zu bleiben: Wir mussten sichergehen, dass das Flugzeug zeitgerecht in Washington gestartet war. Es wäre eine Katastrophe gewesen, wenn der Flug ausgefallen wäre: Drei der aussichtsreichsten Kandidaten hätten die *Awards* versäumt. Zur Absicherung hatte ich noch mit meinem ehemaligen Arbeitgeber über die Anmietung eines Privatjets gesprochen, für den Fall einer Startverzögerung durch ein technisches Gebrechen des Linienflugzeuges. Jakob Ringler, der Chef der *Tyrolean Air-Ambulanz* und der *Welcome-Air*, konnte uns durch seine hervorragenden Kontakte diese Option ohne zusätzliche Kosten bereitstellen. Nur um eine Vorstellung der finanziellen Belastung zu bieten: Hätten wir den Privatjet buchen müssen, hätte dies auf alle Fälle mindestens 110.000 Euro gekostet.

Und dann war es so weit, die Tür ging auf, und die drei großartigen Sportler stiegen aus dem Flugzeug. Jetzt, so dachte ich mir, ziehen wir die Sache durch, jetzt kann nichts mehr schiefgehen.

Kurz vor Muhammad Alis Ankunft erreichte uns noch ein Anruf von Boris Beckers Manager: Boris, der ursprünglich abgesagt hatte, käme nun doch. Leider musste Steffi Graf, die ihr Kommen fix zugesagt hatte, wegen einer Darmgrippe kurzfristig absagen. Sie und Michael Jordan waren die einzigen Gewinner, die ihren Award nicht persönlich entgegennehmen konnten.

Nachdem wir Muhammad Ali, Nadia Comaneci und Carl Lewis in ihr Hotel gebracht und der Obhut ihrer jeweiligen Betreuung überlassen hatten, fuhr ich in meine Wohnung. Ich hatte ein klein wenig Zeit, um mich für den Sektempfang frisch zu machen und in den Smoking zu schlüpfen. Ich stellte mich auf die Waage: Ich hatte in den letzten Wochen fast acht Kilo abgenommen, was ich auch ohne die Waage spätestens beim Anziehen der Smokinghose bemerkt hätte. Da sich Hosenträger und Smokinghosen nicht vertragen, machte mir meine Frau Claudia den Bund kurzerhand mit einer Sicherheitsnadel enger.

Kaum war ich fertig, saßen wir bereits wieder im Auto – unterwegs zum Sektempfang im Hotel Imperial. Der Stress machte mir nichts mehr aus, ich schwebte wie auf Wolken. Die Anstrengung hatte mich zwar gezeichnet, aber was soll's: So wie niemand die Sicherheitsnadel bemerkte, die meine Hose dort festhielt, wo sie hingehörte, sollte auch niemand bemerken, wie müde ich war, wie ausgelaugt und erschöpft. Und am allerwenigsten sollte ich selbst bemerken, dass es meine letzten Kraftreserven waren, die mich durch diesen bedeutenden Tag trugen. Das Hochgefühl, zusammen mit meinem Team etwas Einmaliges auf die Beine gestellt zu haben, gegen jede Menge Widerstand eine Vision zur Realisierung gebracht zu haben, dieses Gefühl war weit stärker als die Müdigkeit.

Zum Sektempfang im Hotel Imperial vor der eigentlichen Veranstaltung waren neben den Sportlern und Sportlerinnen alle Leute eingeladen worden, die Top-VIP-Logen gemietet hatten. Immerhin an die 600 Menschen, deren Transfer in die Oper organisiert werden musste. Und als schließlich um 17.30 Uhr die ersten Gäste in die bereitgestellten Autos stiegen, um sich zur Oper bringen zu lassen, klappte alles problemlos. Nur für mich hatte sich „Shuttle Chef“ Kurt Sölkner eine besondere Überraschung ausgedacht.

Als der letzte Wagen mit Gästen unterwegs und ich mit meiner Frau und meinen beiden Töchtern übrig geblieben war, ging ich mit meiner Familie vor die Tür des Hotels Imperial, um in eine der Limousinen zu steigen. Zu meiner Überraschung stand da keine mehr, nur ein uralter Kombi, der sicher nicht zu unserer Flotte gehörte. Ich rief nach Kurt und sagte ihm, dass kein Auto für meine Familie da wäre. Er antwortete, es täte ihm Leid, alle Limousinen wären schon bei der Oper geparkt und er könnte die Fahrer nicht mehr erreichen. Im selben Atemzug meinte er, wir sollten den Kombi vor der Tür nehmen.

Das durfte doch nicht wahr sein! Ich fragte ihn, ob er getrunken hätte oder irgendwo dagegen gelaufen wäre – er könnte uns doch nicht in so einer Kiste zur Oper bringen! Schließlich konnte sich der Schuft nicht länger zurückhalten und fing zu lachen an. Unsere Limousine parkte einfach noch hinter dem Hotel. Die Aktion sollte meiner Entspannung dienen, erklärte mir Kurt: „Damit du ein bisschen lockerer bist!"

Während der kurzen Fahrt zur Oper musste ich dann doch noch über diesen Vorfall lachen und war tatsächlich viel entspannter als vorher. Ich führte meine Familie über die Treppe in das honorige Haus, vorbei an einer großen Menge von Journalisten. Ein wunderbares Erlebnis. Staatsopernchef Ioan Holender, der an diesem Abend in New York war, hatte mir einen netten Brief zukommen lassen, in dem sinngemäß stand: „Herr Neuper, ich übergebe Ihnen die Staatsoper, Sie sind, für diesen Abend, der Hausherr. Machen Sie Ihre Sache gut."

Ich stand mit einem Glas Sekt in der Hand und unterhielt mich gemütlich, als mir ein Blick auf die Uhr drohendes Unheil anzeigte. Es war bereits 19.45 Uhr. In einer Viertelstunde sollte die Übertragung auf die Sekunde genau beginnen. Viele Fernsehstationen warteten auf das Signal, und ein Großteil der Gäste stand noch entspannt draußen! Mein Adrenalinspiegel erhöhte sich sprunghaft um ein Vielfaches, und während ich die Security-Mitarbeiter und die Leute aus meinem Team anfeuerte, bat ich selbst die Menschen in den großen Saal. Eine Minute vor acht Uhr waren die Ränge, die Logen und das Parkett voll besetzt.

Genau jetzt hätte mein großer Auftritt stattfinden sollen. Jener Moment, den ich mir in den vergangenen Wochen immer wieder ausgemalt hatte. Ich wollte auf die Bühne gehen, der von Ioan Holender übertragenen Hausherrenrolle gerecht werden und eine Begrüßungsrede halten. Leider wurde nichts daraus, die Zeit war einfach zu knapp. Kaum hatte ich mich positioniert und wollte anfangen, jagte man mich von der Bühne: „Weg, weg, wir sind in 31 Sekunden auf Sendung! Setz dich nieder!" Also setzte ich mich und nahm wohl oder übel zur Kenntnis, dass ich eines meiner heiß ersehnten Ziele dann doch nicht erreichen sollte: keine Rede auf der Bühne der Wiener Staatsoper vor all den großen Persönlichkeiten.

Aber der Rest des Abends entschädigte mich hundertfach für diese „Niederlage". Die Show war perfekt, und ich glaube, dass fast niemand von jenem Augenblick unberührt blieb, als Muhammad Ali seinen Award entgegennahm. Obwohl in seinem Vertrag stand, er würde im Falle einer Auszeichnung diese entgegennehmen, dabei aber keine Dankesrede halten – war genau das Gegenteil der Fall. Alis Worte schienen tief aus seinem Herzen zu kommen: „I won many championships, I won many fights. But nothing else has been as great as tonight".[*] Während seiner kurzen Rede konnte man spüren, wie sehr dieser große, von seiner Krankheit gezeichnete Mann[**] das Publikum bewegte.

Und mir war klar, dass mit diesem Moment alles Sinn gemacht hatte, der ganze Stress, der ganze Kummer, die schlaflosen Nächte und die unzähligen Hürden, die wir auf dem Weg hierher zu überwinden hatten. Nichts war vergeblich gewesen.

---

* „Ich habe viele Siege errungen, viele Kämpfe gewonnen. Aber nichts war so schön wie dieser Abend."

** Bei Muhammad Ali wurde 1984 die Parkinson'sche Krankheit diagnostiziert.

Zwischenspiel

Vor Gericht

Es war geschafft: Die *World Sports Awards of the Century* waren vorüber. Der Schlussapplaus war verklungen, der Saal leerte sich, und zurück blieb das gute Gefühl, etwas Besonderes geschafft zu haben.

Am nächsten Tag waren Claudia und ich unterwegs nach Portugal. Diesen Urlaub hatte ich schon lange geplant. Ich musste Abstand gewinnen – zu den *Awards*, zu der Verantwortung, zum ganzen Drumherum. Alle hatten wir bis an unsere physischen Grenzen gearbeitet, und somit diesen Urlaub wohlverdient.

Die während unseres Totaleinsatzes für die *Awards* verdrängten Probleme in Sachen *Sporthilfe* rückten nun wieder in mein Bewusstsein, und bedrückten mich. Obwohl durch die Prüfberichte die Anschuldigungen gegen mich entkräftet worden waren, war die Sache noch nicht ausgestanden. Einerseits war ich nach wie vor verletzt durch die Böswilligkeit meines ehemaligen Mitarbeiters. Andererseits machte ich mir Gedanken über das Bild, das die Öffentlichkeit von mir nun haben könnte. Obwohl ich alles versucht hatte, zur Klärung der Situation beizutragen, änderte sich an der negativen Berichterstattung nichts. Wieder einmal tat ich so, als ob mir das völlig egal wäre.

Wie auch immer: Die *World Sports Awards of the Century* waren gut über die Bühne gegangen. Ich konnte die letzten Wochen noch einmal in einem TV-Interview Revue passieren lassen. In diesem Interview bestätigte ORF-Sportchef Elmar Oberhauser, dass er große Bedenken am Gelingen der *Awards* gehabt hätte, nun aber vom Gegenteil überzeugt worden wäre.

Die paar Tage in Portugal gingen schnell vorbei. Wieder zu Hause, wollte ich mich meiner alltäglichen Arbeit widmen und

Normalität einkehren lassen. Es kam anders: Die Vorwürfe in Sachen *Sporthilfe* klebten noch an mir wie ein nasses Handtuch, und zusätzlich wurden nun rund um die *World Sports Awards* Unwahrheiten erfunden. „Strahlende Gala, dunkle Flecken", übertitelte eine Tageszeitung am 21. 11. 1999 einen Artikel, der zwar einerseits die berührenden Szenen und den Werbewert der *Awards*-Verleihung würdigte, andererseits aber mit Kritik nicht sparte und ein „Millionendefizit" befürchtete.

Natürlich weiß ich, dass man als „öffentliche Person" auch mit der Möglichkeit leben muss, angegriffen zu werden. Nach dem Motto: Wer in der Sonne steht, riskiert den Sonnenbrand. Bald merkte ich, dass meine Reputation in Sachen *Sporthilfe* nachhaltig geschädigt war. So sehr, dass sich dies auf die *Sporthilfe* selbst negativ auszuwirken begann. Und da ich keine Chance sah, diese Rufschädigung auszumerzen, überlegte ich mit Ende 1999, den Job als Geschäftsführer der *Österreichischen Sporthilfe* zurückzulegen. Einige der Printmedien hatten für den Eindruck gesorgt, ich würde das Geld in die eigene Tasche stecken. Und solche Bilder bleiben haften, sowohl in der Öffentlichkeit als auch bei möglichen Sponsorpartnern.

Bei jedem Termin, der sich um Sponsoring drehte, begleitete mich der Gedanke: „Hoffentlich denkt der jetzt nicht, dass ich ein Gauner bin." Mit dieser Einstellung war es unmöglich, die nötige Begeisterung für gemeinsame Projekte zu vermitteln. Also zog ich mit Ende 1999 die Konsequenzen: Ich schrieb den Sportlern und Sportlerinnen noch einen erklärenden Abschiedsbrief, in dem ich die Entwicklung der Dinge bedauerte – und beendete das Kapitel *Sporthilfe*.

ORF-Kurator

Ich hatte die *Sporthilfe* wirtschaftlich sehr erfolgreich geführt, und trotzdem verließ ich das Unternehmen. Mein Kopf rollte. So war es, auch wenn ich meinen Rücktritt selbst angeboten hatte. Das gab mir viel zu denken.

Ist es denn wirklich so, dass nur die schlechten Nachrichten interessant sind? „Bad news are good news" heißt es in der Medienbranche, die sich für die mir angehängten Betrügereien weit mehr interessierte als für die Tatsache, dass diese nicht zutrafen. Dafür warteten sie mit neuen sensationellen Enthüllungen rund um meine Person auf. Dem „Untergang" ein Stück nähergebracht hat mich zum Beispiel ein Artikel in einem österreichischen Wochenmagazin: „Ex-*Sporthilfe*-Chef Neuper zahlte Steuermillionen an Sportstars." Auf einer Doppelseite schilderte das Magazin, wie die Republik Österreich bei der Organisation der *World Sports Awards* von mir hintergangen wurde. Eine steirische Tageszeitung sprang ebenfalls auf diesen Zug auf, der mich erneut in einem falschen Licht darstellte. Ich wusste nicht, wie ich reagieren sollte. Die *Awards* hätten beinahe meinen wirtschaftlichen Ruin bedeutet. Keinen einzigen Cent hatte ich mit dieser Veranstaltung verdient, und nun warf man mir vor, „Steuermillionen" in die eigene Tasche gewirtschaftet zu haben.

Ich war zutiefst deprimiert. Aber statt einfach zuzugeben, mit diesen Anschuldigungen nicht umgehen zu können, schwieg ich es wieder in mich hinein. Nach außen signalisierte ich Unverwundbarkeit – obwohl ich in Wahrheit sehr verletzt war.

Wie sollte ich mit diesen Vorwürfen umgehen? Sie wieder aussitzen wie die Geschichte mit der *Sporthilfe*? Wieder darauf warten, dass Gras über die Sache wächst – und die kahlen Stellen im Rasen ignorieren, die auf jeden Fall zurückbleiben würden?

Nein, dieses Mal wollte ich mich der Herausforderung stellen und vor Gericht gehen, um der Wahrheit Gehör zu verschaffen. Man hätte mir vielleicht anderes vorwerfen können – zum Beispiel eine an Dummheit grenzende Begeisterung, die mich ein privates Risiko von über 870.000 Euro eingehen ließ –, aber eine betrügerische Absicht, deren Ziel die persönliche Bereicherung war, ließ ich mir nicht andichten.

Der Werbewert, der durch die Veranstaltung für die Stadt Wien und Österreich eingebracht wurde, betrug laut einer Medienanalyse* 18,68 Millionen Euro (257 Millionen ATS). Eingesetzt wurden von den öffentlichen Finanziers je 1,2 Millionen Euro (16,5 Millionen ATS). Die auf die Gesamtausgaben in der Höhe von 3,21 Millionen Euro (44,2 Millionen ATS) fehlende Summe hatte ich aufgetrieben. Wir sind in allen Punkten unter dem Budgetposten geblieben. Also was wurde mir hier vorgeworfen?

Ich ging in die Offensive, klagte das Wochenmagazin, und bald darauf fand in St. Pölten die Verhandlung statt, im Laufe derer der Verlag verurteilt werden sollte. Als man mich mit den einzelnen Vorwürfen konfrontierte, traute ich meinen Ohren nicht: Es ging im Grunde um nichts, um Lappalien. Man fragte mich, ob es stimmt, dass ich Nadia Comaneci Kleidung finanziert hatte. Ich erklärte, dass Nadias Koffer nicht in Wien angekommen war und sie ein paar Sachen für die Veranstaltung benötigt hatte, die wir ihr besorgten. Wenn man diese Kosten von dem durch *Neuper & Team* beigesteuerten Geld abziehen würde, könnte man feststellen, dass kein Steuergeld dafür verwendet worden war. Weiters wurde behauptet, wir hätten den Sportlern Unsummen bezahlt. Auch dies entsprach nicht der Wahrheit, wir hatten die Flug- und Aufenthaltskosten bezahlt. Und wenn wir von dem von uns beigesteuerten Geld auch noch alle Kosten für die Sportler abziehen, wurde immer noch kein bisschen Steuergeld eingesetzt.

Die Angelegenheit wurde immer lächerlicher, denn schließlich wurde ich auch noch nach Möbeln gefragt, die wir gekauft hatten. Es handelte sich um einen Schreibtisch und ein paar Sessel, (die zum Zeitpunkt der Verhandlung wahrscheinlich nach wie

---

* Auszug aus der Medienbewertung: „Der Wert der Berichterstattung über die World Sports Awards wurde vom Mediahaus©Austria mit insgesamt ca. 256 Millionen Schilling berechnet.“

vor in der Oper standen), Arbeitsmöglichkeiten für meine Mitarbeiter. Und daraus wollte man mir den Strick drehen?

Ich war mit meiner Geduld am Ende und musste mich mit unhaltbaren Vorwürfen auseinandersetzen. Dieser Reporter wusste gar nicht, was er angerichtet hatte, denn die übliche Meinung der Öffentlichkeit über solche Artikel ist wohl: Ein bisschen davon wird schon stimmen.

Meine *Neuper & Team GmbH* war der Veranstalter gewesen. Der Deal mit den Finanziers, sei es die Republik oder die Stadt Wien, war klar: Ich musste die Werbeleistung bringen und erhielt dafür die Subventionen, das Restrisiko hatte ich selbst zu tragen. Das Budget war in allen Punkten eingehalten worden. Jede einzelne Rechnung war durch die Hände eines Wirtschaftstreuhänders gegangen. Und im Prüfbericht des Kontrollamtes Wien über die Veranstaltung stand nichts von den Anschuldigungen, Geld in die eigene Tasche gewirtschaftet zu haben. Man warf mir vor, die Abrechnungsunterlagen lange nicht vorgelegt zu haben. Allerdings konnte ich diese nicht vorlegen, weil sie zum Zeitpunkt der Anforderung zur Prüfung im Bundeskanzleramt (Gruppe Sport) waren. Und der Vorschlag, Kopien der Belege vorzulegen, war von den Beamten abgelehnt worden. Sie hatten auf den Originalbelegen bestanden.

Das Verfahren zog sich über den ganzen Sommer hin. Erst am 29. September, meinem Geburtstag, bekam ich endgültig Recht, waren alle Berufungsverfahren abgeschlossen. Es war mir wichtig, Recht bekommen zu haben. Auf meinen Gemütszustand hatte dies allerdings wenig Einfluss; ich war mittlerweile schon zu sehr in meinem pessimistischen Dauertief verhaftet. Daher verzichtete ich auch auf eine Gegendarstellung.

Was macht es für einen Sinn, Unwahrheiten zu verbreiten? Ob nun Sensationsgier, Neid oder gar Böswilligkeit dahinter steckten, ich konnte nicht verstehen, warum mir das angetan wurde. Die Presseberichte hatten meinen durch die Überarbeitung ohnehin schon angeschlagenen „Selbstwert“ noch mehr geschmälert. Eigentlich war es ein „Fremdwert“, denn ich konnte meinen Wert schon lange nicht mehr selbst definieren. Meine Wertigkeit bastelte ich mir aus den Reaktionen zusammen, die man mir und meiner Arbeit bezeugte – und die waren lange Zeit durchaus positiv gewesen. Als sie plötzlich ins Gegenteil kippten, wollte ich mich nur noch verstecken. Denn obwohl diese kritischen Berichte nur von wenigen geschrieben wurden, hatten sie doch viele gelesen. Obwohl ich vor Gericht gewonnen hatte, blieb mir die Angst vor der öffentlichen Meinung, dem Bild, das die anderen von mir hatten.

Heute frage ich mich, wer diese „Anderen“ waren. Ich war niemandem Rechenschaft schuldig, musste niemanden mehr von meiner Unschuld überzeugen. Viel zu verwirrt und gekränkt, sprach ich nicht mehr darüber, sondern kultivierte mein Selbstmitleid, wann immer ich Gelegenheit fand. Wie in meiner Bad Goisener Internatszeit gab ich mir keine Blöße – das macht ein Neuper nicht. Und da ich somit niemanden hatte, der mich tröstete, tröstete ich mich selbst – indem ich mir noch mehr Leid tat.

Heute kann ich dieses Verhalten zwar nachvollziehen, aber stolz bin ich nicht darauf. Die schlechte Presse empfand ich als „Liebesentzug“, die vielen lobenden Berichte über die *Awards* nahm ich im Vergleich dazu gar nicht wahr. Ich war damals schon relativ ausgebrannt und meiner emotionalen Flatline schon sehr nahe gekommen. Trotzdem marschierte ich schnurstracks in die nächste Katastrophe: Ich wurde ORF-Kurator.

Die damalige Vizekanzlerin Susanne Riess-Passer (FPÖ) fragte mich, ob ich in das neu zu besetzende ORF-Kuratorium einziehen würde, als Sport-Experte. Ich erklärte ihr, dass mich politisches Engagement nicht interessieren würde. Worauf sie mir erklärte, dass es sich um ein neutrales Regierungsmandat handle und nichts mit politischer Überzeugung zu tun haben würde.

Ich erinnerte mich daran, wie schwierig es gewesen war, für die *Sporthilfe* Fernsehzeit zu bekommen. Als ORF-Kurator, dachte ich mir, könnte ich direkten Einfluss darauf nehmen, dass der *Sporthilfe* mehr TV-Zeit zur Verfügung gestellt werden würde. Dadurch würden die Sponsoren eine deutlich messbare Gegenleistung bekommen und vermehrt Interesse an den Aktivitäten der *Sporthilfe* zeigen.

In der *Sporthilfe* war ich ständig mit begeisterten, talentierten und „mittellosen" Menschen konfrontiert gewesen, die sich nicht an uns wandten, um reich zu werden. Sie konnten sich für den Erfolg notwendiges Material, Trainingskurse oder anderes einfach nicht länger privat finanzieren. Und ist es nicht so, dass es sich hier um eine Verantwortung handelt, die das Land zu tragen hat? Sportler und Sportlerinnen gewinnen immer für alle: „Österreich gewinnt", heißt es dann in allen Schlagzeilen. Aber wer auf dem Weg zu diesem „Sieg für alle" Unterstützung, also Geld braucht, ist quasi ein Schmarotzer, ein Bettler, der keine Zuwendung verdient.

Je mehr ich darüber nachdachte, um so reizvoller wurde die Sache mit dem ORF-Kuratorium. Und in meiner Naivität und in meinem Geltungsdrang sagte ich schließlich zu – in einer politisch kritischen Zeit. Und ich war noch dazu davon überzeugt, nicht in politisches Fahrwasser zu kommen. Kurz darauf wurde ich von der Presse der Öffentlichkeit vorgestellt: als FPÖ-Kurator.

Ich telefonierte mit den Vertretern der einzelnen Parteien, um sie mit meiner plötzlichen Nähe zu einer Partei zu konfrontieren – wo mir doch politische Neutralität versprochen worden war. Sie gaben den Medien die Schuld. Gut, das konnte ich noch einsehen. Aber ich wollte, dass beide Regierungsparteien die Sache richtig stellten. Vorher würde ich zu keiner Kuratoriums-Sitzung erscheinen. Als nach einigen Wochen immer noch keine entsprechende Stellungnahme vorlag, ergab sich die Konsequenz von selbst: Ich legte im Mai 2000 mein Mandat im ORF zurück, ohne eine einzige Sitzung besucht zu haben.

Zwei Monate zuvor war von einer Oppositionspartei eine parlamentarische Anfrage gestellt worden, betreffend „Kompetenzüberschreitungen" des ehemaligen *Sporthilfe*-Generalsekretärs Hubert Neuper sowie des ehemaligen *Sporthilfe*-Präsidenten Mag. Viktor Klima bei den *World Sports Awards of the Century*. Ich musste alles offen legen, jede einzelne Rechnung. Eine umfassende Steuerprüfung meiner Firma war die Folge.

Also wieder mentaler Stress auf der ganzen Linie. Einerseits die Anschuldigung, bei den *World Sports Awards* Steuergelder in die eigene Tasche gewirtschaftet zu haben, andererseits die plötzliche Nähe zu einer Partei. Ich wurde in ein politisches Lager gedrängt, obwohl ich Zeit meines Lebens versucht hatte, dies zu verhindern.

Ich hätte nicht nur auf logische Argumente hören sollen, sondern auch auf mein Gefühl. Und so stand ich im Frühjahr 2000 vor einem inneren Desaster – an dem ich allein schuld war: Ich hatte in vielen Situationen gegen meine Überzeugungen gehandelt und falsche Entscheidungen getroffen. Um Dinge zu tun, die ich nicht tun wollte. Oder besser: die der eine Teil von mir nicht tun wollte. Der andere, nicht unwesentlichere, aber unbewusstere Teil wollte das – vielleicht sogar einschließlich des Schadens, der mir daraus entstand.

Dies ist meine subjektive Beurteilung der Dinge. Einerseits hatte ich ein großes Projekt realisiert, für das mir andererseits Hürden in den Weg gelegt worden waren. Die Schwierigkeiten hörten auch dann nicht auf, als das Ziel schon längst erreicht worden war. Ich hatte mich zu rechtfertigen, meine Geschäftsgebaren wurden vom Kontrollamt geprüft, und obwohl mir nach allen Prüfungen nichts vorgeworfen werden konnte, wurde ich zum Buhmann. Dabei waren es im Grunde genommen nur ein paar Leute, die mir ständig ans Bein pinkelten. Das aber dafür mit um so größerer Penetranz.

Angeblich war ich auf die „schiefe Bahn" gerutscht, und tatsächlich rutschte ich immer tiefer – in Richtung Burnout. Hatte dieser „Abstieg" wirklich schon mit der Organisation der Skiflugweltmeisterschaft am Kulm begonnen?

Vielleicht hätte ich ja wirklich völlig abstinent leben müssen, weit weg von der Droge Öffentlichkeit. Sie dosiert zu genießen, ist mir offenbar nicht möglich. Und wie bei einem anderen Suchtmittel musste ich die Dosis nach und nach steigern, um halbwegs zufrieden zu sein. Es war das Motiv hinter dem Motiv, das falsch war. Die Skiflug-WM organisierte ich noch um ihrer selbst willen, bei den *World Sports Awards* sah die Sache wahrscheinlich schon anders aus. Natürlich ging es mir in erster Linie um das Gelingen der Veranstaltung. Dabei war ich aber längst nicht mehr so unbekümmert wie früher, sondern beobachtete mich mit Argusaugen: Wie mache ich mich im Scheinwerferlicht? Passt mein Auftreten zum Anlass, strahlt mein Lächeln genug, was denkt sich der, was denkt sich die?

Dermaßen abgelenkt und um mein Ansehen besorgt, war ich auf die verschiedenen Angriffe natürlich noch weniger vorbereitet: So konnten sie mich voll treffen.

Dabei hatte ich alles „geopfert" für die Events und die *Sporthilfe*: meine Freizeit, mein Familienleben, meine Energie – und letzten Endes sogar meine wirtschaftliche Sicherheit! Aber, auch wenn ich mich noch so ungerecht behandelt fühlte und noch so tief im Selbstmitleid versank: Niemand hat diese Opfer von mir verlangt.

Irgendwann versuchte ich, mich aus dem Sumpf zu ziehen. Ich redete mir gut zu: Vergiss es, es war immerhin eine tolle Erfahrung. Um mich wieder zu motivieren, rief ich mir die positiven Erlebnisse des letzten Jahres ins Gedächtnis: Muhammad Alis Auftritt bei den *Awards*, die vielen Briefe und E-Mails der verschiedensten Sportgrößen.

Innerhalb dieser kurzen Zeit einen Event von der Größe der *Awards* zu veranstalten, mit einer derart beeindruckenden Gästeliste, bei den gegebenen Voraussetzungen – ist keine leichte Aufgabe. Mit diesem Wissen wollte ich die *World Sports Awards* innerlich abschließen.

World Sports Awards London

Der Event in der Royal Albert Hall

Nach all den Verwicklungen, die ich rund um die *World Sports Awards of the Century* lösen musste, hatte ich wieder einmal genug.

Ich war fest entschlossen, für die nächste Zeit die Finger von der Organisation derartiger Megaprojekte zu lassen. Ich musste mir wirklich eine Pause gönnen, um die Batterien wieder aufzuladen. Aber kannte ich das nicht schon von früher? Meine Springerkarriere musste ich auch zweimal beenden, bevor sie wirklich beendet war. Und die Skiflugweltmeisterschaft 1996 war nicht die letzte Veranstaltung am Kulm, die ich organisiert hatte – obwohl ich mir damals vorgenommen hatte zu pausieren. Ich fasste den Entschluss, das Skifliegen am Kulm im Februar 2000 noch wie vereinbart zu organisieren, und dann sollte bis auf weiteres genug sein.

Aufhören und doch noch nicht ganz aufhören: ein Verhaltensmuster also, das ich kenne. Es wundert mich heute daher nicht, dass auch die *World Sports Awards* eine Fortsetzung fanden.

Diese zweite *Awards*-Verleihung hing eng mit Dietrich Mateschitz zusammen. Ich kenne Dietrich, der *Red Bull* zu einer Weltmarke gemacht hat, seit dem Jahr 1986. Wir hatten zwar nie viel Kontakt, trafen uns aber im Lauf der Jahre immer wieder. So auch im Frühjahr 2000. Ich war nach Salzburg gefahren, um mich bei ihm für das finanzielle Sicherheitsnetz rund um Muhammad Alis Auftritt bei den *Awards* zu bedanken.

Dietrich gratulierte mir zu den *World Sports Awards*, die ihn, wie er sagte, beeindruckt hatten. Er hatte auch die negativen Berichte in der Presse verfolgt, in denen mir Betrug und Eigennutz vorgeworfen worden waren – und fragte mich geradeheraus, was denn daran stimmte. „Nichts“, sagte ich. Und dann begann ich zu erzählen, von den Umständen, unter denen ich die *Awards* organisiert hatte, von dem Kredit, mit dem ich mein Konto belasten musste, der Ignoranz, die dem Projekt lange Zeit medial entgegengebracht worden war. Ich breitete die ganze Geschichte der *Awards* vor ihm aus, inklusive ihrer positiven und negativen Aspekte. Und dann sagte ich, dass ich es für durchaus möglich hielte, die *Awards* zu einer fixen österreichischen Institution von internationaler Bedeutung zu machen. Ich hätte in dieser Sache bereits Kontakt mit Mitgliedern der österreichischen Regierung aufgenommen, war aber auf Ablehnung gestoßen.

„Ich glaube“, sagte ich zu Dietrich Mateschitz, „es wäre gut, wenn es trotzdem weiterginge. Wenn die *World Sports Awards* eine Fortsetzung fänden.“ Er fragte mich nach den Kosten, und ich rechnete ihm vor, dass der Folgeevent um einiges mehr kosten würde als die *Awards* 1999, bei denen wir mit einem riskanten Minimumbudget gearbeitet hatten. Dietrich hörte sich das alles an, überlegte kurz und meinte: „Gut. Mach einmal. Mach ein Konzept.“ Wir könnten einen tollen Event organisieren – und damit auch allen Kritikern zeigen, dass sie sich getäuscht hatten. Ich würde wieder „aufrecht in der Mitte der Straße“ gehen können.

Wieder „aufrecht“ gehen zu können, das hörte sich gut an. Voller Begeisterung verabschiedete ich mich. Aber während ich nach Hause fuhr, überfielen mich Zweifel. Die zwar nach außen erfolgreich abgewendeten Vorwürfe und Beschuldigungen hatten, wie sich zeigen sollte, mein Denken noch nicht losgelassen. Anstatt meiner Unbekümmertheit, mit der ich normalerweise an eine Aufgabe heranging, waren nun Zweifel und Ängste vorhanden. Meine Selbstsicherheit war nach wie vor am Boden und in meiner Unsicherheit kreisten meine Gedanken mehr und mehr um meine Person. Jeder positive Gedanke wurde von seinem negativen Gegenbild überlagert. Ich überlegte, ob es Dietrich hier wirklich nur darum ging, mir bei der Wiederherstellung meines Rufes zu helfen. Natürlich kann das höchstens ein Teilaspekt seiner Überlegungen gewesen sein, aber damals konnte ich es nicht mehr realistisch beurteilen. Während der Fahrt dachte ich ständig darüber nach, ob ich seine Unterstützung annehmen sollte.

Richtig wäre es damals gewesen, auf die Fortsetzung der *World Sports Awards* zu verzichten. Der Event in der Staatsoper war zum bestmöglichen Zeitpunkt veranstaltet worden: zur Jahrhundertwende ein Fest zur Ehre der Sportsmen and Sportswomen of the Century. Ein jährlicher Award mag sich zwar als Marketing Produkt einer Firma eignen, birgt aber die Gefahr in sich, dass die Sportler an einer Teilnahme auf Dauer nicht interessiert sind. Außerdem gewinnen aktive Sportler ihre Awards in ihrer jeweiligen Disziplin. Eine abseits der Piste, dem Formel-1-Ring oder dem Fußballplatz überreichte Trophäe hat keinen Einfluss auf den Marktwert des einzelnen Sportlers und ist damit auch emotional nur begrenzt von Bedeutung. Anders ist es in der Filmbranche. Einen Oscar zu gewinnen ist gleichbedeutend mit einem Anstieg des Marktwertes und lässt die Gagen für kommende Filme höher ausfallen.

Es gibt keinen Weltsport. Jeder Kontinent hat seine favorisierten Sportarten. Bei aller Wertschätzung ist es einem Großteil der US-Amerikaner nicht bekannt, dass Hermann Maier ein Doppelolympiasieger im Skisport ist. Im umgekehrten Fall kümmern sich 90 Prozent der Europäer nicht darum, ob der amerikanische Basketballstar Kobe Bryant wieder erfolgreich war oder nicht.

Daher war meine Überlegung, in Zukunft die Veranstaltungen über den Verkauf von TV-Rechten zu finanzieren, nicht realisierbar. Kurze Beiträge würde man an die TV-Stationen wohl verkaufen können, aber das würde die enormen Kosten nicht rechtfertigen. Es hatte sich ja schon bei den letzten *Awards* gezeigt, dass wir kaum Geld über den Verkauf der Senderechte einnehmen konnten. Und meiner Überzeugung nach sollte man eine Veranstaltung wie diese frei von Sponsoring halten. Einerseits um die Glaubwürdigkeit des Events zu wahren, aber andererseits auch, um Konflikte für die Sportler zu vermeiden.

Aus diesem Grund sollte dieser zweite Award über eine Stiftung von Dietrich Mateschitz finanziert und von der eigens gegründeten *World Sports Awards GmbH* durchgeführt werden. Ursprünglich dachte ich als Austragungsort an Berlin, aber nach weiteren Gesprächen einigten wir uns auf London. Wiederum gab mir mein angeknackstes Selbstwertgefühl das Signal, dass ich mich unterordnen müsse, um die Investition zu rechtfertigen. Später stellte sich heraus, dass London sicher die bessere Wahl gegenüber Berlin war. Im Grunde wurde dadurch nicht nur die Herausforderung größer, sondern auch die Chance, mein Können zu beweisen.

Einerseits begeisterte es mich, nun vor dieser neuen, bisher größten Herausforderung zu stehen. Aber andererseits mischten sich, während ich am Konzept für die *Awards* arbeitete, in diese Begeisterung auch Schamgefühle und Unsicherheit. Als Grund dafür vermutete ich die Tatsache, dass meine Motivation nicht die richtige war. Ich hatte eine falsche Entscheidung getroffen und aus persönlichen Gründen – wie Stolz, Rache und Geltungsdrang – Mateschitz davon überzeugt, mit mir ein Projekt zu starten, an das ich selbst nicht hundertprozentig geglaubt hatte, und möglicherweise seine Freundschaft damit ausgenützt.

Nach einem Monat ließ mir mein schlechtes Gewissen keine Ruhe mehr. Ich fuhr nach Fuschl und sprach mit Dietrich: „Wir müssen damit aufhören." Es kostete zu viel und brächte zu wenig, nach den bewertbaren Marketingrichtlinien. Es wäre besser, das Projekt zu stoppen. Dietrich Mateschitz wollte von all dem nichts hören. Für ihn gab es keinen Zweifel daran, dass die *Awards* ein riesiger Erfolg werden würden – „Das machen wir jetzt g'scheit", meinte er, und nebenbei würden wir alle meine Kritiker in ihre Schranken verweisen.

Das war genau der Punkt, an dem ich wieder schwach wurde. Meinen Ruf wiederherstellen. Den Menschen, die mir nur Schlechtes nachsagten, die Augen öffnen. Nein. Vielmehr: den Mund stopfen. Diese Aussicht war zu verlockend für mein gekränktes Ego.

Keine Rede mehr davon, Dietrich vom Gegenteil zu überzeugen, keine Rede mehr von den sachlichen Argumenten, die ich ursprünglich zur Sprache bringen wollte. Stattdessen begann ich nun erst recht mit den Vorbereitungen zu London 2001 – mit großer Anstrengung, allerdings ohne die gewohnte Leichtigkeit und unzufrieden mit mir selbst.

Die Arbeit an den Londoner *Awards* unterschied sich in vielen Dingen von der an den Wiener *Awards*. Am stärksten war dies an der finanziellen Situation spürbar. Ich musste mir bezüglich der Finanzierung keine Sorgen machen, denn die Stiftung trug alle Kosten. Was die Organisation betraf, so war von Kompromissen und Chaos weit und breit nichts zu bemerken: Die *WSA GmbH* war gegründet worden und mit ihr stand dem Event-Management eine ausreichende Zahl an Mitarbeitern zur Verfügung. Unter solchen Bedingungen konnten wir professionell und effizient arbeiten.

Mit Dietrich Mateschitz zusammenzuarbeiten war ein Erlebnis für sich. Er brachte sich mit großer Kompetenz in die Diskussion ein und traf glasklare Entscheidungen.

Dietrich wollte mich so, wie er mich kennengelernt hatte: voller Enthusiasmus und Energie, mit immer neuen Ideen und einer festen persönlichen Meinung. Aber ich ordnete mich völlig unter. Mir war es bei den *Awards* um die Wiederherstellung meiner Reputation gegangen. Dietrich dagegen hatte sich im Lauf der Zeit mehr und mehr für die Sache begeistert und brachte sich dementsprechend ein. Seine Kreativität war allgegenwärtig; der

World Sports Awards 2000 in London
Girl-Group „All Saints“ auf der Bühne der Royal Albert Hall

Luis Filipe Madeira Caeiro „Figo“
Unten: Renate Götschl und Hermann Maier

Geburtstagsparty: Muhammad Ali mit Prinzessin Haya von Jordanien, links im Bild Lennox Lewis

Bild unten: Lennox Lewis mit Audley Harrison (rechts)

Désirée Nosbusch und Roger Moore moderieren die Londoner Awards

Bild rechts oben: v.l.n.r.: Martin Schmidt, Jos Pirkner und Audley Harrison

Unten: „Allstar Band“: Bryan Adams, Damon Hill, John McEnroe, Colin Jackson

Oben: Björn Dunkerbeck im Gespräch mit Dietrich Mateschitz
Bild rechts: Ron Woods (Rolling Stones) bei Alis Geburtstagsparty
Bild unten: Mit Michael Jordan

Linke Seite:
Oben: Mittagessen mit Arnold Schwarzenegger, März 2001 L.A.
Mitte: Besuch bei Muhammad Ali zu Hause, Ali mit Ehefrau Loni
Unten: Zu Hause bei Peter Wolf in L.A.

Skulptur für die World Sports Awards von dem Osttiroler Bildhauer Jos Pirkner

Event machte ihm Spaß. Kein Wunder, dass er nichts davon hören wollte, das Projekt abzubrechen.

Ich verkroch mich in mir selbst, erfüllte meine Pflicht, mehr nicht. Dazu kam, dass ich nicht nur das Gefühl hatte, ein Schatten meiner selbst zu sein, sondern auch die Leistung nicht mehr brachte, die ich hätte bringen können. Und trotz der einmaligen Chance, die mir hier geboten wurde, sehnte ich den Tag herbei, an dem alles vorüber sein würde. Das muss man sich vorstellen: Perfekte Organisation, ein fixes, ausreichendes Budget – alles hat gepasst. Und ich lief herum wie „ferngesteuert".

Das ging so weit, dass die schönen Erlebnisse, die auch diese *Awards* mit sich brachten, an mir abperlten wie Wasser an einem Neoprenanzug. (Erst viel später konnte ich in der Erinnerung die vielen positiven Seiten der Londoner *Awards* genießen. Zum Beispiel das Zusammentreffen mit Jos Pirkner, dem Schöpfer der *World Sports Awards*-Skulptur. Der damals 73-jährige Osttiroler Bildhauer sprühte geradezu vor Energie und Lebenslust.)

Ich spürte vom Leben nicht mehr als den Druck der Arbeit: Wir hatten für die Organisation rund drei, vier Monate Zeit. Die Entscheidung für London war zwar schon im Mai 2000 gefallen, aber wir hatten beim Veranstaltungsort lange auf das falsche Pferd gesetzt. Der ursprünglich für die *Awards* vorgesehene Londoner „Millennium Dom" erwies sich als Fehlentscheidung. Er war seit seiner Errichtung anlässlich des Jahrtausendwechsels das Stiefkind der englischen Presse – und dies hätte sich auch auf den Event ausgewirkt.

So wurde es September und die Zeit drängte: Der Veranstaltungsort musste festgesetzt werden, damit die Organisation richtig loslegen konnte. Wieder war ich in London, und wieder riet man mir von allen Seiten davon ab, den Millennium Dom zu buchen. Aber welche Auswahlmöglichkeiten blieben übrig? Die zuständige Managerin der renommierten und wunderschönen Royal Albert Hall hatte uns schon lange zuvor abgesagt. Wir sprachen ein zweites Mal vor und hatten Glück. Am 16. Jänner 2001 war ein Termin frei geworden.

Die Drucksachen wurden in Auftrag gegeben und an der Produktion gearbeitet. Was sich insgesamt als viel leichter erwies, hatten wir doch in Wien genügend Erfahrung gesammelt. Dietrich und ich arbeiteten am Drehbuch. Für den Text holten wir uns noch Experten und ließen ihn dann in England umschreiben. Für den Showablauf warfen wir uns gemeinsam ins Zeug, und die Musik sollte wieder von Peter Wolf stammen, auf dessen Professionalität wir uns verlassen konnten. Auch Désirée Nosbusch war wieder dabei, als Gastgeberin an der Seite von Roger Moore.

Wir engagierten die (mittlerweile aufgelöste) Girl-Group „All Saints" und Bryan Adams, der mit zwei Songs auftreten sollte. Und als weiterer Höhepunkt der insgesamt 100 Minuten langen Show stand die „Allstar-Band" auf dem Programm, ein Produkt der Kreativität von Dietrich Mateschitz. Er wusste vom musikalischen Talent einiger Weltklassesportler, und so wurden diese einfach zu einer Band zusammengespannt: John McEnroe, Damon Hill, Formel-1-Teamchef Eddie Jordan und Colin Jackson spielten mit Bryan Adams. Die Halle tobte bei ihrer Performance.

Aber noch befanden wir uns in der Vorbereitungsphase, und ich war zwar in der Sache engagiert und gab, was möglich war – hatte aber für mich selbst keinen einzigen guten Gedanken übrig.

Der Leser fragt sich vielleicht, warum ich diesen Punkt so breittrete. Weil es genau dieser Punkt war, der mich so unglaublich viel Energie kostete und mich aus der Bahn geworfen hat. Zu einer anderen Zeit, mit mehr Kraft und Gelassenheit, wäre mir die andere Seite der Medaille eher bewusst gewesen: Dietrich Mateschitz' Begeisterung für die Londoner *Sports Awards* war groß und ehrlich. Er meinte später sogar, dass die Veranstaltung zu den schönsten Dingen gehörte, die er erlebt hatte. Die *Awards* waren tatsächlich sein „Baby" – und statt dies zu erkennen und mich daran zu freuen, kreisten meine Gedanken nur um mein persönliches Dilemma.

Es ist das Wesen depressiver Zustände, dass sich die eigene Aufmerksamkeit nur auf das Problem und nicht auf dessen Lösung richten lässt. Im Duden ist unter dem Schlagwort Burnout übrigens zu lesen: „Brennschluss; Zeitpunkt, in dem das Triebwerk einer Rakete abgeschaltet wird und der antriebslose Flug beginnt.[7]" Genauso erlebte ich diese Zeit: Antriebslos geworden trieb ich durch die Organisation und die Veranstaltung am 16. Jänner, wobei ich noch so viel Disziplin aufbrachte, mir meinen inneren Zustand äußerlich nicht anmerken zu lassen.

Die *World Sports Awards* in London wurden ein voller Erfolg, sie wurden in die ganze Welt übertragen. Am Vorabend der *Awards* organisierten wir als Side-Event eine riesige Geburtstagsparty für Muhammad Ali. Alle waren da: Bernie Ecclestone, Roger Moore, Sir Steven Redgrave, Michael Johnson, Niki Lauda und sogar Ron Woods von den Rolling Stones. Er hatte über seine Agentur anfragen lassen, ob er eine Einladung zu Alis Party bekommen könnte. Eigentlich waren wir zu diesem Zeitpunkt schon völlig ausgebucht – aber letzten Endes war es auch eine Bestätigung für uns, dass wir in London für Gesprächsstoff sorgten. Als ich Ron Woods dann bei Muhammad Alis Fest begrüßte, umarmte er mich wie einen Freund, obwohl wir uns noch nie zuvor begegnet waren.

Als Gastgeber marschierte ich von Tisch zu Tisch, um die Gäste zu begrüßen und mich für ihr Kommen zu bedanken. Auch die „All Saints", die bei den *Awards* auftreten sollten, waren eingeladen. Ich wusste zwar nicht genau, wie die Mädels aussahen, aber als ich an einem Tisch vier wunderschöne junge Damen sitzen sah, kombinierte ich sofort: Das müssen sie sein. Ich begrüßte sie herzlich, teilte ihnen meine Freude mit, Stars aus der Musikszene hier zu haben, auch darüber, dass sie sich doch noch einmal entschieden hatten, gemeinsam aufzutreten – die

Gruppe hatte sich unmittelbar vor den *World Sports Awards* zerstritten –, und ging weiter. Die vier schauten etwas verwundert, was ich erst verstand, als sie mir später vorgestellt wurden. Als Wassersportlerinnen. Eine von ihnen war Inge de Bruijn, dreifache Schwimmolympiasiegerin, nominiert als Wassersportlerin des Jahres. Dieser kleine Fauxpas passierte mir am Vorabend der *Awards*.

Ein Mittagessen mit den besten Sportlern der Welt

Am Tag der *Awards* luden wir zu Mittag die Sportler zu einem Essen in den obersten Stock des London Park Lane Hilton. Nur die Sportler, keine Presse. Es war faszinierend zu sehen, mit welchem Respekt man sich untereinander begegnete. Die Chance für Sportler der unterschiedlichsten Sportarten, sich in so einer Atmosphäre zu treffen, ist normalerweise gleich null. Es wurden Autogramme ausgetauscht und per Smalltalk die eine oder andere Anekdote erzählt. Nach dem Essen kam mein großer Auftritt. Ich nützte die Möglichkeit, mich im Namen der Organisation zu bedanken. Meine Rede begann mit der Begrüßung von Prinzessin Haya von Jordanien und Prinz Albert von Monaco. Sinngemäß sagte ich: „I like to welcome Her Royal Highness Princess Haya from Jordan and His Royal Highness Albert von Monaco." Ich fuhr fort unter Bezugnahme auf Albert von Monaco. „He is a friend of us he is an Olympian and that's why we call him from now on 'Bertl'." Der ganze Saal hat hellauf gelacht. Ich habe ihn dann noch gebeten mit mir die Ehrungen vorzunehmen speziell für die nominierten Damen, schließlich sei er immerhin einer der „größten Küsser" der Welt. Es war schon bemerkenswert, mit welchem Humor und welcher Freude er bei dieser Show mitgespielt hat.

Stunden später, bei der *World Sports Awards*-Gala, glaubte ich kurzfristig, alles wäre verloren. Unsere Gäste waren nach dem

Sektempfang durch den Shuttle-Service zur Royal Albert Hall gebracht worden, was gar nicht so einfach war, denn durch das große Interesse hatten wir nicht wie geplant eines, sondern gleich mehrere Hilton-Hotels buchen müssen. Ich hatte mich als Letzter auf den Weg gemacht, dachte mir, dass der Abend nun bald gelaufen wäre, und marschierte über die Treppe in die Halle. Dort traf mich fast der Schlag: Sie war nicht, wie ich erwartet hatte, zum Bersten voll, sondern völlig leer. Halb acht. Keine Gäste. Ein paar Sportler. Ein paar besetzte Logen. Aber sonst: Nichts. Dabei hatte uns unsere Agentur darüber informiert, dass alle Tickets weg wären, dass die 5000 Personen fassende Royal Albert Hall voll besetzt sein würde … Fünfzehn Minuten später, keine Veränderung. Zehn Minuten vor acht war ich wirklich nervös geworden.

Wie 1999 in der Wiener Staatsoper hatte ich eine Begrüßungsrede vorbereitet, die ich kurz vor Sendebeginn halten wollte. Aber darum ging es nicht, das war nebensächlich angesichts der Peinlichkeit einer zwar wunderbaren, aber fast leeren Royal Albert Hall. Ich stürzte in Roger Moores Garderobe: „Roger, wir müssen den Beginn verschieben, there is no audience!" Roger Moore, ganz cool, meinte nur: „I don't think so. Relax."

Resignierend ging ich zu meinem Platz. Was blieb auch anderes übrig? Jetzt mussten wir das durchziehen, so oder so. Die Situation in der Halle hatte sich noch immer nicht verändert, als Punkt 20 Uhr die Lichter ausgingen und *Sky-Television* mit der Live-Übertragung begann. Zur Einstimmung wurde ein Film mit Sportszenen gezeigt; er dauerte ungefähr acht Minuten – und als danach die Lichter wieder angingen und Désirée Nosbusch und Roger Moore auf der Bühne erschienen, war das Unglaubliche geschehen: Die Halle war voll, bis auf den letzten Platz. Ich lehnte mich zurück.

Zumindest bis auf die üblichen kleinen Aufregungen verlief alles nach Plan: So war der Schwergewichts-Champion Lennox

Lewis (Olympiasieger, 1999 WBC-, IBF- und WBA-Weltmeister), einer der Nominierten der Kategorie Kampfsport, plötzlich verschwunden. Obwohl wir ihn unter uns wussten – er war ja auch bei Alis Geburtstagsfeier gewesen – konnte keiner sagen, wo er war. Lewis tauchte erst auf, als es hieß: „And the winner is Lennox Lewis!“ Unseren beiden Produktionsleitern John Nolan und Martin Demmerer fiel sichtlich ein Stein vom Herzen.

Zum Abschluss dieses großartigen Tages wurde ich während der *World Sports Awards*-After-Party von der Hotelleitung zur Rezeption gebeten. Ich kam dort an und stand einem zirka zwei Meter großen Mann gegenüber, der eine dunkle Spiegelglassonnenbrille trug. Obwohl ich ihn nicht kannte, dachte ich sofort an Felix Savon. Felix Savon ist aus Cuba und einer der besten Boxer der Welt. Wir hatten neben ihm noch weitere nominierte Athleten aus Cuba zu den *World Sports Awards* nach London eingeladen. Doch schon zwei Tage vor den *Awards* bekam ich die Info, dass es mit dem Visum unserer Gäste aus Cuba Probleme geben könnte.– Meine Vermutung war richtig, es war die Delegation aus Cuba. Ich begrüßte sie freundlich, musste ihnen aber leider mitteilen, dass bereits alles vorbei war. Sie haben schon sehr verdutzt geschaut. Obwohl sie bereits über 20 Stunden unterwegs waren, haben sie die ganze Sache letzten Endes mit Humor getragen und feierten mit uns bis in den frühen Morgen.

*

Als die *Awards*-Verleihung schließlich über die Bühne gegangen war, war die Sache gelaufen. Vor allem für mich. Statt das Gelingen dieser tollen Veranstaltung zu feiern und damit auch die Arbeit der Crew zu würdigen, stieß ich diese vor den Kopf: Ich wollte keinen mehr sehen und beschimpfte meine Mitarbeiter noch, als sich diese am nächsten Tag um zehn Minuten verspäteten. An dieser Stelle möchte ich mich heute bei ihnen dafür entschuldigen.

Ich verließ London so schnell wie möglich, nur damit alles über mir zusammenbrechen sollte, sobald ich daheim in Bad Mitterndorf war. Statt Freude spürte ich nur eine drückende Leere, statt Stolz über eine gut geleistete Arbeit nur Schuldgefühle. Mir, Mateschitz und auch meiner Familie gegenüber, um die ich mich in den letzten Monaten denkbar wenig gekümmert hatte.

Eine Woche nach den Londoner *Awards* fuhr ich nach Kitzbühel zum Hahnenkammrennen. Eigentlich wollte ich ein nettes Wochenende mit meiner Frau genießen, aber es war mir unmöglich. Ich dachte, ich gehe in diesem VIP-Bereich zugrunde, mir war alles zuwider. Meine Kraftreserven waren total erschöpft. Die Beklemmungsgefühle wurden von Tag zu Tag stärker. Egal, wo ich war: Ich konnte ihnen nicht mehr entkommen. Die Flatline hatte mich erreicht.

Nashville

... ganz langsam lern' ich es neu
mich überraschen zu lassen
und lache vor Freude über meine Tränen
wenn ich es schaffe
ehrlich zu sein

Hoffnung und Lichtblicke

Als mir meine Frau Claudia vor Jahren ein Buch mit dem Titel „Mach mal Pause“ schenkte, konnte ich damit nichts anfangen. Statt eine Pause genießen zu können, empfand ich sie als störende Unterbrechung meiner Arbeit, meines getriebenen Tagesablaufes.

Mittlerweile weiß ich, dass Pausen nicht Ausdruck für Disziplinlosigkeit sind, sondern wichtiger Bestandteil einer sinnvollen Lebens- und Projektplanung. Ob es sich um die Vorbereitung auf eine Prüfung, um das Training für einen sportlichen Wettkampf oder um die Organisation eines großen Events handelt – die „kreative“ Pause erlaubt dem emotionalen Teil in uns aufzuholen, nachzuziehen und das Geschehene zu verarbeiten. Und erst damit wird das innere Gleichgewicht wiederhergestellt.

Wer wie ich dagegen verstößt, wird früher oder später unsanft auf sich selbst zurückgeworfen. Statt mich gefühlsmäßig auf die einzelnen Projekte einzulassen, war ich nur noch mit dem Kopf dabei gewesen. Meine Seele ließ ich unberücksichtigt. Ich war nicht mehr im Dialog mit ihr – und schließlich verstummte sie. Es war mir daher nicht mehr möglich, mit anderen über meine Probleme und Ängste zu sprechen. Der innere Stillstand, die emotionale Flatline war erreicht.

Nach zwei Monaten Klausur in Nashville, nach einer erzwungenen Zeit der Rekapitulation der nicht aufgearbeiteten Jahre, begann ich, die einzelnen Faktoren zu erkennen, die mich in diesen Zustand geführt hatten.

Vielleicht hatte es des Tornados bedurft, mich wachzurütteln, mich wieder etwas spüren zu lassen – in diesem Fall war es die Angst. Und als dann der Tornado über das Haus stürmte und ich in der kleinen Kammer unter der Treppe Schutz vor ihm suchte, spürte ich endlich wieder etwas intensiv, das außerhalb meiner Person lag: Angst vor dieser mächtigen Naturgewalt.

Mit der Tornadofront über dem amerikanischen Mittelwesten verzog sich dann letztendlich auch meine schlechte Laune. Die langen Wochen allein in Gilbert O'Sullivans Haus, die Auseinandersetzung mit mir und dem Buch und die schweren Stürme hatten mich sehr beschäftigt. Ich wusste, dass irgendwo in den Seiten meines Manuskriptes der Schlüssel zur Lösung meiner Probleme zu finden war. Doch wo? Mit der Rohfassung meines Buches lagen zwar die Puzzleteile vor mir, aber wie sie zusammenzusetzen?

Die verschiedenen Faktoren zu benennen war eine Aufgabe, sie zu einem Ganzen zu fügen, eine andere. Fehlendes Selbstwertgefühl, Unsicherheit und Energielosigkeit hatten meinen Alltag bestimmt. Dazu kam noch eine ausgeprägte Selbstbezogenheit und die Tatsache, dass ich die mir noch verbliebene Energie in mein Selbstmitleid investierte.

Erschreckt hatten mich im Rückblick auch die vielen depressiven Elemente. Waren sie ein Teil von mir?

Immerhin war ich nun auf der Suche nach dem Gegenstück meiner „negativen" Eigenschaften schon so weit gekommen, sie zu akzeptieren und nicht mehr zu bewerten.

Natürlich kann man auch depressiv sein. Niemand ist nur fröhlich, niemand nur ernst. Und nicht jede Empfindung muss sofort ausgedrückt werden, aber seine „dunklen" Seiten so vehement und so konsequent zu verleugnen, wie ich es getan habe, kann letzten Endes nur ins Chaos führen.

Die Entstehungsgeschichte der *World Sports Awards* in London war in meinem Zusammenbruch der Auslöser, aber nicht die Ursache. Ich forschte in meinem Gewissen, ob ich mit der Organisation dieses Events eine Freundschaft ausgenutzt hatte oder nicht. Eine Frage, die – berechtigt oder nicht – in den vergangenen zwei Jahren schwer auf mir gelastet hatte. In Wahrheit war es wohl eher so gewesen: Ich hatte nicht Dietrich Mateschitz belogen, sondern mich. Dietrich war die Fläche, auf die ich meine Unsicherheit projizierte.

Durch meine gründliche und ehrliche Selbstanalyse hatte ich nun eine gute Basis geschaffen, auf die ich aufbauen konnte. Dazu gehörte, meine Aufmerksamkeit auf das Alltägliche zu lenken. Immer noch entglitten mir meine Gedanken allzu leicht. Es war, als ob ich aus zwei Teilen bestand: der eine Teil suchte nach einer Lösung, der andere wollte jeden Fortschritt verhindern. Sowie ich nicht aufpasste, übernahm dieser das Kommando – und versuchte mich zu überreden, meine Koffer zu packen und wegzufahren. Egal, wohin. Als ob ich meine Probleme einfach hier zurücklassen könnte.

Dann stellte ich mir die Frage, was an einem anderen Ort anders sein sollte. So wie hier wäre ich auch dort allein gewesen und hätte keinen vertrauten Menschen um mich gehabt. Meine Einsamkeit und meine Probleme hätten mich überallhin begleitet.

Nach solchen Selbstgesprächen hatte ich wieder eine Zeit lang Ruhe vor störenden Gedankengängen, deren Wurzel im Selbstmitleid verborgen lag. Und wer zulässt, dass dieses die Herrschaft über seine Gedanken übernimmt, hat bereits verloren. In schwierigen Situationen versuchte ich mir immer die Frage zu stellen, welcher Teil mich gerade „beherrscht“ – so konnte ich meine Gedanken und Gefühle meistens gut kontrollieren.

Ich erinnere mich gut an einen Tag im Juni, als mir beim Aufstehen die Sonne ins Gesicht schien und ich trotzdem eine große Leere in mir fühlte. Auch meine täglichen Strechingübungen, nach denen es mir normalerweise gut geht, verbesserten mein Gefühl nicht und mir war klar, dass ich Acht geben musste.

Statt Lethargie beschäftigten mich konkrete Sehnsüchte. Ich wollte bei meiner Familie sein und sehnte mich auch nach neuen Herausforderungen. Das hier war meine eigene Tour de France, bei der ich nicht nur die Sprint- und Bergwertungen gewinnen konnte, sondern den Gesamtsieg – gegen meine verdammte Hoffnungslosigkeit.

Statt meine Zelte abzubauen, lernte ich, mit der Situation umzugehen und die Tage zu genießen. Ich nahm mir viel Zeit für das Frühstück, für die alltäglichen Dinge und kämpfte gegen meine Ungeduld an. Es fiel mir schwer, nicht von einer Aufgabe zur nächsten zu springen, so wie ich es immer gemacht hatte.

Es war ein Wechselbad der Gefühle, denn die Phasen, in denen ich die Einsamkeit als wohltuend empfand wurden unmittelbar von jenen Stunden abgelöst, in denen ich mir zum tausendsten Mal die Frage stellte: „Was mache ich hier?"

Durch tägliche Meditationsübungen und tiefes Atmen beruhigte ich meine Gedanken und öffnete mir dadurch den Zugang zum Unterbewussten. Ich spürte keinen Druck, sondern eine angenehme Harmonie, eine innere Zufriedenheit. Ich glaube, dass man sich bei seiner Suche nach Glück oder Wohlbefinden im Grunde nur nach Harmonie sehnt. Ob man nun gute oder schlechte Wege wählt, das Ziel bleibt das gleiche. Nur die Methoden, mit denen man es erreichen möchte, können richtig oder falsch sein. Mein Ziel war, dieses zum Teil wiedererlangte innere Wohlbefinden zu bewahren und auszubauen.

Ab der zweiten Juniwoche brachte ich einen gezielten Tagesablauf in mein Leben und somit Kontinuität. Meine frühmorgendlichen Dehnungsübungen fielen mir jetzt leicht, ich verschwendete keine Sekunde mehr mit der Überlegung, ob ich sie machen sollte oder nicht. Sie waren zur Selbstverständlichkeit geworden. Das Dehnen war auch eine gute Übung für meine Geduld, denn durch jede Überdehnung entstehen kleine, sehr schmerzhafte Risse in den Muskeln, die den Fortschritt erschweren.

Von 8 Uhr bis 13 Uhr beantwortete ich meine Mails, beschäftigte mich mit dem „Harvard Konzept", einem Buch über sachgerechtes und erfolgreiches Verhandeln, und korrigierte mein Manuskript. Dabei war ich immer darauf bedacht, die wertvollen Pausen einzuhalten. Ich lernte wieder, mich einer Sache nach der anderen zu widmen: Wenn ich las, dann las ich, wenn ich lernte, dann lernte ich mit voller Aufmerksamkeit.

Der Vorteil dieser klaren Einteilung lag darin, dass ich aufgrund der zeitlich begrenzten Aufgabenstellung wenig Gelegenheit hatte, dunklen Gedanken nachzugeben: Die Aufmerksamkeit war fokussiert. Die Gedanken verloren dadurch ihre Schwere, und es fiel mir leichter, zu hinterfragen, warum ich Heimweh hatte, woher die Zweifel rührten, mein Leben doch nicht mehr in den Griff zu bekommen. Fand ich keine Antwort, dann schloss ich die Augen und konzentrierte mich auf meine Atmung. Das löste die Verkrampfung und beruhigte.

So wurden jene Gelegenheiten untertags weniger, an denen ich mir Leid tat. Ich freute mich über meine Disziplin, die jetzt kaum noch damit zu tun hatte, mir krampfhaft etwas beweisen zu müssen. Ich fand nun einen Weg, meine Zeit hier in Nashville als lebenswert zu empfinden. Das Fasten – seit Anfang Juni aß ich nur einmal am Tag – trug viel zur Stärkung meines Selbstwertgefühles bei und half mir, die Stille und Einsamkeit besser zu ertragen. Ich habe schon früher die Erfahrung gemacht, dass Fasten die Seele reinigt und man dabei intuitiv die Ruhe und das Schweigen sucht.

Da ich nicht flüchten konnte und wollte, musste ich mich den Dingen stellen und unangenehme Situationen meistern. Oft gelang mir dies, indem ich dunkle Gedanken nicht passiv vorüberziehen ließ, sondern ihnen den Weg versperrte. Zum Beispiel indem ich mir die Frage stellte, woher sie kamen und welche Konsequenzen es haben würde, ihnen nachzugeben. Diese Überlegungen hielt ich in meinem Computer fest – und danach fühlte ich mich besser. Je mehr ich mich gegen meinen Aufenthalt in Nashville wehrte, um so mehr belastete mich die Situation. Erst als ich meinen Widerstand aufgab, als ich losließ, begannen sich meine Probleme zu lösen.

Natürlich gab es neben dieser Selbstanalyse auch angenehme Beschäftigungen. So war ich oft auf den zum Teil wunderschönen Golfplätzen der Umgebung unterwegs, und wenn ich nicht selbst Golf spielte, dann sah ich mir im TV Golfturniere an, zum Beispiel die US Open. Meine Begeisterung für diesen Sport führte schließlich einmal dazu, dass ich sogar vergaß einzukaufen, als ich zum ersten Mal Gäste zum Abendessen erwartete. Ich hatte Joe Hardwick auf der Suche nach einem Fotografen für das Buchcover kennen gelernt. Joe hat in Nashville ein Fotostudio, und im Laufe der gemeinsamen Arbeit freundeten wir uns an. Ich wollte ihn und seine Freundin mit österreichischer Küche überraschen – aber da ich durch die US Open die Zeit vergessen hatte, blieb nur mehr die Notlösung: Thunfischspaghetti.

Nach dem Essen setzten wir uns auf die Terrasse und unterhielten uns bis lange nach Mitternacht. Es tat gut, mit jemandem zu reden, der einem vertrauter ist als ein zufälliger Golfpartner oder dein Sitznachbar an der Bar im Applebee's.

Die Tage wurden immer angenehmer. Die Beharrlichkeit und Kontinuität meiner Lebensweise trugen mittlerweile Früchte. Ich stellte fest, dass es nicht ständig nötig ist, andere Menschen um sich zu haben, um sich wohl zu fühlen oder glücklich zu sein. Auch die Einsamkeit birgt Kraft in sich. Natürlich ist es angenehm, gute und auch schlechte Zeiten mit vertrauten Menschen zu teilen. Aber das Wohlbefinden an sich hängt nur von einem selbst ab. Der Umgang mit den schlechten Phasen, die manchmal so unvermutet auftauchen wie der Morgennebel, ist ebenfalls eine Sache, der man sich stellen muss – auch wenn einem oft nichts anderes übrigbleibt, als sie einfach vorüberziehen zu lassen.

Die Flatline hatte ihre Macht verloren. Statt nichts mehr zu spüren, spürte ich beides: die schönen und die schmerzhaften Momente.

Eine solcher schlechter Moment war am 16. Juni. Kurz vor dem Mittagessen läutete das Telefon: Claudia erzählte mir, dass meine ältere Tochter Nina die Matura bestanden hatte. Ich war sehr stolz auf sie. Auch dachte ich an Claudia, die alles rund um die Kinder mit so großer Sicherheit durchgezogen hatte. Gleichzeitig war ich am Boden zerstört: Ich war hier in Nashville, statt mit meiner Familie zu Hause dieses einmalige Ereignis zu feiern! Wie konnte ich mich selbst so unglaublich wichtig nehmen? Zornig warf ich mir vor, dass sich immer alles um mich drehen müsste.

Innere Ruhe

Nashville wird auch die „Music City" der USA genannt – und ich wohnte ja auch in dem Haus eines großen Musikers. Was war also naheliegender, als Gesangstunden zu nehmen und eine „Sängerkarriere" zu starten? Ich suchte mir einen Gesanglehrer, und schon ging es los. Damit ich lernte, richtig zu atmen und den Ton zu halten, trug er mir vier Übungen auf.

Die nächsten Tage verliefen ruhig und waren von jener Kontinuität geprägt, die ich durch den fixen Tagesablauf gewonnen hatte. Bei der Überarbeitung meines Buches kam ich auch zu jenem Kapitel der *World Sports Awards* in London – und ich wunderte mich darüber, wie irrational ich damals gehandelt hatte. Aber im Nachhinein ist es immer leichter, Fehler zu erkennen. Mitten in der Situation war es mir unmöglich gewesen, etwas zu ändern. Wie lange hatte es allein gebraucht, hier in

Amerika Ruhe und Normalität in mein Leben zu bringen. Es ist mir erst nach zweieinhalb Monaten gelungen, die Geschwindigkeit zu drosseln und mit Optimismus der Zukunft entgegenzusehen.

Mein Leben in Gilbert O'Sullivans Haus am Old Hickory Lake war zwar nicht sehr aufregend, aber ich fand immer mehr Gefallen daran. Nichts erinnerte an die hektische Welt, in der ich die letzten Jahre zugebracht hatte. Es war der ideale Ort, um einfach loszulassen. Ein Lernprozess, der genug Aufmerksamkeit erforderte. Vieles, was mich ärgerte oder belastete, ließ sich nicht ändern: Ich war nicht bei meiner Tochter gewesen, als sie die Matura gemacht hatte – das tat mir zwar Leid, aber so war es nun mal. Zornig und unglücklich zu sein machte die Sache nicht besser.

Durch die Gesangübungen wurde meine Geduld wieder auf eine neue Probe gestellt, denn Fortschritte stellten sich erst nach und nach ein – und bald schien festzustehen, dass aus mir wahrscheinlich nie ein großartiger Sänger werden würde. Besonders die hohen Töne machten (und machen) mir Schwierigkeiten. Insofern war es gut, allein zu sein – jedem anderen wäre mein Gesang nicht zuzumuten gewesen. Aber das Singen war eine Bereicherung für meinen Alltag. Und wer weiß, vielleicht werde ich es doch noch einmal brauchen können. Zumindest meine Mutter wird sich freuen. Sie hatte ja schon in meiner Kindheit versucht, aus mir einen richtigen Volksmusikanten zu machen.

Alles hat sein eigenes Tempo. Beim Singen ebenso wie beim Dehnen lässt sich mit Gewalt nichts erreichen. Diese Erfahrung verhalf mir zu einer ganz neuen Gelassenheit, mit der ich auch jene weniger lustigen Aufgaben, wie Bügeln und Putzen, bewältigte. Wenn ich die Augen schloss, tief und ruhig atmete, entspannte sich mein Körper vollständig. Der Druck, der noch ein paar Monate zuvor auf meiner Brust gelastet hatte, war verschwunden.

Der Juni verging mit ruhigen Tagen, und wenn schlechte Momente mein Gemüt verdunkelten, dann wusste ich damit umzugehen. Mittlerweile betrachtete ich Durchhänger als Stufen, die mich in meiner Entwicklung nach oben bringen konnten.

Was hatte ich gewonnen in den letzten Wochen? Vor allem wohl Selbsterkenntnis, ein Gefühl für meine Stärken und Schwächen – und meine Bedürfnisse. Ich nahm auch wieder banale Dinge wahr. Auch konnte ich mich wieder besser konzentrieren und brachte zu Ende, was ich begonnen hatte. Ob es nun das Wäschewaschen war oder die Reinigung des Bootsdecks, mit der ich, mit Unterbrechungen, an die drei Wochen beschäftigt war.

Ein Anlass für eine Unterbrechung hatte acht haarige Beine. Als ich eines Tages mit dem Hochdruckreiniger am Bootsdeck ein Brett nach dem anderen bearbeitete, spürte ich plötzlich am rechten Fuß ein leichtes Kribbeln. Ich sah hinunter – und erstarrte vor Schreck: Eine zehn Zentimeter große Spinne kletterte mein Bein hoch. Reflexartig schoss ich die Spinne mit dem Wasserstrahl weg. Mein Herz schlug bis zum Hals, und ich musste mich kurz hinsetzen.

Das Boot selbst war auch für ein paar Erlebnisse gut. Nicht nur, dass der lange nicht gewartete Motor immer wieder ausfiel, er tat dies auch zu den unpassendsten Zeiten. Einmal hatte ich das Boot aufgetankt und war bereits wieder auf dem Heimweg, als plötzlich nichts mehr ging: Der Motor war abgestorben. Keine Chance, ihn zu starten. Ich trieb langsam in Richtung Damm, vorbei an großen Warntafeln mit der Aufschrift „Dangerous Water“ und „Do not enter!“. In meiner Verzweiflung schrie und winkte ich anderen Booten, allerdings reagierte keiner – es war ja strengstens verboten, in diese Zone einzufahren. Gott sei Dank fand ich ein Ruder, mit dem ich mich an die Damm-Mauer retten konnte. Sofort waren auch zwei Mitarbeiter der Dammanlage zur Stelle, die mir erklärten, man dürfe hier nicht anlegen.

Als ich ihnen aber meine Situation erklärt hatte, halfen sie mir. Mein Boot wurde zurück zum Jachthafen geschleppt, der Schaden behoben, und nach einer Stunde war ich auf dem Heimweg.

Vielleicht gibt es gar keine Situationen, die wirklich aussichtslos sind, auch wenn man schon gefährlich nahe an den Abgrund, den Damm oder eben an die persönliche Flatline herangekommen ist. Wenn ich jetzt in der Tiefe meines Herzens Zufriedenheit und Harmonie spüre, weiß ich auch, was diesen angenehmen Zustand gefährden könnte: einerseits die ständige Unruhe der Gedanken, andererseits das immer wiederkehrende Selbstmitleid.

Kurz bevor ich Ende Juni zu einer Verlagsbesprechung nach Wien fliegen sollte, hatte ich das Gefühl, eine Lösung für mich gefunden zu haben, ein System, um mit diesem krankmachenden Unsinn aufzuhören. Ich legte die Seite meiner Persönlichkeit, die für das Selbstmitleid und die dunklen Gedanken verantwortlich war, symbolisch an eine Kette. Und immer wenn mir negative Gedanken in den Sinn kamen, stellte ich mir vor, an dieser Kette zu ziehen, um nicht wieder in düstere Phasen abzugleiten. Das funktionierte. Durch diese Art Gedankenkontrolle lernte ich immer besser, in der Gegenwart zu leben.

*

Nashville, August 2003. Es ist an der Zeit, das Buch abzuschließen. Es gilt nun zu festigen, was ich in den letzten Monaten über mich gelernt habe.

Abschließen können, so richtig sauber einen Schluss-Strich ziehen – das zählte nie zu meinen Stärken. Diesmal sollte es gelingen. Indem ich mein Leben aufgeschrieben habe und durchdacht, in Gesprächen und einsamen Stunden reflektiert, habe ich es geordnet und – vor allem – verstanden. Die Einsamkeit half mir, das Tempo, in dem ich gelebt hatte, zu drosseln, meine Gedanken neu zu ordnen und mich neu auszurichten.

Beziehungen, Einsamkeit

Wer sich wie ich nur auf seine Arbeit konzentriert, ist nicht mehr in der Lage, erfüllte Beziehungen zu anderen Menschen aufzubauen oder bestehende Beziehungen aufrecht zu erhalten.

Ich erinnere mich daran, dass, wenn mich meine Mutter zum Essen eingeladen hatte, ich mir dafür maximal eine halbe Stunde Zeit nahm. Ein richtiges Gespräch war dadurch nicht möglich, nur oberflächliche Unterhaltung. Und sobald es tiefer gehen sollte, war ich schon wieder weg – keine Zeit, die Arbeit ruft.

So viele Bekanntschaften ich im Laufe meines Lebens auch schließen konnte – mein Lebensstil brachte mit sich, dass ich die meisten meiner echten Freundschaften mehr oder weniger aufgegeben habe. Um Freunde muss man sich kümmern, sich Zeit nehmen, um ihnen zuzuhören. In Kontakt bleiben und nicht darauf vertrauen, dass sie sich wieder melden oder einem ohnehin über den Weg laufen würden. So hatte ich es gemacht. Mit dem Ergebnis, dass sich die Zahl jener Menschen stetig verringerte, mit denen ich einen vertrauten Umgang pflegte. Dort, wo ich mich aufhielt, war oberflächlicher Smalltalk die Landessprache. Und das war mir nicht unangenehm, denn über Tiefergehendes wollte ich damals ohnehin nicht reden.

Was Einsamkeit aber wirklich bedeutet, wurde mir erst in Nashville bewusst. Dort lernte ich, nachdem ich mich lange dagegen gewehrt hatte, dass im Alleinsein auch viele positive Aspekte liegen: Nichts lenkt ab. Niemand ist da, vor dem man sich verstellen möchte. Nach und nach fällt die Fassade, man lässt los.

Mit der Einsamkeit verhält es sich wie mit dem Schmerz. So lange ich sie nicht annehme, finde ich keine Lösung. Ich denke, die Einsamkeit ist sehr mächtig. Sie kann dich entweder umbringen oder dir etwas beibringen. Läufst du vor ihr weg, wird sie dich einholen. In Nashville konnte ich das Alleinsein anfangs fast nicht ertragen, da mir nur auffiel, was mir fehlte.

Ich neige dazu, Unangenehmes nicht anzunehmen, sondern zu verdrängen, weil ich mich nicht damit auseinandersetzen möchte. Anders formuliert: Ich neige dazu, einer bestimmten Art von Schwierigkeiten auszuweichen. Damit meine ich Probleme, die sich nur dann lösen lassen, wenn man sich ihnen stellt.

Noch eines ist mir hier klar geworden: Wer nach seiner Wahrheit sucht, tut gut daran, sich zurückzuziehen und abzuwarten, was passiert. Da ich mich gegen diese „Stille" wehrte, dauerte es lange, bis ich meine innere Stimme hören konnte. Erst wenn man schweigen kann und in sich ruht, wird die Sicht klarer und man findet mit der Zeit seine Kraftquelle.

Und obwohl ich bereits vor zwanzig Jahren die Kraft des Geistes nutzte, um im Sport Ziele zu erreichen, ist es mir nicht gelungen, dieselbe Kraft dafür einzusetzen, auch im Alltag Erfolg zu haben.

Mentales Training, Atmen

Die stürmischen Tage und Nächte in Nashville hatten schon etwas Aufregendes an sich, aber auch meine innere Reise war ein Abenteuer der Emotionen. Nachdem ich lange nichts gespürt hatte, regten sich endlich wieder echte Gefühle. Zwar dunkle wie Einsamkeit, Zweifel und Zukunftsängste, doch ich empfand diese nicht mehr als so negativ. Ich fühlte wieder, das war die Hauptsache. Das bedeutete aber nicht, dass ich sofort vor Energie zu sprühen begann und Visionen entwickelte. Die innere Leere war wohl noch da, aber sie lastete nicht mehr auf mir.

Das machte mich insgesamt lockerer und so fand ich auch wieder die Geduld, mich mit mentalem Training auseinanderzusetzen. Wissen geht ja nicht verloren, sondern wird bloß überlagert von tausend anderen Dingen. Als ich diese zur Seite geräumt hatte, kam die Erinnerung an vieles wieder, was ich bei Baldur Preiml gelernt hatte.

Als ich mit den Atemübungen begann, kam mir vor, als hätte ich jahrelang falsch geatmet. Meine Atmung war viel zu flach gewesen, was in direktem Zusammenhang mit dem Ungleichgewicht meiner Seele stand – das eine begünstigte das andere. Man kann an der Körperhaltung erkennen, ob jemand tief genug atmet. Tut er es nicht, verspannen sich die Muskeln im Schulterbereich – die Schultern ziehen sich nach oben. Die Stirn ist gerunzelt, der Bauch verkrampft.

Erst als ich mich auf eine richtige Atmung konzentrierte, lösten sich nach und nach die körperlichen und mentalen Verkrampfungen. Ich wurde gelassener, und seither versuche ich täglich, ein paar Mal Zeit für diese Übungen zu finden. Das dauert nicht lang. Ich setze mich hin und beobachte meinen Atemfluss. Dabei konzentriere ich mich beim Einatmen ausschließlich auf die einströmende Luft, beim Ausatmen entspannen sich Schultern und Kinnlade, Stirn und Bauch. Ich folge einem Rhythmus: Drei Sekunden einatmen, drei Sekunden Luft anhalten. Drei Sekunden ausatmen.

Ich spüre, wenn ich die Übungen machen soll. Und auch, wann es genug ist. Man sollte sich beim bewussten Atmen keinen Zwang auferlegen.

Mit der Zeit entwickelten sich die Monate in Nashville zu einem „ganzheitlichen" Trainingslager. Neben den täglichen Sportübungen trainierte ich auch meinen Geist. Ich richtete meine Aufmerksamkeit bewusst auf das, was ich gerade tat. Meditation und Entspannungsübungen halfen mir dabei. Natürlich übertrieb ich auch das am Anfang und versuchte ungeduldig mit aller Kraft, in der Gegenwart zu bleiben und mich ausschließlich mit dem zu beschäftigen, was ich gerade tat. Essen, trinken, Zähne putzen. Autofahren.

Schließlich wurde mir aber klar, dass es nicht nötig ist, ständig sein Innerstes zu kontrollieren. Die Quantität ist zweitrangig. Wichtig ist, Übungen immer wieder und mit voller Aufmerksamkeit zu machen: Kontinuität.

Als ich mit mir einigermaßen im Reinen war, hatte sich auch der Drang reduziert, mich ständig über das Außen zu definieren. Selbstwert muss von innen kommen. Sonst wäre es Fremdwert, abhängig von äußeren Einflüssen, ein wackeliges, auf Sand gebautes Gebäude. Wer in sich ruht, ist weniger leicht aus dem Gleichgewicht zu bringen.

Eine meiner Überzeugungen ist, dass es einen inneren Leitstrahl gibt, der die richtige Richtung unmissverständlich anzeigt. Immer. Als Pilot würde ich das so erklären: Ich lenke ein Flugzeug durch sehr schlechtes Wetter, dichter Nebel nimmt die Sicht, und ich muss mich beim Landeanflug auf das Funkfeuer verlassen, also auf die Signale, die direkt vom Boden aus an die Instrumente im Cockpit gesandt werden. Ich weiß, dass ich auf dem richtigen Weg bin. Der Blick auf die Instrumente bestätigt das, außerdem habe ich in meiner Ausbildung gelernt, wie ich mich bei einem Instrumentenanflug verhalten muss. Alles was ich tun muss, ist die Position des Flugzeuges zu prüfen, auf die Signale zu vertrauen – und irgendwann meldet dann der Copilot: „Ground contact." Bodenkontakt.

Das Unterbewusste ist vergleichbar mit einem Funkfeuer, das immer den richtigen Leitstrahl an das Bewusstsein sendet. So wie man als Pilot lernt, diesen Signalen zu vertrauen und sich von weißen Nebelwänden nicht verunsichern zu lassen, so kann man lernen, sich von seiner Intuition leiten zu lassen. Wobei es „wiedererlernen" heißen muss, denn Kinder bestimmen ihr Leben aus dem Bauch heraus. Sie wissen einfach, was sie brauchen. Meiner Ansicht nach kommt es auf die Kombination von Intuition, kindlichem Vertrauen und den Erfahrungen, die man im Lauf seines Lebens macht, an.

Vor wenigen Monaten habe ich noch stark daran gezweifelt, ob ich aus dem Chaos herausfinden würde. Aber mit Beharrlichkeit konnte ich erreichen, dass sich der Nebel gelichtet hat: Ich habe „Ground contact" und bereite eine sichere Landung vor.

Der Wert der kleinen Dinge

In Nashville gewannen die kleinen Dinge an Bedeutung: Lesen, bewusstes Atmen und das Verrichten alltäglicher Dinge halfen mir, meine Aufmerksamkeit wieder für Minuten intensiv auf einen Punkt zu richten.

Ich glaube, wer die Kunst der Achtsamkeit erlernen möchte, muss sich ein Leben lang Zeit dafür nehmen. Dieser Aufwand wird dafür aber mit einer deutlichen Vertiefung der Empfindungsfähigkeit belohnt. Das bedeutet nicht nur, sich in andere hineinversetzen zu können, sondern vor allem: sich selbst zu spüren. Zu wissen, wann man Ruhe braucht und wann der richtige Zeitpunkt gekommen ist, um ein Projekt in Angriff zu nehmen.

Und, so sagen viele östliche Weisheiten, man lernt, den Rhythmus wahrzunehmen, der das Leben bestimmt: den Wechsel der Jahreszeiten, Tag und Nacht, Ebbe und Flut. Statt sich dagegen zu wehren, ist es besser, im Einklang mit den natürlichen Schwankungen zu leben und ihre Gesetzmäßigkeiten für sich zu nutzen.

Ein Beispiel: Wenn ich als Pilot einen Nachtflug hatte, konnte es natürlich passieren, dass ich sehr müde wurde. Also war es sinnvoll, meinem Copiloten die ganze Verantwortung zu übergeben und zehn Minuten zu schlafen, um dann wieder fit zu sein. Es ist in bestimmten Phasen des Fluges – zum Beispiel beim Landeanflug – wichtig, hochkonzentriert zu sein. Sind beide Piloten übermüdet, kann es zu fatalen Unfällen kommen.

Es ist so wichtig, auf die Signale seines Körpers zu hören. Wenn man müde ist, sollte man schlafen. Und wer Angst hat, dass in der Zeit seiner „Abwesenheit" Katastrophen passieren, der sollte sich vor Augen halten: Jeder hat seinen „Copiloten" in sich, dem er die Verantwortung getrost überlassen kann und der ihn sicher durch die Nacht navigiert.

Erst durch die Beschäftigung mit Meditation kann ich die unruhige Oberfläche meines Bewusstseins durchdringen, ruhig werden, daraus Kraft schöpfen und mit meiner Intuition in Kontakt kommen. Natürlich stehe ich erst am Beginn. Wie mein bisheriges Leben zeigt, hört der Weg des Lernens nie auf.

Noch immer geschieht bei mir vieles kopfgesteuert. Intuition ist wie ein Muskel, den man trainieren muss. Es ist wie beim Autofahren. Noch bin ich in Sachen Gelassenheit ein Fahrschüler, der sich jeden einzelnen Schritt vorsagen muss: Auskuppeln, Bremsen, Schalten. Mit der Zeit und vielen Wiederholungen automatisiert sich alles.

Es wäre vermessen gewesen zu glauben, nach sechs Monaten runderneuert nach Hause zu kommen. Noch dazu, wo ich lange Zeit nicht wusste, wo ich den Hebel ansetzen sollte oder ob ich das überhaupt schaffen würde.

Ich weiß noch, dass ich in meiner Sportlerzeit einmal Armin Kogler verzweifelt um Rat fragte. Armin war damals immer fünf, sechs Meter weiter gesprungen als ich, und obwohl ich die Videos von unseren Sprüngen immer wieder studierte, konnte ich nicht erkennen, woran es lag. Armin riet mir: „Spring mit dem Kinn über die Spitzen der Ski.“ Diesen Rat nahm ich mir zu Herzen – und gewann das nächste Springen.

Heute schließe ich daraus, dass wir ständig von allem umgeben sind, was wir brauchen. Wir müssen nur offen genug sein, um die Dinge annehmen zu können.

*

Was ich hier niedergeschrieben habe, sind keine theoretischen Überlegungen. Dieses Wissen habe ich mir selbst erarbeitet, habe es am eigenen Leib erfahren.

Nach Nashville zu fahren, war die richtige Entscheidung. Die Flatline ist überwunden; auf den Monitoren, die mein Fühlen widerspiegeln, zackt sich das Leben, wie es sein sollte: Nach oben, nach unten. Und wieder hinauf.

Dadurch spüre ich eine Kraft, die unglaublich ist.

*

Interviews

Gerhard Berger
Schluss mit Pfeffersteaks und Luxuslimousinen

Österreichs Ex-Formel-1-Pilot über: Hubert Neupers Flugfähigkeiten als Pilot, Ähnlichkeiten zwischen den beiden, Up's & Down's, den Wechsel zwischen den Welten, die richtige Zeit zum Aufhören, Strategien gegen Burnout, Neupers Stärken und Schwächen, die World Sports Awards und den richtigen Umgang mit Medien …

*

Hubert war eine Zeit lang Ihr Privatpilot. Wie kam es dazu?
Das war ein Deal zwischen mir und dem Hubert während seines ersten Jahres als Pilot, glaube ich. Ich habe ihm den Jet Rating-Kurs finanziert – also die Lizenz zum Jetfliegen – und er war dafür mein Privatpilot. Wobei ich sagen muss, dass er ein sehr lustiger Kerl ist mit sehr großem Talent zum Fliegen. Auch in „richtigen" Flugzeugen. Er war sehr wissbegierig und hat sofort verstanden, wie man was erledigt – auch über das Fliegen hinaus. Was mir bei ihm als Pilot besonders aufgefallen ist, ist dass er im Gegensatz zu vielen anderen Piloten fast immer eine perfekte Landung hingezaubert hat. Daran kann ich mich noch erinnern. Allerdings war er auch immer ein bisschen schlampig, das war seine Schwäche. Aber unterm Strich war er wirklich gut.

Nun, wir haben eine sehr lustige Zeit miteinander gehabt, als er für mich geflogen ist. Menschlich haben wir uns immer super verstanden und sind auch heute noch gut befreundet. Der Hubert ist halt einer der, wenn er etwas tut, es mit ganzem Herzen tut. Außerdem ist er für jeden Blödsinn zu haben – wir hatten also damals jede Menge Spaß. Irgendwie hat die Konstellation „Hubert und ich" ganz gut zueinander gepasst.

In jedem Sportlerleben gibt es Up's und Down's – Sieg und Niederlage. Welche Strategien haben Sie im Umgang mit beiden Extremen eingesetzt?
Ich war ein Mensch, der immer gewappnet war, bezüglich der Höhen und Tiefen meiner Sportkarriere. Wenn man mit beiden Extremen fertig wird, kann man ein wundervolles Leben als Sportler genießen. Man muss beides beherrschen. Aber es ist nicht einfach.

Haben Sie die Höhen und Tiefen in Huberts Karriere verfolgt?
Nicht direkt. Aber noch einmal: Der Hubert scheint ein ähnlicher Typ zu sein wie ich. Er ist ein emotioneller Mensch und zeigt das auch. Und in Momenten der Niederlage verhält er sich dann auch dementsprechend. Aber insgesamt betrachtet ist er jemand, der auch die Tiefen gut wegstecken kann, denke ich.

Hubert meint, ein Spitzensportler ist ein VIP in einer Scheinwelt. Empfinden Sie das auch so? Und wo liegen die Gefahren?
Nun, ich weiß nicht, ob man das Scheinwelt nennen kann – ich glaube, es ist eine ganz eigene Welt. Und natürlich ist es toll, wenn man als Sportler in dieser Welt gerade ganz obenauf ist. Aber nur so lange man die wirkliche Welt nicht vergisst. Wenn man auf beides Rücksicht nimmt, wenn man in diese VIP-Welt eintauchen und auch wieder raussteigen kann, dann funktioniert der Wechsel zwischen den beiden Welten. Ja, eine gute Bodenhaftung ist da wichtig.

Entwickelt man Strategien, wie man wieder schnell auf den Boden zurückkehren kann?
Ja! Da hat jeder seinen eigenen Ansatz. Z.B. wenn man alte Freundschaften aus der „realen Welt“ hat – wenn man die weiterhin pflegt und Kontakt hält, normalisiert sich das Leben schnell wieder. Es gibt viele Dinge, die einem dabei helfen, wie-

der den Boden der Realität unter den Füßen zu spüren. Z.B. meine Familie … Allerdings gibt es wohl auch einige VIPs, die die reale Welt gänzlich verlassen – und die haben dann arge Schwierigkeiten, wenn sie plötzlich gar nicht mehr „in“ sind und alle alten Kontakte abgebrochen haben.

Gibt es einen Zeitpunkt, wo man als Spitzensportler spürt, dass es an der Zeit ist, die Karriere zu beenden?
Nun, bei mir war das schon so. Mir hat mein Körper zu verstehen gegeben – so, jetzt geht's nimmer. Das war dann auch der Punkt, wo ich gesagt habe: „Okay, das war's. Jetzt ist es genug. Ich beende meine Karriere.“

War es schwierig für Sie aufzuhören?
Für mich war es nicht schwierig. Nein.

Das Thema Burnout spielt eine große Rolle in Huberts Buch. Welche Strategien gibt es da?
Na ja. Im Prinzip eh' das, was der Hubert gemacht hat. Einfach einmal abschalten und sich mit einem anderen Umfeld umgeben. Das ist die richtige Strategie, wenn man's kann, wenn man's zusammenbringt. Das ist nun mal so: Wenn man an der Front steht, gibt es auf alle Fälle über kurz oder lang einen Burnout. Das spürt man dann auch ganz stark. Auch mental. Da ist einfach irgendein Druck. Man will einfach keine Luxuslimousine mehr, kein Pfeffersteak, man will kein Flugzeug, man will gar nix – man will eigentlich nur mehr laufen gehen, Rad fahren oder Skifahren. Irgendeine Chance auf Ruhe haben. Das sind dann oft ganz simple, einfach Dinge, wie in Ruhe mit Freunden bei einem Bier sitzen. Diese Zeit kommt bei jedem irgendwann. Und ein jeder ändert sich. Der Hubert ist eben jetzt irgendwo in Amerika verschollen und wird irgendwann, wenn die Zeit reif ist, wieder auftauchen. Ich kann mir vorstellen, dass das ein guter Weg ist.

Wie gehen Sie persönlich mit Burnout um?
Ich verbringe dann mehr Zeit mit meinen Kindern. Genieße einfach das Familienleben – das stressige Leben sperre ich dann aus, verabschiede mich quasi davon. Der Hubert macht das radikaler. Vielleicht ist sein Weg der richtige, vielleicht meiner. Ich weiß es nicht. Ein Ortswechsel ist auf jeden Fall immer gut.

Wo liegen die Stärken und Schwächen des Menschen Hubert Neuper?
Der Hubert ist ein absoluter Power-Mensch. Einer, der mit voller Kraft, voller Optimismus agiert. Ich kann mich nicht mehr so genau erinnern, wir waren, glaube ich, vor zwei oder drei Jahren gemeinsam auf einer Heli-Ski-Tour. Damals hatte er gerade angefangen, den ersten World Sports Awards-Event aufzubauen. Und er ist mit einer solchen Euphorie an die Sache rangegangen und hat davon erzählt, das war allein zum Zuhören toll. Und es hat auch nur gut gehen können, weil er sich so absolut und mit immenser Kraft selbst eingebracht hat. Auf der anderen Seite ist er natürlich ein Mensch, der an allen Ecken anstößt – daher war es natürlich ganz klar, dass er sich irgendwann einen Burnout einfangen wird.

Das waren jetzt die Stärken – wie sieht's mit den Schwächen aus?
Der Hubert ist ein sehr emotioneller Typ. Er kann sich für eine Sache sehr begeistern und findet sich mit einem „Nein" nicht ab – er denkt einfach in größeren Dimensionen, wenn er etwas erreichen will. Damit schwimmt er sicher manchmal gegen den Strom, und wer gegen den Strom schwimmt, eckt an. Auf das sollte er vielleicht besser vorbereitet sein, denn dieses Anecken gehört wahrscheinlich zu großen Ideen automatisch dazu.

Sie waren bei den World Sports Awards in London dabei. Was für einen Eindruck hatten Sie von dem Event?
Es war eine tolle Veranstaltung, absolut professionell arrangiert.

Da gab es nichts auszusetzen – der Event konnte sich getrost mit anderen internationalen Großevents messen. Ich war also wirklich beeindruckt. An diesem Abend bin ich mit Didi Mateschitz, dem Hubert und Prinz Albert und einigen anderen am Tisch gesessen, und wir haben uns prächtig unterhalten.

Nach den ersten World Sports Awards in Wien wurde Hubert Neuper öffentlich kritisiert. U.a. wurde ihm vorgeworfen, er hätte Steuergelder verschwendet und in die eigene Tasche gewirtschaftet. Wie haben Sie die Situation erlebt?
Ich habe nur einige Zeitungsartikel darüber gelesen. Aber ich glaube, das Problem liegt woanders. Der Hubert ist ein Phantast. Wenn er etwas macht, dann macht er das in erster Linie nicht um sich zu bereichern. Wenn er an ein Projekt glaubt – egal ob Skiflugweltmeisterschaft oder World Sports Awards – dann will er das durchziehen und Erfolg haben. Das ist seine Motivation. Daher trau' ich dem Hubert keine Linke zu. Da geht's nicht um das Geld, sondern um den Event. Die Aufgabe steht im Vordergrund. Aber wenn man in der Öffentlichkeit steht, im Blickfeld der Medien, muss man einfach beide Sachen „handlen" können – das Lob das man bekommt, und die Angriffe.

Wenn Sie dem Hubert einen Rat mit auf den Weg geben könnten, was würden Sie ihm empfehlen?
Der Hubert ist ein absolut lieber Kerl mit viel Energie und guten Entertainer-Qualitäten. Ich finde, es ist gut, dass er jetzt einmal eine Auszeit genommen hat. Er soll das durchziehen. Und dann soll er wiederkommen und ein neues Projekt in Angriff nehmen. Und … er soll es auf jeden Fall so durchziehen, wie er es immer gemacht hat, und er wird dann wieder Freude daran haben. ♦

Gerhard Berger

Armin Kogler
Abenteuer mit der Kaugummiautomatenflotte!

Armin Kogler über … etwaige Gemeinsamkeiten, Rivalität, Modellathleten, das Prinzip von Chaos und Ordnung, die Kaugummiautomatenflotte, den richtigen Moment beim Absprung, gemeinsame Flugabenteuer, den Neid der anderen und seine spezielle Beziehung zum „Hupo"

*

Hubert Neuper und Sie teilen einige Gemeinsamkeiten. Wollen Sie uns darüber erzählen?
Wir waren beide in Stams, hatten eine Karriere als Skispringer, sind beide Piloten und hegen beide eine Leidenschaft für Golf. Außerdem haben wir ziemlich zur gleichen Zeit geheiratet: Ich habe im April 1984 geheiratet und der Hubert, glaube ich, im Mai 1984 – wobei wir das nicht abgesprochen hatten. Und wir haben beide je zwei Töchter. Meine sind 15 und 16. Huberts Töchter sind 17 und 19.

Ihre sportliche Beziehung zu Hubert war notwendigerweise immer auch von „Rivalität" geprägt. Wie geht man in einer Freundschaft damit um?
Klar war sowohl als Spitzensportler als auch später dann im privaten Bereich auf sportlicher Ebene stets eine gewisse Rivalität da. Sei es beim Golf oder beim Tennisspielen. Aber das war immer eine gesunde Rivalität – das war sozusagen die Triebfeder hinter unseren Erfolgen. Wir haben uns gegenseitig angestachelt. Unsere Väter waren beide Skispringer, wenn auch meiner niemals so erfolgreich wie Huberts Vater war. Aber das Wichtigste war, dass man auch bei Niederlagen immer wieder gerne nach Hause gefahren ist, weil der Vater nie gefragt hat: „Warum bist jetzt Vierter oder Fünfter geworden?" Ich bin sehr oft mit dem

Hubert heimgefahren, auch in schlechten Zeiten. Da ist nie ein negatives Wort über unsere Leistungen gefallen, sondern eher: „Kopf hoch, das packst schon wieder." Unsere Väter waren eigentlich die besten Coaches. Da könnten sich viele Trainer eine Scheibe abschneiden. Das wäre eigentlich auch ein Appell an alle Eltern von Spitzensportlern. Die sollten sich mehr zurücknehmen. Was sich da abspielt, ist haarsträubend. Jeder hat schon einen ganzen Harem mit – und viele riechen nur mehr das Geld. Das verdirbt den Charakter.

Wie sehen Sie den modernen Skisprung-Sport heute? Was halten Sie von den derzeitigen Stars in der Szene?
Ganz ehrlich. Ich denke, wir waren noch wirkliche „Modellathleten". Zu der Aussage stehe ich. Wir haben an einem ordentlichen Muskelaufbau gearbeitet. Ordentliche Bauch- und Oberkörpermuskulatur. Heute sind das alles „Hendln". Das Oberkörpertraining wird bewusst vernachlässigt, damit man ja dort keinen Muskelzuwachs bekommt, wo man ihn nicht braucht. Das Abmagern bis auf die Knochen halte ich ebenfalls für eine gewisse Art Doping. Würde man genauer hinter die Kulissen schauen, würde man erkennen müssen, dass ein Großteil der Springer unter Magersucht oder Bulimie leidet. Das ist auch der Grund, warum die heutigen Springer bei weitem nicht mehr so belastbar sind, wie wir es damals waren. Ein Beispiel: Bei der Skiflug-WM 2000 in Vikersund musste die Konkurrenz wegen des starken Windes drei Mal verschoben werden. Obwohl keiner gesprungen ist, hatten einige Top-Athleten Krämpfe in den Oberschenkeln. Ich traue mir noch heute zu, dass ich mit jedem Skispringer, der momentan im Weltcup mitspringt, im Trainingsprogramm überall mithalten kann. Beim Laufen brauche ich mich nicht einmal warm zu laufen, da kann ich vom Fleck mitlaufen. Die Jungs haben überhaupt keine Ausdauer mehr. Wir haben damals ein ganz anderes Pensum absolviert. Ich kann mich noch daran erinnern, dass wir einmal

zwölf Sprünge am Berg Isel zu Fuß – also ohne Lift – absolviert haben. Das soll kein Vorwurf sein, sondern nur aufzeigen, wohin sich diese Sportart entwickelt.

Es gibt da eine Geschichte von der Vierschanzen-Tournee. Da sind Sie beide von den schmalen auf die breiten Ski umgestiegen …
Ja, das war mitten drinnen. Und eigentlich halb illegal. Wir waren damals schon eine Art Trendsetter. Ich habe mit unserem Rennsportchef Kurt Matz von der Firma Kneissl gesprochen und ihn gefragt, ob man die Maschine nicht ein bisschen breiter einstellen könnte. Er meinte: „Schneiden wir halt ein bisschen weniger herunter von den Wangen." Dann war der Ski um zwei Millimeter breiter. So hat das ganze angefangen. Es gab kein Limit, und die Ski hat man halt schnell wieder eingepackt. Damals ist uns gar nicht bewusst gewesen, was uns das alles bringt. Aber als Pilot weiß man dann: mehr Fläche, mehr Auftrieb. Der Widerstand wächst allerdings auch zum Quadrat. Wenn du da zu spät dran warst, hat dich der Ski erdrückt. Das war also immer eine Gratwanderung.

Hubert und Sie waren in Stams und bei Wettkämpfen „Zimmer-Kumpels". Da trafen praktisch zwei Welten aufeinander: Er chaotisch und extrovertiert. Sie genau das Gegenteil …
Ich war komplett das Gegenteil vom Hubert. Mein Sternzeichen ist die Jungfrau. Ich bin also total ordnungsliebend. Und wenn etwas nicht gepasst hat, dann war immer gleich Feuer am Dach. Der Hubert ist Waage – das gleiche Sternzeichen wie meine Frau. Ich habe mir schon öfter einmal gedacht: „Das kann doch nicht sein? Da habe ich eigentlich das Gleiche geheiratet, was ich zuvor schon hatte. Aber man muss sich halt einfach zusammenraufen. Phasenweise war das aber schon eine sehr große Belastung, Er hat viele Dinge unbewusst gemacht, und ich habe mich maßlos darüber aufgeregt.

Können Sie uns ein Beispiel nennen?
Na, das hat schon im Badezimmer angefangen. Wer als erster drinnen war, hat sich dort erst einmal breitgemacht. Da hat der Hubert dann sein Toilettentascherl ausgeleert und alles schön verteilt. Und für den Kogler gab's halt dann keinen Platz mehr. Also hat der Kogler eine Aufteilung des Badezimmers vorgenommen. Eine imaginäre Grenze gezogen. Das hat gewirkt … für etwa zwei Minuten. Dann war alles beim Alten. Nehmen wir einmal das Duschen. Aus irgendeinem Grund hat der Hubert beim Duschen jedesmal vier Handtücher gebraucht. So, damit waren alle vier Handtücher nass. Wenn ich duschen wollte, durfte ich mich mit dem Vorhang abtrocknen. Es gab immer solche Kämpfe. Das war auch mit dem Gewand so. Er hat sich ausgezogen und alles liegengelassen. Bei Hubert zu Hause hatten sie nämlich ein Stubenmädchen, die halt immer alles hinter ihm aufgeräumt hat, weil sie sowieso eine Gästepension drangebaut hatten. Und ich Dodel hab' halt immer alles schön aufgehängt, damit alles trocken und sauber ist. Und der Hubert wiederum hat das, was da war, angezogen. Wir haben ja das gleiche Gewand gehabt: den gleichen Trainingsanzug, die gleichen Socken, die gleichen Leiberln.

Die gleiche Größe etwa auch?
Der Hubert ist vielleicht um zwei Zentimeter kleiner als ich. Beim Zusammenpacken war's dann so, dass er alles, was schön dagelegen ist, in seinen Koffer eingepackt hat und heimgefahren ist. Meine Mama hat immer gesagt: „Armin, du bringst immer nur die halben Sachen mit! Das gibt's ja nicht." Meine Mutter hat mir dann schon kleine Schilder mit meinen Initialen „AK" ins Gewand eingenäht. Oft habe ich dann in seinem Koffer nachgesehen und gesagt: „Hubert, das gehört schon mir. Und das auch." Das hat er zuerst nicht für möglich gehalten, das war ihm gar nicht bewusst. Er ist halt ein Chaot. Aber ein liebenswerter.

Wie wäre es mit einigen Anekdoten aus der Jugend? Da hat es ja so einige gegeben …
Ich kann mich an eine Aktion noch gut erinnern; da haben wir um Mitternacht Schweizerkracher ins Erzieherzimmer geworfen. Und natürlich haben wir auch im eigenen Zimmer einen losgelassen, damit der Verdacht nicht auf uns fällt.

Warum hat man Sie beide trotzdem erwischt?
Weil wir uns schlafend gestellt haben. Das war ja wohl das Blödeste, was man in dieser Situation überhaupt machen konnte. Alle anderen sind völlig verdutzt draußen auf dem Gang gestanden. Und wir haben so getan, als hätten wir nichts gehört und tief geschlafen. Die Ausbeute dieses Abends war eine Ausschlussdrohung. Aber da man uns nicht auf frischer Tat erwischt hatte, sind wir als moralische Sieger vom Feld gegangen.

Thema Mädchen: Wie sah es damit in Ihren Jugendjahren aus?
Auf Trainingskursen gehörte das Besuchen der Mädchentruppe, die zumeist ein paar Kilometer entfernt untergebracht wurde, praktisch zum guten Ton. Im zweiten Stock fensterln usw. Ja, das war schon eine lustige Zeit, aber sie war auch anstrengend. Wir haben damals sehr viel trainiert. Aber egal wo wir auch waren – die Frauen haben uns wie ein Magnet angezogen. Einmal sind wir im Winter in die Unterkunft der Damen entlang der Dachrinne eingestiegen – da waren wir so zirka 16 oder 17 Jahre alt. Als wir dann am nächsten Tag vorbeifuhren, hat man unsere Fußabdrücke an der weißen Hausmauer bis hinauf zum Balkon verfolgen können.

Hubert hat viel von Preimls besonderen Trainingsmethoden erzählt. Wie sind Sie mit Baldur Preiml zurecht gekommen? Hubert meint, er war ihm gegenüber oftmals sehr provokant unterwegs …

Ja, da ging's mir genauso. Wir waren für den Baldur wohl so etwas wie Kaugummiautomaten. Neuper, Kogler, Groyer: die Kaugummiautomatenflotte.

Da musste man nur einen Schilling reinwerfen, und schon ist ein Kaugummi rausgekommen. Anders ausgedrückt: Wir haben alles gemacht. Wir sind bei jedem Wetter gesprungen, bei jedem Wind. Und wenn es etwas zu testen gab, hat es geheißen: Neuper, Kogler, Groyer an den Start! Wir haben alles gemacht. Und der Baldur Preiml hat das gewusst. Er hat eine Gabe gehabt, hat uns einfach ins Gewissen geredet. Aber er war niemals böse. Er hat halt einfach gesagt: „Ich ginge heute nicht mehr fort. Ich ginge schlafen. Weil der Vor-Mitternachtsschlaf ist einfach besser." Das hat er dann zwei-, dreimal gesagt. Und irgendwann hat uns dann das schlechte Gewissen gepackt und wir sind brav zu Hause geblieben.

Wie haben Sie die Sache mit den Startaufstellungen bei der Olympiade gesehen? Hubert war damals sehr böse auf Trainer Preiml, weil dieser ihn so früh auf die Schanze geschickt hat…
Bei der Olympiade war er nicht unbedingt der Beste auf der Großschanze. Unsere Startaufstellung war eine Trainerentscheidung. Und der Hubert hat sich damals so arg aufgeregt, weil er clever war und wusste, dass hinter ihm die Spur schneller werden würde. Und normalerweise ist das ein Vorteil für die späteren Springer. Dazu kommt: Die Olympischen Spiele sind einfach eine andere Welt. Und das galt dann auch für die Sprungbedingungen. Bei den vorderen Startnummern, bei denen der Hubert dabei war, herrschte noch Aufwind – gute Bedingungen also. Am Schluss des Startfeldes, wo ich und Toni Innauer warteten, gab es dann teilweise Rückenwind beim Runterspringen. Die Spur war auch nicht optimal. Von den Wetterbedingungen her hatte er meiner Meinung also keinen Nachteil. Schließlich ist er mit der Silbermedaille heimgekommen, oder?

Wie ist das mit der Spur beim Skispringen? Je schneller, desto besser?
Ja, früher hat es keine eingefrästen Spuren gegeben, so wie das heute üblich ist. Die wurden damals noch gezogen. Jeder ist in der selben Spur hinuntergefahren. Die Spur selbst wurde dadurch immer schneller und schneller.

Und Hubert wusste, dass er diesen Vorteil mit einer frühen Startnummer verlieren würde?
Ja, und das hat ihn geärgert. Aber es war die Entscheidung von unserem Trainer, dem Baldur Preiml. Vielleicht hat der Baldur aber auch schon gewusst, dass sich das Wetter ändern wird – ich weiß es nicht.

Der Hubert hat erzählt, dass er glaubt, der Baldur Preiml wollte auf seine besondere Art Huberts Widerstand und Kampfgeist wecken. Wie wichtig sind die Trainer für Sie damals gewesen?
Es kommt da immer auf den Typ Mensch an. Der Hubert hat halt immer seine Streicheleinheiten gebraucht – und zumeist auch bekommen. Beim Max Golser, unserem Trainer nach dem Baldur Preiml, war das ganz anders. Der war zu hart – gefühlsmäßig auf Holzklotzebene unterwegs. Für mich war er aber sicher der beste Trainer – bei ihm hatte ich meine größten Erfolge. Ich habe das für Leistungen gelobt Werden nie so richtig gebraucht. Für den Hubert war das aber ganz wichtig.

Themenpunkt: „Abschluss einer sportlichen Karriere." Wie hoch ist da die Gefahr, abzustürzen und in ein Loch zu fallen?
Also in dieser Phase hat meine Frau sehr stark das Ruder übernommen. Die hat immer gesagt: „Sport ist Mord" und die ganzen Massenaufläufe und die VIP-Aktionen gehasst. Wir haben keinen einzigen Preis aufgehängt bei uns zu Hause. Wir haben einfach beschlossen: „So, das war's. Jetzt fangen wir ein neues

Leben an." Die einzige Erinnerung daran sind meine fünf WM-Medaillen, die irgendwo im Glaskasten zu Hause liegen.

Hubert hat Sie auch immer wieder für seine berühmten Mitarbeitershows in der Skischule eingeteilt. Wie war das damals?
Ja, er wollte im Prinzip einfach mehr aus der Skischule in Mitterndorf rausholen. Und da hat er dann eben die Mitarbeitershows veranstaltet. Und ich bin ja nun wirklich kein Showtalent, aber der Hubert hat mich jedes Mal eingeteilt. Mir war das am Schluss dann schon richtig peinlich. Aber er blieb beinhart. Und das ist etwas Besonderes am Hubert. Wenn er sich etwas vornimmt, dann zieht er das durch. Wenn er sagt, er bringt den Niki Lauda auf die Bühne, damit der dort ein Tralala singt, dann steht wenig später der Lauda singend auf der Bühne. Das ist eine besondere Gabe, die er da hat. Der sagt dir das fünfzig Mal, bis du schließlich aufgibst und „Jawohl, das mache ich" sagst. Das ist halt seine Masche. Aber die ist eben für ihn selber auch sehr anstrengend. Und auf die Dauer geht das zu sehr an die Substanz – kein Wunder, dass er jetzt also eine Auszeit zum Nachdenken braucht.

Wie stehen Sie zum Thema Burnout?
Ich gebe offen und ehrlich zu, dass ich auch ein Materialist bin. Aber ich habe gewisse Grenzen. Am Anfang habe ich mich auch voll hineingesteigert in der Firma, habe mich dort hinaufgearbeitet. Und irgendwann kommst du dann darauf, dass dich die Firma nur benützt. Für die bist du halt irgendein Fluglehrer oder Schulungsleiter – ich war das ja alles schon. Dann bekommt man ein Paar Euro mehr, aber im Prinzip bist du gefangen. Du bist Tag und Nacht in der Firma, musst für alles geradestehen, musst immer gute Miene zum bösen Spiel praktizieren. Du kriegst ab einer gewissen Ebene alles mit in einer Firma – wer rausgeworfen, wer nachgeschult wird. Das belastet einfach und ist das Geld nicht wert. Zumindest nicht für mich. Mittlerweile bin ich wieder Num-

mer 2514 und flieg mein „Radl" runter, und der Fall ist erledigt. Der Rest ist Freizeit. Und vielleicht, wenn sich wieder alles ein wenig beruhigt hat, gehe ich dann auf Teilzeit. Ich komme auch mit weniger Geld aus. Man muss einfach loslassen können.

Und der Hubert kann das nicht?
Wir haben oft geredet. Aber er kann aus seiner Haut einfach nicht raus. Das war immer so. Beim Hubert verwandelt sich jedes private Treffen und Abendessen zum Business-Meeting. Da werden dann Visitenkarten ausgetauscht, Namen notiert. Alles wird geschäftlich genutzt. Ab 22.00 Uhr war sowieso immer alles vorbei, weil der Hubert müde war. Der kann sogar im Stehen einschlafen. Und irgendwann hast du dann deinen Burnout. Wen wundert's?

Anderes Thema: Kann sich ein Spitzensportler Schwächen leisten?
Ja, wieso nicht. Disziplinlosigkeit, z.B., kann sich ein Spitzensportler genau ein Jahr leisten. Dann ist er weg. Dann ist es vorbei. Die Zampanos beim ÖSV kennen da keinen Pardon. Wenn du dir jeden Tag einen in die Birne haust, bis du nicht mehr klar sehen kannst, dann geht's dir wie dem Matti Nykänen. Der Alkohol hat zwar seine sportliche Leistung in keiner Weise beeinträchtigt, aber der Hammer kam dann um so heftiger. Der vierfache Olympiasieger hockt mittlerweile mehr im Gefängnis als zu Hause und nebenbei ist er total abgebrannt. Und Schwächen …[*überlegt*]…die kann man ruhig haben. Man muss aber dazu stehen und sich sagen: Ich will mich da jetzt verbessern! Eine starke Frau kann da manchmal Wunder bewirken.

Welche Stärken und Schwächen hat Hubert Ihrer Meinung nach?
Bei seinen Stärken tue ich mir leichter. Der Hubert ist jemand, der sich selber enorm motivieren und auf ein Ereignis einstimmen kann. Nehmen wir die Vierschanzen-Tournee. Die hat

immer am 27., 28. Dezember angefangen – vorher war Weihnachten und davor die letzten Trainingskurse. Bei denen ist der Hubert so schlecht gesprungen, so schwach, dass du dich fragst, was er da eigentlich verloren hat. Aber er selbst hat sich gesagt: „Das macht nichts. Jetzt ist Weihnachten. Am 28.12 komme ich zurück … und dann gewinne ich hier." Und dann gewinnt er tatsächlich in Oberstorf. Er hat sich auch geistig enorm gut vorbereitet: Da hat er sich die 30.000 Leute im Stadion vorgestellt, und wie es im Stadion riecht, was da für ein Tohuwabohu herrschen wird usw. Der Hubert hat die Massen geliebt und die Stimmung im Stadion. Die Atmosphäre hat ihn motiviert. Natürlich hat er auch eine eiserne Disziplin gehabt. Als wir damals in Oberstorf angekommen sind, hat er sofort den Koffer ins Zimmer geworfen und ist schon im Wachsraum gewesen und hat seine Ski präpariert. Er hatte einen Plan und den hat er durchgezogen. Als die Vierschanzen-Tournee dann vorbei war, war der Fall für ihn erledigt. Und dann ist das ganze wieder abgeflaut.

Und wo liegen seine Schwächen?
Schwächen … hmm, der Hubert hat halt sehr stark differenziert zwischen einer Vierschanzen-Tournee und irgendeinem kleineren unbedeutenden Springen. Da ist er dann einfach auf Sparflamme gesprungen. Eine definitive Schwäche von ihm ist, dass er sich oft ein bisserl selbst betrügt. Da redet er sich einfach etwas ein und bemogelt sich im Endeffekt selbst.

Wie sind Sie beide mit Sieg und Niederlage umgegangen?
Hat es da einen Unterschied gegeben?
Nein, eigentlich nicht. Sicherlich hat es mich z.B. auf der Vierschanzen-Tournee, die ich oben erwähnt habe, geärgert, dass ich beim Training immer am weitesten gesprungen bin und den Schanzenrekord aufgestellt habe. Und beim Springen gewinnt dann der Hubert. Aber ich war einfach selber schuld. Dennoch

habe ich damals mit meinem Schicksal gehadert und mir gedacht: Wo bleibt da die ausgleichende Gerechtigkeit?

Warum hat es damals bei Ihnen nicht geklappt?
Ich war viel zu blockiert. Wollte einfach noch was drauflegen, war dadurch viel zu verspannt und genau die Zehntelsekunde zu spät beim Absprung, und der letzte Druck ging ins Leere. Und aus. Vorbei. Der Hubert wiederum hat ein gewisses Ritual gehabt. Er war im Prinzip ein ganz ein steifer Hund. Er hat sein Sprunggelenk nie abgebogen, ist nicht einmal in die Hocke gekommen. Der Hubert ist im Anlauf immer auf den Zehen gestanden. Aber er hatte so eine enorme Disziplin, dass er so lange trainiert hat, bis er einen Spagat machen konnte. Er war der einzige Skispringer zu unserer Zeit, der einen Spagat zusammenbrachte. Und er legte Wert auf das Aufwärmprogramm. Das hat bei ihm immer eine Stunde gedauert. Natürlich hat er das nur bei der Vierschanzen-Tournee so durchgezogen. Bei den anderen Springen hat er nicht so viel Energie investiert.

Reden wir über Ihre gemeinsame Pilotenkarriere. Es war ja gar nicht sicher, ob Sie beide ohne Matura überhaupt Berufspiloten werden können, oder?
Ja, wir sind bei der AUA hochkant hinausgeflogen. Das Gespräch mit dem damaligen AUA-Schulungsleiter hat genau 20 Sekunden gedauert. Seine erste Frage war: „Haben Sie beide die Matura?“ Und wir haben geantwortet: „Nein, haben wir nicht.“ Daraufhin er: „Mir kommt keiner ins Cockpit hinein, wenn er die Matura nicht hat!“

Wir haben es dann trotzdem geschafft. Wissen Sie, es gibt genug Trottel mit Matura oder Titel, die trotzdem strohdumm sind. Für mich war es keine Genugtuung, dass wir trotzdem den Pilotenschein geschafft haben. Schon eher war es für mich eine Genugtuung zu sehen, wo heute die Leute stehen, die uns damals den Zugang zur Ausbildung verwehrt haben. Das Leben regelt alles von selber. Man muss sich nur einen vernünftigen, gesunden Charakter bewahren.

Es kam dann schließlich auch zu einem zweiten beruflichen Team-Up Neuper/Kogler in den Lüften. Sie beide sind als Pilot/Copilot für Tyrolean Airways (heute Austrian Arrows) geflogen …

Ja, ein halbes Jahr waren wir im Cockpit ein Team. Ich war Pilot, der Hubert war mein Copilot. Wir sind damals mit einer Dash 7 geflogen, das war absolut genial. Praktisch jeder hat uns gekannt, wir waren quasi das fliegende Skispringer-Team. Da haben wir sicherlich viel Gratiswerbung für die Firma Tyrolean gemacht. Unsere Route ging stets von Innsbruck nach Saloniki, mit Weiterflug auf die Insel Paros. Und dann kam gleich unser erster Katastropheneinsatz. Wir sind über Innsbruck hinaus gestartet, und über dem Großglockner ist die Stewardess nach vorne gekommen, mit angeschwollenem Bauch, als wäre sie im 9. Monat schwanger. Die Arme hatte einen Magendurchbruch, war unsere Diagnose. Der Hubert hat den Emergency-Call gemacht und stand mit dem Tower in Klagenfurt in Funkkontakt. Das hat blendend funktioniert. Wir haben dann einen Kurswechsel gemacht und sind in Klagenfurt zwischengelandet.. Dort hat die Rettung uns bereits erwartet. Zu dem Zeitpunkt war noch Krieg in Jugoslawien – wenn unserer Hostess das ein bisschen später passiert wäre, hätte sie das nicht überlebt. Wenn wir da schon über Sarajewo oder Split gewesen wären, hätten wir nirgendwo landen können. Das war im Nachhinein betrachtet ein Riesenglück. Nun ja, wie gesagt, wir sind in Klagenfurt gelandet, haben sie der Rettung übergeben und hatten noch genug Sprit, um gleich weiterzufliegen. Also haben wir umgedreht, den alten Kurs eingeschlagen, und weiter ging's. Insgesamt wurde durch unseren Zwischenfall der Rotationszyklus gerade mal um

20 Minuten verspätet. Wir haben damals nicht lange nachgedacht sondern einfach instinktiv gehandelt. Wir sind dann nur mit einer Air Hostess weitergeflogen, das war gesetzlich erlaubt. Da war dann der Hubert in seinem Element: Er musste den Fluggästen die Schwimmwesten vorführen. Damals gab es nämlich noch keine Sprachkassetten, die man einlegen hätte können. Unsere Air Hostess hat den Anleitungstext für den Gebrauch der „life west“ vorgelesen, und Hubert hat seine Ray Ban-Sonnenbrillen aufgesetzt, mit der Schwimmweste rumhantiert und zur Hostess gesagt: „Bitte ein bisserl langsamer sprechen!“ Das Resultat war dann schallendes Gelächter in der Kabine.

Sind Sie gerne miteinander geflogen?
Ja. Wie soll ich sagen: Die Flugzeit an sich war für ihn eigentlich Urlaub. Sobald wir die Räder eingefahren hatten, hat er schon seine zehn Kugelschreiber in verschiedenen Farben ausgepackt, ein Notizheft aufgeschlagen und hat zukünftige Events kreiert, die man veranstalten sollte.

Damit wären wir beim Thema: Huberts Karriere als Eventmanager. Sie haben das ja von den Anfängen an mitverfolgt …
Ja, ganz am Anfang waren seine Skischul-Shows. Dafür hat er gelebt. Die sind dann immer professioneller geworden. Die Showbühne ist halt einfach sein Metier. So gesehen ist es extrem schade, dass er in Amerika Auszeit nimmt. Im Moment schwirren da andere wie Aasgeier herum und nehmen ihm die Pfründe weg.

Was genau meinen Sie damit?
Naja, der Hubert hat sehr gute Kontakte. Zum Mateschitz, und wie sie alle heißen. Und wenn du dir dann die World Stunt Awards anschaust – wie die produziert werden, das macht der Hubert mit links. Ich glaube, er bringt aus dem Stegreif mehr Wind in die Sache als das, was da um viel Geld von anderen

zusammengezaubert wird. Ich gehe leidenschaftlich gerne Golf spielen. Und wenn du da mit Leuten sprichst, die sich in der Szene auskennen, ist dort der einstimmige Tenor: „Es ist eigentlich sehr schade, dass er nicht mehr in diesem Bereich arbeitet."

Nun, das ist ja noch nicht gesagt …
Stimmt. Aber die Leute fragen: Wo ist der Hubert eigentlich? Was macht er? Der geht uns schon ab. Warum macht er keine Events? Und da in Österreich der Markt eigentlich sehr klein ist, waren recht schnell die Aasgeier da und haben sich die Rosinen aus dem Kuchen gepickt und ihm eigentlich das Grundwasser abgegraben.

Welche Erinnerungen haben Sie an das Skispringen in New York, das er veranstaltet hat?
Das war für mich ein Geniestreich. Da sind wir bei mir zu Hause gesessen und haben ein Glas Wein getrunken. Und dann sagt der Hubert plötzlich, er habe eine Idee: Er will ein Skispringen in New York machen. Und ich starre ihn ungläubig an und frage ihn: „Aha, und wie willst du das machen?" Und er fragt: „Hast du ein Blatt Papier?" Und schon geht's los. Ich habe mir seine Skizzen von damals aufgehoben. Er hat da aus dem Nichts alles durchgeplant. Wo er den Schnee herkriegt, wie viele LKWs man brauchen würde usw. Und das hat er dann auch geschafft. Er hat alle Genehmigungen besorgt, hat einen Airbus organisiert, der alle Leute hinübergeflogen hat. Das alles kostete irrsinnig viel Geld, aber er hat es geschafft. Das hat mich sehr beeindruckt. Und jetzt gibt es einfach irrsinnig viele Nachahmer. Der Snowboard-Event vorm Riesenrad etc. – eigentlich hätte er sich das patentieren lassen sollen. Aber ich glaube, der Hubert macht das nicht wegen des Gewinnes. Für ihn muss es sich zwar rechnen, aber in Wahrheit möchte er den Leuten etwas beweisen. Er will ihnen zeigen, dass er alles zusammenbringt, wenn er nur will.

Welche Erinnerungen heben Sie an die beiden World Sports Awards, die er veranstaltet hat?
Ich habe beide miterlebt. Allerdings war ich da ein bisschen geteilter Meinung. Einerseits fand ich die Grundidee sensationell. Andererseits musst du etwas in der Größenordnung sehr stark lenken. Jeder nominierte Sportler muss einfach stolz über seine Nominierung sein. Das muss zu einer Institution werden, wo die Leute dann auch tatsächlich kommen. Keine Videowall-Einspielungen und dergleichen. Aber das kostet Geld. Da braucht man einen gescheiten Sponsor, der den Sportlern eine Gage für's Kommen zahlt. Wenn der Rubel rollt, kommen die Leute auch.

Am Ende von Huberts Sporthilfe-Ära verzeichnete man aber eine enorme Steigerung der Förderungsleistung …
Ja, nur interessiert das keinen. Die Sporthilfe ist eine Geldverteilungsanlage. Da kannst du jeden reinsetzen. Da kann auch ich mich reinsetzen. Der Trick dabei ist, dass man sich eben keinen „Haxen ausreißt". Den Job macht man normalerweise zwei bis drei Jahre, geht jeden Tag früh schlafen und das funktioniert trotzdem. Der Hubert hat sich natürlich wieder aufgeopfert. Hat jeden Tag eine Veranstaltung gemacht. Hat das ganze viel zu ernst genommen. Wenn er sich ein bisschen weniger stark eingesetzt hätte damals, wäre er auch heute noch in dieser Position. Der Sporthilfe-Job war das ideale Einsatzgebiet für den Hubert. Dort konnte er nämlich wirklich etwas bewirken.

Auch bei den World Sports Awards hat man ihm vorgeworfen, in die eigene Tasche gearbeitet zu haben …
Im Nachhinein ist es immer leicht, jemanden zu verurteilen. Wenn jemand viel Geld verdient und erfolgreich ist, gibt es stets Leute, die dich beobachten und nur darauf warten, sich wie die Aasgeier auf dich zu stürzen. Wenn du im Mittelpunkt stehst,

hast du automatisch Feinde. Das ist die Kehrseite der Medaille – und die hat der Hubert wieder einmal negiert, hat sie nicht sehen wollen. Er hat sich wahrscheinlich gedacht, dass all die Leute, die ihm zu der Zeit wohlwollend auf die Schulter geklopft haben, tatsächlich nur das Beste für ihn wollten. Faktum ist, dass in dieser Liga nach anderen Regeln gespielt wird.

Sie haben früher gemeinsam Coaching-Kurse angeboten. Worum ging es da?
Nun, das waren Insentivkurse für Mananger. Die haben wir gemeinsam hochgezogen. Angefangen hat alles beim Stanglwirt. Inhaltlich gab es da eine große Bandbreite: vom Paragleiten, über Hindernisfahren mit Traktoren, über Segeln und Schwimmen bis hin zum Bogenschießen. Das wichtige bei diesen Seminaren war, dass wir einfach glaubwürdig waren. Wir sind morgens mit den Kursteilnehmern hinaus, haben Frühsport gemacht, „aktives Erwachen“ praktiziert. Dann gab's Ernährungstipps, mentale Übungen und sportliche Herausforderungen. Motivation, gesunder Geist und Sport zum „Batterie aufladen“, quasi. Da fragen mich die Leute heute noch danach, wann es wieder mal so ein Angebot gibt.

Und, wird es wieder einmal Neuper/Kogler-Workshops geben?
Ich würde das sofort wieder machen. Sehr gerne. Allerdings nur im kleinen Rahmen. Ich weiß, dass wir da sofort wieder Interessenten hätten. Denn das, was wir in diesen Workshops gemacht haben, war echt und kam von innen heraus. Keine Strunz-Nummer. Die Leute haben das gespürt. Kein 08/15 Programm im Seminarraum. Raus in die Natur und sich wieder einmal spüren. Von diesen Energien kannst du dann wieder zwei bis drei Monate zehren.

Können Sie sich noch an das erste Zusammentreffen mit Hubert erinnern?
Ja, das war sehr früh. 1972 oder 1973 muss das gewesen sein. Das war am Ruperti-Haus oben in Mühlbach beim Hochkönig. Da habe ich ihn zum ersten Mal getroffen. Er sah aus wie ein kleiner Teddybär. Er hatte nicht unbedingt eine typische Skispringer-Figur: Pausbacken und ein kleines Bäuchlein. Aber was mir damals schon aufgefallen ist, war sein unglaubliches Bewegungstalent. Beim Bodenturnen hat er uns alle in den Schatten gestellt – trotz seines Bäuchleins. Aber das war Babyspeck; den hat er sich relativ rasch wegtrainiert. Trampolinspringen, Volleyball, Skifahren – überall war er top. Der Hubert ist mit seinen Skiern im Tiefschnee gefahren, das war eine Wucht. Ja, das war zur Anfangszeit. Daran kann ich mich noch erinnern. Was das Skispringen angeht, da war der Hubert ein Stilist. Der hat keine „Kraxn" hingelegt. Er hatte immer schön geschlossene Ski, immer einen Telemark für den Abschluss bereit. Ich war immer ein bisschen hölzerner unterwegs. Nicht unbedingt das Übertalent. Aber wir haben viel voneinander gelernt.

Hubert hat erwähnt, dass er sich vor einem wichtigen Springen einmal einen Tipp von Ihnen zu Herzen genommen hat. Nämlich: „Spring mit dem Kinn über die Skispitzen hinaus."
Wir haben uns oft darüber unterhalten, wie wir bestimmte Herausforderungen am besten angehen sollen. Wir haben uns da auch nichts verheimlicht, einfach einander geholfen. Ich denke das hat sich für uns beide ausgezahlt. Wir haben uns sozusagen gegenseitig angespornt. Sind gemeinsam gewachsen. ♦

Armin Kogler

Baldur Preiml
Freude aus der Überwindung von Widerständen schöpfen!

Baldur Preiml über … alternative Trainingsmethoden, mentale Tricks, Vater-Figuren, das Wesen der Freude, Stärken und Schwächen und seine spezielle Beziehung zum „Hupo"

*

Herr Preiml, Hubert hat sehr oft von Ihnen gesprochen während der Arbeit am Buch. Sie haben eine besondere Rolle in seinem Leben gespielt. Fangen wir daher am Anfang an. Wie kam es dazu, dass Sie Skisprungtrainer in Stams wurden?
Ich war selber immer sehr ehrgeizig und motiviert. Zum Beispiel wollte ich zu meiner Zeit unbedingt Olympiasieger werden und habe dann mit Ach und Krach eine Bronzemedaille geschafft. Was für mich letztendlich ein großer Erfolg war, unter den gegebenen Voraussetzungen.

Was ging damals „schief"?
Das war 1968 in Grenoble auf der Normalschanze. Ich hatte den weitesten Probesprung und mit Schanzenrekord den weitesten Sprung im ersten Wertungsdurchgang. Darauf wurde der Anlauf verkürzt. Damals wurde noch aus Luken gestartet. Und dann habe ich mit einer sehr niedrigen Nummer startend irrtümlicherweise die langsamste Spur erwischt. Die Trainer meiner direkten Konkurrenten haben das sehr wohl registriert und ihre Schützlinge auf die schnellste Spur geschickt. Schon eine geringfügigere Erhöhung der Anlaufgeschwindigkeit wirkt sich bekanntlich sofort auf die Weite aus. In den Jubel um die zwei Medaillen für Österreich – mein Mannschaftskamerad Reinhold Bachler katapultierte sich vom siebenten Platz im ersten Durchgang auf den Silbermedaillen-Rang, ich erreichte gerade noch die Bronzene – mischte sich auch eine gehörige Portion Enttäuschung über die vergebene Goldmedaille.

Aber der Moment des relativen Scheiterns war der Ausgangspunkt für meine spätere Trainertätigkeit. Ich war damals schon 29 Jahre alt, die nächste Olympiade schon zu weit weg. Zu Saisonende beendete ich meine Karriere, schloss mein Studium ab. Ich war von einem großen Wunschziel beseelt: Wenn ich schon selbst nicht Olympiasieger werden konnte, dann wollte ich junge und begeisterungsfähige Talente als Trainer zum Olympiasieg führen. Durch einen glücklichen Zufall kam es tatsächlich zum Trainerjob 1970 im Skigymnasium Stams und vier Jahre später wurde ich Trainer der Nationalmannschaft.

Stams wurde zur Keimzelle des österreichischen „Springerwunders" der siebziger Jahre. Unsere stärksten Konkurrenten waren die Springer aus der damaligen DDR, wo mit einem enormen wissenschaftlichen und materiellen Aufwand am professionellsten trainiert wurde.

Wie genau kam es zu dem Job in Skigymnasium Stams?
Das Skigymnasium Stams wurde 1967 ins Leben gerufen. Anstoß für die Gründung war das vernichtende Abschneiden der österreichischen Alpinen bei den Sommer-Weltmeisterschaften in Chile. Die Franzosen hatten so ziemlich alles abgeräumt, und als ein Erfolgsgeheimnis stellte sich u.a. ihr Training in einer Art Skigymnasium heraus. Die Antwort der Österreicher war unser Skigymnasium in Stams. Ich hätte dort Alpin-Trainer werden sollen, wollte aber nur Springer betreuen. Mein Wunsch erfüllte sich 1970; als Erzieher im Heim, als Trainer und Lehrer durfte ich die besten österreichischen Skisprung-Nachwuchstalente betreuen.

Wie ging es weiter?
Unsere damals besten Jugendspringer und Jung-Stamser waren Karl Schnabl, Willi Pürstl, Rupert Gürtler, Alfred Pungg, später Alois Lipburger, Toni Innauer, Hubert Neuper, Armin Kogler,

Alfred Groyer usw. Ich wirkte dort bis zur Übernahme des Nationaltrainerpostens 1974.

Wie sah so eine Trainingseinheit unter Ihnen aus?
Was war das Besondere an Ihren Trainingsmethoden?
Wir hatten die Möglichkeit, im stillen Kämmerlein zu trainieren. Und die Burschen brannten vor Begeisterung. Wir haben sehr vielseitig trainiert, alle möglichen Sportarten betrieben, haben viel am Boden, auf Geräten, an verschiedensten Trampolins geturnt, auf Schotterhalden alle möglichen Kunststücke vollführt, viel Sprungkrafttraining absolviert. Wir haben versucht, jede Trainingsmonotonie zu verhindern, viele spielerische Elemente hereinzunehmen, immer wieder Abwechslung und Neues ins Programm zu bringen.

Ganz wichtig war auch ein hoher Level an Aufmerksamkeit bei Training und Wettkampf. Es gab Konzentrations- und Entspannungsübungen. Na ja, und irgendwann hat sich das alles dann auch bezahlt gemacht, weil die charakterstarken Burschen das Wissen, das Gelernte, das Erübte und Erarbeitete auch tatsächlich umsetzen konnten. Die jungen Stamser Skigymnasiasten sind reihenweise österreichische Jugendmeister geworden, international wurde das kaum registriert. Als sie dann ins Höchstleistungsalter hinein wuchsen, folgten die großen Überraschungen.

Sie haben sehr viel Wert auf das mentale Training gelegt. Warum?
Wir haben damals sehr viel von Oskar Schellbach profitiert. Das war wohl der erste deutsche „Lebenslehrer", eine Art Management- und Führungskräfte-Trainer. Sein Standardwerk hieß „Mein Erfolgssystem". Darin hat er ein System vorgestellt, dessen zentrales Thema lautete: Gedanken sind Kräfte! Wenn wir unser Denken disziplinieren, wenn wir lernen, uns zu konzentrieren, uns klare Ziele zu setzen, dann können wir fast unmög-

lich Scheinendes möglich machen. Die mentalen Übungen wurden für uns eine Riesenbereicherung.

Weitere wesentliche Erfolgsgaranten kristallisierten sich heraus: eine große Begeisterungsfähigkeit, viel Einfühlungsvermögen, eine hohe Anstrengungsbereitschaft und Disziplin in der Trainings- und Wettkampfpraxis. Damit stärkte sich das ganze Team nicht nur konditionell und sprungtechnisch, sondern vor allem im eminent wichtigen Selbstwertgefühl und Selbstvertrauen.

Wie sind Sie auf die Idee gekommen, mentales Training für den Sport einzusetzen?
Ich wusste, dass viele Sportler und Sportlerinnen folgendes Problem haben: Sie haben gut trainiert, sich optimal auf die Wettkämpfe vorbereitet, im Training „läuft's" bestens, und wenn es darauf ankommt, versagen sie. Warum ist das so? Weil die innere Ruhe, das Selbstwertgefühl, das Vertrauen in das eigene Können plötzlich nicht mehr da sind, aus verschiedensten Zweifeln und Ängsten vor dem Versagen. Viel körperliches Training ist umsonst, wenn an diesem psychischen Schwachpunkt nicht entsprechend geübt und trainiert wird. Mit diesem Versagensphänomen hatte ich in meiner aktiven Laufbahn oft Bekanntschaft gemacht und deshalb später als Trainer dem mentalen Aufbau mein größtes Augenmerk geschenkt.

Der Hubert hat sich das sehr stark eingeprägt …
Ja, Hubert hat uns eigentlich gerade nach seiner Springerkarriere vor Augen gehalten, dass er in seiner sportlichen Laufbahn mental viel gelernt hat und wie man große Ziele verwirklicht, nämlich mit klarer Zielsetzung, festem Glauben an sich und an das Gelingen des Vorhabens. Herausforderungen freudig annehmen, die Dinge in Angriff nehmen und diszipliniert zu Ende führen.

Zudem zeichnen Hubert noch besondere Wesenszüge aus. Er ist, wie es in der Sprache der Astrologie heißt, ein sehr luftiger Typ, mit einem gehörigen Talent, schnell Kontakte zu knüpfen, gepaart mit einer liebenswerten Herzlichkeit. Er ist ein Könner in allem, was er anpackt, er mag seine Aufgaben und die Menschen, er kann offen und ehrlich auf sie zugehen. Und das spüren alle, die mit ihm zusammenleben und zusammenarbeiten. Das sind wichtige Aspekte, und darum funktionieren auch Huberts Projekte.

In der Bibel heißt es: Gott schuf den Menschen ihm zum Bilde. Mit unseren Wünschen, Vorstellungen, Gedanken können wir unsere Realität wesentlich mitformen. Auf dieser mentalen Basis: Begeisterung, Gedankenkontrolle, Konzentration, Disziplin, ständiges Üben und Trainieren können wir Gigantisches leisten. Hubert ist ein Musterbeispiel dafür.

Hat sich an den Trainingsmethoden im Vergleich zu heute viel verändert?

Ich glaube, damals haben wir wichtige erste Bausteine im mentalen Training gesetzt. Ich weiß nicht, wie heute das Mentaltraining bei den Skispringern gestaltet wird. Aus meiner Erfahrung weiß ich aber, dass es vielen Sportlern schwerer fällt, eine halbe Stunde still dazusitzen, als sich zwei Stunden in der Kraftkammer zu plagen. Der Körper ist ein wunderbares Instrument, das von Seele und Geist „bespielt“ wird. Wenn wir erst einmal ernstlich beginnen, unsere „Atomenergien der Seele“ auszunützen, werden wir in einigen Jahren und Jahrzehnten sportliche Höchstleistungen erleben, von denen wir heute nur träumen. Und das alles ohne Doping, ohne den Körper ständig zu überfordern und die Gesundheit zu gefährden. Im Menschen schlummern noch Energien, die zum Großteil noch völlig unentdeckt sind.

Ist man als Trainer auch eine Art Vaterfigur für die Schüler?

In gewissem Sinne ja. In erster Linie habe ich mir vorbehalten, eine klare Linie vorzugeben hinsichtlich der konditionellen, technischen und Persönlichkeits-Entwicklung. Es genügt ja nicht, nur die Voraussetzungen für Weltspitzenleistungen zu kennen, zum Umsetzen sind besondere Charakterqualitäten erforderlich. Wenn die noch nicht da sind, müssen sie entwickelt werden. Mit einem kongenialen Trainer- und Betreuerteam fiel es uns nicht schwer, Freude, Begeisterung und Disziplin für ein mitunter sehr hartes Training „einzuimpfen" und den heranreifenden Springerpersönlichkeiten so etwas wie ein zweites Zuhause zu geben.

Für Sie gilt: Freude entsteht aus der Überwindung von Hindernissen. Was genau ist hier gemeint?
Echte Lebensfreude ist nur aus sich heraus, aus dem Überwinden von Hindernissen, aus der eigenen Leistungskultur zu schöpfen. Nach dieser Freude suchen heutzutage viele Menschen trotz einer Flut von vordergründigen Freuden. Es gibt in unserem „Weltraum der Seele" unseren göttlichen Wesenskern. Wenn wir mit dieser inneren schöpferischen Kraftzentrale zusammenarbeiten lernen, können wir Grandioses leisten. Aber es braucht unseren ganzen Einsatz. Der Volksmund sagt es sehr treffend: Hilf dir selbst, dann hilft dir Gott! Und nur dann.

Es gibt keine wirkliche Freude und Sinnerfüllung, wenn wir uns nicht freiwillig einer großen Aufgabe, mit der ganzen Aufmerksamkeit und hundertprozentigem Kräfteeinsatz widmen. Eine Entsprechung finden wir im Phänomen der Überkompensation im sportlichen Training. Wer sich z.B. herz-kreislaufmäßig verbessern möchte, muss sich belasten, die Folge sind Müdigkeit und ein geringerer Leistungsstand als zu Beginn des Trainings. Nach diesem „Down" und einer Erholungspause klettert die Leistungsfähigkeit auf ein höheres Niveau als zuvor. Geben ist tatsächlich seliger als nehmen. Und das haben unsere Burschen begriffen: Können im weitesten Sinne wird „im Keller", nur in der Herausforderung, im Überwinden von Widerständen „abgeholt".

Kommen wir von den inneren Welten des Geistes zu den Scheinwelten der VIPs, in denen sich Spitzensportler automatisch auch bewegen. Wie sieht man das als Trainer? Was für Rezepte hat man für seine Schützlinge, um den Gefahren dieser Welt zu widerstehen?
Eine wichtige Aufgabe als Trainer ist, einen erfolgreichen Sportler am Boden zu halten. Plötzlich fühlt er sich als kleiner Herrgott, die Füße reichen nicht mehr bis zum Boden, nur weil er ein paar Meter weiter gesprungen ist als die Mitspringer. Aber die Fans gehen her und heben ihr Idol quasi in den Himmel, vielleicht auch deshalb, weil sie sich selbst in ihrem Selbstbild klein fühlen. Und so begeistert man sich für die Leistungen von Spitzensportlern, Spitzenmusikern etc. und hebt sich selber scheinbar damit im Selbstwert auf eine höhere Stufe.

Nach dem „Himmel" als Olympiasieger oder Weltmeister kommt die „Hölle", folgt der Absturz, das Scheitern, wie nach dem Einatmen das Ausatmen. Besonders solche bittersüßen Erfahrungen sind vielleicht die wertvollsten Entwicklungshilfen, um sportlich und vor allem menschlich zu wachsen. Jedes Wachstum, insbesondere auch das seelische, ist nur über den Gegenpol, über das „Unten" möglich. Und in diesem Bereich der Betreuung hat der Trainer seine größte Verantwortung, nämlich Therapeut im wahrsten Sinne des Wortes zu sein, als wachsamer, einfühlsamer, kundiger und verständnisvoller Begleiter auf dem Weg des Sportlers nach oben.

Können Sie sich an das erste Zusammentreffen mit Hubert erinnern?
Ich habe den Hubert als 13-Jährigen zum ersten Mal getroffen, damals noch mit kindlichen Rundungen, ein wenig pummelig und ein bisschen noch ein Muttersöhnchen. Er ist schon nett gesprungen und sehr gut Ski gefahren. Nach dem Eintritt in die Skihandelsschule Stams hat er sich sehr schnell athletisch ent-

wickelt, bewegungsbegabt war er schon immer, auch ein Verdienst seiner Turnlehrer und Vereinstrainer.

Der Hubert hat Ihre Vorgehensweise manchmal als sehr provokant empfunden. Ein Beispiel, das ihn sehr geärgert hat, war die frühe Startnummer bei den Olympischen Spielen in Lake Placid – trotz guter Leistungen. Er hat sich damals maßlos geärgert und wollte es Ihnen beweisen. Rausgekommen ist die Silbermedaille …
Ich ließ Hubert ganz vorne starten, weniger um ihn zu provozieren, vielmehr um bei den zu erwartenden uneinschätzbaren Windverhältnissen auch in der vordersten Gruppe einen Sieganwärter zu haben. Hubert war ja immerhin der erste Springertournee-Gesamtsieger im ersten Weltcupwinter 1979/80. Es gibt keine Zufälle, es musste wohl so sein: Hubert hatte vorne weg Windglück, Toni Innauer, der Olympiasieger der Vorwoche, und Armin Kogler, der wie in den Jahren zuvor als „Spätstarter" ebenfalls in Hochform war, wurden Opfer des Windes und fielen aus den Medaillenrängen. Hubert Neuper wurde stolzer Silbermedaillengewinner.

Sie haben ihn als Trainer also nie provoziert?
Es kann durchaus sein, dass ich ihn manchmal provoziert habe. Wenn das der Fall war, dann nur um ihn aus einem sich gelegentlich eingeschlichenen Trott herauszuholen und anzuspornen. Wenn ich einmal einen verbalen Klaps austeilte, dann nicht um ihn oder einen Kollegen an die Wand zu drücken, sondern es war immer als Motivationsschub gedacht. Eine positive Umsetzung war nur möglich, weil im Team das Klima stimmte und eine hohe gegenseitige Wertschätzung gegeben war.

Haben Sie als Trainer auch versucht, Hubert etwas für sein späteres Leben mitzugeben?
Ich habe mir bei allen Springern gewünscht, dass sie nach ihren

sportlichen Erfolgen nicht stehen bleiben. Hubert hat uns mustergültig vorexerziert, was der Sport als Ansatzpunkt und Türöffner für weitere Lebenserfolge leisten kann und sollte. Unmöglich scheinende Ziele können erreicht werden, wenn neuen und zündenden Ideen grenzenlose Begeisterung, Überzeugung und konsequente Arbeit folgen. „Hupo“ hat uns das nach seiner sportlichen Karriere mehrfach bewiesen.

Das waren jetzt Huberts Stärken. Wo liegen seine Schwächen?
Ich glaube, dass er manchmal zu wenig auf sich selbst geschaut hat. Dass er vor lauter Begeisterung und vor lauter Arbeit auf die Ruhepausen vergessen hat. Da hatte er das Gefühl, ausgebrannt zu sein, hat aber nicht darauf gehört. Z.B. bei den World Sports Awards in London. Da wollte er, so viel ich weiß, gar nicht mehr. Zum anderen wollte er Dietrich Mateschitz nicht enttäuschen, dem er im Wort war und der schon so viel investiert hatte. Damals habe ich zu ihm gesagt: „Wenn du das Gefühl hast, dass dein Herz nicht mehr dabei ist, dann lass es bleiben.“ Er hat das Projekt trotzdem durchgezogen. Nicht auf seine innere Stimme zu hören und auf schöpferische Pausen zu verzichten, hat seinen Preis.

Was kann Hubert aus seinem Burnout lernen?
Hubert hat zweifellos aus dieser Erfahrung gelernt, auf die natürlichen inneren und äußeren Rhythmen und Gesetzmäßigkeiten wie Spannung – Entspannung, Arbeit – Erholung, Belastung – Pausen, Monotonie – Abwechslung u.v.a. zu achten. Andererseits sind hautnah erlebte Burnouts, Breakdowns, Leidensdruck und Scheitern mächtige Motoren der Evolution und speziell auch für das seelische Reifen. Im Gegenpol zum Erfolgreichsein kommen wir im Unten, im Misslingen zur wertvollen Erkenntnis: In Zukunft mache ich das anders und besser!

Wie haben Sie damals die Anschuldigungen und Diffamierungen rund um seine Person und die Sporthilfe und die World Sports Awards erlebt?

Ich kenne die Hintergründe nicht genau. Neid, Missgunst, Schadenfreude u.a. werden von jeher dem Erfolgreichen als Schatten „mitgeliefert", und daran wird sich auch in Zukunft so schnell nichts ändern. Für Hubert war es auch eine weitere Lektion, die er zu lernen und verdauen hatte. Und eines ist ganz wichtig: Man sollte keine Anschuldigungen von außen allzu persönlich nehmen.

Es gibt dazu ein lesenswertes Buch eines großen toltekischen Weisheitslehrers namens Don Miguel Ruiz: „Die vier Versprechen". Erstens: Verwenden Sie mit Bedacht Ihre Worte und seien Sie untadelig mit Ihrem Wort! Zweitens: Nehmen Sie nichts persönlich! Drittens: Ziehen Sie keine voreiligen Schlüsse! Viertens: Tun Sie immer Ihr Bestmögliches!

Wenn dann einer daherkommt wie ein Hubert Neuper, sein Bestes gibt und seine Sache noch besonders gut macht, gibt es viele Neider und Besserwisser. Damit hat er leben gelernt und ich bin mir sicher, Hubert hat ihnen allen verziehen.

Kommen wir zu den letzten Fragen: Was würden Sie ihm für seinen weiteren Lebensweg raten?

In jedem Menschenleben gibt es so etwas wie eine Midlife-Krise, das ist der Siebenjahreszyklus zwischen 42 und 49, wo man sich Fragen stellen beginnt. Etwa: Bin ich eigentlich am richtigen „Dampfer"? Hat das, was ich jetzt denke und tue, noch einen oder überhaupt einen Sinn? Muss ich mich eigentlich immer so in den Mittelpunkt stellen? Sollte ich mich vielleicht mehr in den Dienst einer Gemeinschaft stellen?

Diese Fragen wird sich auch Hubert mit seinen 43 Jahren auf Impulse von innen her stellen müssen, ein Weitermachen wie bisher ohne Regenerationspausen, ohne in sich zu gehen, würde möglicherweise die schöpferischen Quellen zum Versiegen bringen. Sich Ansehen geschaffen und damit seinen Selbstwert aufgebautzu haben, sich nicht mehr ohne Pausen bis zum „Anschlag“ treiben und mit zu viel Ego vor einen Karren spannen zu lassen, das alles hat er sicherlich verinnerlicht. Ein wahrer König verschenkt seine Krone und wirkt als König aus dem Hintergrund.

Der Rückzug ins Exil Nashville war also eine gute Idee?
Ja, zweifellos eine goldrichtige Entscheidung, wenn er diese Auszeit dazu nutzt, zu sich selbst zu finden, wieder zu meditieren beginnt und die „Batterie“ damit auflädt. Und dann kreativ von innen heraus ganz neue Dinge und Projekte in Angriff nimmt, die ihm tatsächlich am Herzen liegen und Berufung sind.

Und unsere Welt, die förmlich überläuft vor lauter Negativdenkern aus schlechter Gewohnheit und Unkenrufern, braucht Menschen wie den Hubert, die allen, die immer wieder sagen: „Das haben wir schon alles probiert“ oder „Das geht sowieso nicht“, den Spiegel vorhalten und ihnen zeigen, dass wir uns im wahrsten Sinne des Wortes Flügel verleihen können und unmöglich Scheinendes noch möglich machen können.

Wenn Sie den Hubert in einem Satz charakterisieren sollten, wie würde dieser lauten?
Hubert ist uns allen – auch seinem ehemaligen Trainer – ein leuchtendes Vorbild geworden. In einer Zeit, in der Begriffe wie Wendezeit und Wertewandel nicht länger bloße Worthülsen bleiben dürfen, bringt er (sportliche) Leistung und menschliche Reife in Einklang und lebt es uns vor. ♦

Baldur Preiml

Peter Wolf
Ich mache Musik wie ein Boxer

Wir kannten uns nicht, als ich Dich bat, die Musik zu den World Sports Awards zu komponieren. Was waren damals Deine ersten Gedanken (auch als gebürtiger Österreicher) – zu der Idee dieses Events, zum Ort, an dem er stattfinden würde, der Wiener Staatsoper?

Als Du mich gebeten hast, die Musik für die „World Sports Awards" zu schreiben, war ich zuerst einmal sehr geehrt. Erstens bist Du, Hubert, eine gewaltige Persönlichkeit für meine Generation – und speziell für alle Österreicher, zweitens ist doch der „Oscar der Sportler" eine wahrhaft würdige und tolle Begebenheit. Wie oft im Leben bekommt ein Komponist so eine Chance?

Zweitens – die Wiener Staatsoper. Einer der schönsten Orte der internationalen Kultur. Also rundherum: Eine wirklich ehren- und reizvolle Herausforderung!

Was hat Dich beim Komponieren der Musik inspiriert? Wo siehst Du die Verbindung zwischen Musik und Sport; gibt es denn überhaupt eine?

Für mich gibt es nicht nur eine – sondern VIELE Verbindungen zwischen Sport und Musik. Erstens einmal die emotionelle: So kann ich mir gut vorstellen, dass das High für einen Sportler genauso hoch ist, wenn er sich in seinen Sportsakt stürzt – wie für den Musiker, wenn er auf die Bühne geht. Zweitens der Drang danach, der Beste auf seinem Gebiet sein zu wollen. Und drittens – ich bin mit Herz und Seele nämlich Jazzmusiker – ich sage immer: Ich mache Musik wie ein Boxer. Man muss immer für alles bereit sein: Kommt ein Schlag – muss man ihn realisieren und richtig darauf reagieren – bevor es zu spät ist!! Im Jazz genau dasselbe!!

Wie konntest Du es schaffen, nach einem so kurzen Telefonat genau zu verwirklichen, was ich mir vorgestellt habe – war das Zufall oder Intuition?
Es ehrt mich nach wie vor, dass Dir meine Musik so gut gefallen hat! Wieso es mir möglich war, den Nagel auf den Kopf zu treffen, ist wahrscheinlich – wie Du ja richtig fühlst: Intuition. Vielleicht gepaart mit der dazugehörigen Erfahrung, die Du – wenn Du mit weltbekannten Künstlern, Filmregisseuren und Produzenten arbeitest – Dir langsam aneignest.

Was hat Dich dann an der Show am meisten beeindruckt? Welche/r Sportler/in zählte zu deinen persönlichen Favoriten und warum?
Die ganze Show war einfach fabelhaft! Und nicht nur die in Wien – sondern selbstverständlich auch die in London!! Ich liebe die Royal Albert Hall am Hyde Park! Habe mit meiner Frau Michelle dort 32 Mal die Cliff Richard-Show gemacht, immer ausverkauft.

Und ich habe soooo viele Sportidole, ich weiß gar nicht, wo ich anfangen soll. Ich bin selber fanatischer Tennisspieler und Skifahrer, und weiß, wie schwer es ist, richtig gut auf einem Gebiet zu werden. Geschweige denn: Weltspitze!!

Mir ist es in den letzten Jahren zunehmend schlechter gegangen, ich war einfach völlig ausgebrannt. Hätte ich den Mut gefunden, Dich nach einem Rat zu fragen – was hättest Du mir geraten? Was machst Du, um den Burnout zu vermeiden?
Und nun zu Dir, mein lieber Hubert: Ich muss wirklich sagen, abgesehen davon, dass ich ja ein Fan von Dir war – bevor wir uns kennengelernt haben –, bist Du ein außerordentlich ehrlicher, liebevoller und wertvoller Mensch. Ich habe immer das Gefühl, nach jedem Gespräch mit Dir etwas Neues über das Leben schlechthin dazugelernt zu haben. Du hast einen ungeheuer verinnerlichten und geradlinigen Zugang zum Sein, den

ich noch nie in so purer Form in anderen Menschen entdecken konnte!

Und zum „Burnout" möchte ich uns allen sagen: Je höher du im Leben hinaufkommst, desto weiter musst du zurückkommen, um wieder auf dem Boden der Dinge zu stehen. Und die einzige Möglichkeit für uns „Leistungspersönlichkeiten" ist: Nachdem wir eine Sache gemeistert haben, müssen wir uns schnell eine neue Aufgabe stellen, um nie in einen „Trott" verfallen zu können. Sonst wird uns langweilig – und wir bekommen die so genannte „Midlife-Crisis", auch „Burnout" genannt.

Also ein kleiner Rat von einem Mitstreiter: Ja nicht zu lange Urlaub machen, sondern schnell wieder eine neue Aufgabe suchen – auch wenn Du zuerst einmal das Gefühl hast, sie nicht verwirklichen zu können. Etwas ganz wahnsinnig Klingendes! – Du wärst zum Beispiel sicher der BESTE Sportminister, den sich unser Land vorstellen könnte!

Oder Du könntest eine Sportstadt ins Leben rufen – oder, oder … Du siehst – ich bin ein ewiger Träumer. Und das werde ich mir auch niemals nehmen lassen!

Mein guter alter Freund André Heller hat einmal so schön gesagt: „Die wahren Abenteuer sind im Kopf, und sind sie nicht im Kopf, dann sind sie nirgendwo …"

Ich hoffe, ich habe die Fragen für Dein Buch gut beantwortet und schicke Dir und Deiner Familie ganz liebe Grüße aus einem – wie immer – sonnigen Malibu. ♦

Peter Wolf

Statements

1.
Was fällt Ihnen ein, wenn Sie sich an die Zusammenarbeit /Begegnung mit Hubert erinnern?

2.
Wie vermeiden Sie den Burnout, was sind Ihre Strategien/Tipps an die Leser/innen von Huberts Buch?

Prinzessin Haya Bint Al-Hussein

Toni Innauer

Hans Krankl

Michael Kuhn

Annemarie Moser-Pröll

Elmar Oberhauser

Jos Pirkner

Peter Schröcksnadel

Dr. Leo Wallner

ad 2) Burnout: Hupo asked me what I do to get peace for my soul. Thankfully I have a peaceful place in my heart and soul at all times. That is undeniably because of my faith in God, and the fact that I pray regularly. I am Muslim, but I know it does not matter what religion one is. The wonderful thing about Islam though, is that we have five prayer times throughout the day. This exercise of discipline in itself gives one much peace. By praying five times a day, or doing what is required of you, you are able to leave the rest to God. I think perhaps turbulence and confusion comes when you feel you are not in control of your life, and by praying, and truly believing you realise that perhaps that control you seek is only an illusion anyway. Acceptance is a much easier way to live.

***

ad 2) Hubert fragte mich, was ich für meinen Seelenfrieden tue. Glücklicherweise habe ich zu jeder Zeit einen friedvollen Platz in meinem Herzen und meiner Seele. Das steht außer Zweifel, da ich Vertrauen in Gott habe und regelmäßig bete. Ich bin Muslime, aber ich weiß, es macht keinen Unterschied, welcher Religion man angehört. Das Wunderbare am islamischen Glauben ist, dass wir während des Tages fünf Mal beten. Allein diese Übung in Disziplin beschert einem schon ein großes Maß an Frieden. Fünf Mal am Tag zu beten, oder das zu machen, was von dir erwartet wird, bringt dich in die Lage, den Rest Gott zu überlassen. Ich denke, dass Verwirrung und Unruhe kommen, wenn du das Gefühl hast, dein Leben nicht unter Kontrolle zu haben. Durch das Gebet und tiefen Glauben erkennst du aber, dass diese Kontrolle, die du suchst, ohnehin nur eine Illusion ist. Es ist sicher der einfachere Weg, das Leben anzunehmen, wie es ist. Es zu akzeptieren. ♦

Toni Innauer – Rückbesinnung auf meine Wurzeln

ad 2) Meine wichtigsten Bezugspunkte zur Verhinderung von Burnout-Symptomen sind: meine Familie, meine Partnerschaft, die Rückbesinnung auf meine Wurzeln, die im Bregenzerwald auf dem Berg liegen, die Natur rund um mich und in mir.

Als Schlagwort fällt mir spontan „Balance" ein: Der Versuch, Rhythmen von Belastung und Entlastung, Disziplin und Genuss, Pflicht und Vergnügen zu leben, ist eine schwierige Kunst, die man rechtzeitig lernen sollte, um immer wieder in ein dynamisches Gleichgewicht zurückzufinden. Dazu brauchen wir die Fähigkeit loszulassen und sind abhängig von Menschen, die nicht nur in einem arbeitstechnischen Verhältnis zu uns stehen, sondern jenseits von Job, Bedeutung, Nützlichkeit und Macht zu uns in Beziehung treten wollen. ♦

Hans Krankl – vom gleichen Schlag

ad 1) „Hubert Neuper ist geradlinig, ein Mann mit Handschlagqualität. Wir verstehen uns seit Jahren sehr gut, ohne auch nur die geringsten Komplikationen. Wenn's ums Geschäft geht, ist Hubert einer, der gleich auf den Punkt kommt, keine langen Verträge oder Richtlinien aus dem Ärmel zieht, statt dessen ein paar Worte, ein Handschlag, und das funktioniert. Diese Art verbindet uns, wir sind vom gleichen Schlag."

ad 2) „Burnout war für mich Gott sei Dank bis zum heutigen Tag noch nie ein Thema, und wenn's nach mir geht, bleibt das auch so. Deshalb kann ich keine Rezepte anbieten, wie man sich davor schützt." ♦

Michael Kuhn – Es gibt nichts Unmachbares

ad 1) Ich kannte Hupo von früher als Sportler und auch als Tyrolean-Pilot eher oberflächlich, näher erst seit seiner Springer-Expedition nach New York und später durch sein Jahrhundert-Fest namens World Sports Awards. Das heißt, ich war schon um die 60, als ich mitbekam, was in ihm steckt. In diesem Alter lässt man sich normalerweise nicht mehr viel sagen. Aber Hupo hat mich noch lernfähig gemacht. Ich habe nicht mehr oder weniger von ihm gelernt als folgendes Elementares: Es gibt nichts Unmachbares, wenn man nur daran glaubt und es will.

ad 2) Zur zweiten Frage bin ich der ungeeignete Auskunftsgeber. Burnout war mir immer fremd, vermutlich deshalb, weil mein Beruf zugleich meine Leidenschaft ist. Stress bremst mich nicht, sondern beflügelt mich. ♦

Annemarie Moser-Pröll – der Wille zu siegen

ad 1) Der Name Hubert Neuper lässt Erinnerungen wach werden an eine schöne Zeit, an einen großartigen Sportler und einen Menschen, den ich Freund nennen darf. Wir feierten zur selben Zeit unsere Erfolge in verschiedenen Disziplinen, aber der Gedanke war der gleiche – der Wille zu siegen.

Mit Dankbarkeit und Bewunderung durfte ich erleben, wie Hubert die World Sports Awards ins Leben rief. Schwierigkeiten hielten ihn nicht ab, die verschiedenen Sportarten in eine weltumfassende Veranstaltung zu vereinen – Hubert, danke, und Gratulation für deine Arbeit – ich weiß, es war nicht leicht.

ad 2) Burnout – Ich kann es verstehen, auch für mich gab es die Zeit, in der ich nicht mehr konnte und nicht mehr wollte. Da gilt es „neue Wege zu finden", um dem Leben einen neuen Sinn zu geben. Ich bin, diesen Weg gegangen und würde mir wünschen, dass es Dir auch gelingt, dem Leben nach dem Sport einen neuen Start zu geben. 5-4-3-2-1-GO – in eine glückliche Zukunft, das wünscht dir eine echte Freundin. ♦

Elmar Oberhauser – die berühmte Gänsehaut

Ich freue mich sehr, dass Hubert seine „Krise" (vielleicht war es auch nur eine vermeintliche oder eingebildete) überwunden hat. Hubert Neuper ist für mich einer der kreativsten Menschen, die mir je begegnet sind. Wenn er von einer Idee, und sei sie noch so visionär, überzeugt ist, kämpft er dafür wie ein Besessener. Das ist für die Sache gut, wahrscheinlich sogar notwendig. Es macht aber den Umgang mit ihm schwierig und geht oft so weit, dass zumindest phasenweise Freundschaften ins Wanken geraten. Selbst wenn man ihm mit noch so schlagenden Argumenten versucht zu erklären, dass eine Sache, die er sich einbildet, auf Grund der Faktenlage nicht realisierbar ist, nimmt er das nicht zur Kenntnis. Hubert verabschiedet sich nach einem für ihn unbefriedigenden Gespräch durch die Tür, um Bruchteile von Sekunden später durchs Fenster wieder herein zu kommen und die ergebnislose Diskussion von Neuem zu beginnen.

Dies ist auch eine Stärke und befähigt ihn, Dinge zu verwirklichen, die zunächst für viele als gänzlich unrealistisch erscheinen. Dabei ist er, wie sich gezeigt hat, bereit, auch seine Existenz auf's Spiel zu setzen.

Der von Hubert Neuper in der Wiener Staatsoper verwirklichte „World Sports Award" war für mich ein einmaliges, beeindruckendes, ergreifendes Ereignis, das mehrfach die berühmte Gänsehaut ausgelöst hat.

Ich bin stolz, von Hubert als Freund bezeichnet zu werden. ♦

Prof. Jos Pirkner – ein Weltklasse-Ereignis

ad 1) Ich habe mit Hubert Neuper erstmals bei den World Sports Awards zusammengearbeitet, einer so bemerkenswerten Veranstaltung, dass ich heute noch oft und gerne daran denke. In diesen Tagen habe ich Hubert als offenen, agilen und intelligenten Menschen kennengelernt. Wir sind seither Freunde. Hubert ist nicht nur ein brillanter Veranstalter. Er hat das gewisse Etwas, das den Unterschied zwischen gut und erstklassig ausmacht: Hubert kann in einer Idee aufgehen, beseelt sein und einer Vision folgen. Die World Sports Awards waren ein Weltklasse-Ereignis und wäre ohne diesen Spirit nie gelungen. Ich hoffe, dass Hubert seinen Sportsgeist behält und unbeirrbar weiter nach dem Außergewöhnlichen strebt.

ad 2) Stress ist ein Bestandteil meines Lebens. Ich mache Monumentalplastiken, die im öffentlichen Raum stehen, große Ausstellungen und in den letzten Jahren auch künstlerische Komplettkonzepte für große Events wie den Stunt-Award in Hollywood. Enormer Termin- und Erfolgsdruck ist da vorprogrammiert. Dazu kommt der künstlerisch-kreative Anspruch. Man muss auch unter Extrembedingungen schöpferisch sein. Ich versuche den Druck positiv zu kanalisieren, den Stress als Antrieb zu nehmen, als Energieschub. Je enger die Termine werden, desto impulsiver wird meine Arbeit. Mein Rat wäre also, sich nicht gegen den Druck zu stemmen, sondern beherzt wie ein Surfer auf einer großen Welle zu reiten. ♦

Dr. Leo Wallner – Vision, Initiative und Aktivität

ad 1) Hubert Neuper kenne ich als Mann mit großen Plänen, der den Ehrgeiz und die Kraft aufbringt, diese Pläne auch in die Tat umzusetzen. Als Sportler genauso wie als Sport-Manager setzt er die ihm eigene, nicht alltägliche Kombination von Vision, Initiative und Aktivität stets wirksam ein. Was mir an erfolgreichen Menschen immer besonders gefällt, ist, wenn sie ihre Authentizität bewahren, sie selbst bleiben. Auf Hubert Neuper trifft das sicherlich in besonderem Maße zu.

ad 2) In belastungsintensiven Zeiten versuche ich stets, Abstand zu gewinnen, mich nicht vereinnahmen zu lassen von Herausforderungen, die an die Substanz gehen könnten. Dann bin ich gerne in der Natur, sei es, um Sport zu machen oder auch nur einen Spaziergang im Wald. Auch Zeit mit meiner Familie und Gespräche mit Freunden geben mir viel Kraft.

Prinzipiell trachte ich danach, meine Energie nicht einseitig zu verwenden, sondern gleichmäßig auf die Anforderungen des Lebens zu verteilen. Innerhalb der verschiedenen Lebensbereiche gibt es zwar Prioritäten, sie sollten aber dennoch in Harmonie zueinander stehen. ♦

Prof. Peter Schröcksnadel – ein natürliches Gespür

ad 1) Der Hubert ist ein sehr kreativer und agiler Mensch, der Dinge gerne anpackt und zu Ende bringt. Was mich vom organisatorischen Aspekt her bei unserer Zusammenarbeit beeindruckt hat, sind seine PR- und Promotion-Fähigkeiten. Er hat da ein natürliches Gespür dafür und kann auch mit Journalisten gut umgehen.

ad 2) Ich muss zugeben, ich hatte noch nie einen Burnout. Daher fällt es mir schwer, hier Ratschläge zu geben. Allerdings hatte ich einmal eine Sinnkrise im Leben. Da war ich so um die 30 Jahre alt, hatte einen gewissen sozialen Status erreicht und habe mich gefragt: So, und was will ich jetzt noch machen mit dem Rest meines Lebens? Mittlerweile sind mehr als 30 Jahre vergangen, und ich muss sagen, dass ich sehr zufrieden bin. Ich habe vielleicht eine aktivere Maschine, einen stärkeren Antrieb als andere Menschen. Ich kenne meinen Körper sehr gut – habe stets Sport betrieben. Wenn man die Signale, die der Körper aussendet, erkennt, kann man auch richtig danach handeln. Und Burnout vermeiden, denke ich. Man muss stets auf seinen Körper hören. ♦

Epilog

Haya Al-Hussein
Light The World

Es ist mir eine Freude, für den Epilog zu Huberts Buch ein paar Worte verfassen, denn mit Hubert und seinen Projekten verbinden sich für mich ebenso angenehme wie berührende Momente, an die ich mich gerne und oft zurückerinnere.

Ich lernte Hupo Neuper bei den World Sports Awards 2000 in London kennen. Es schien, als wäre er einfach überall. Er scherzte mit den Gästen und Athleten, organisierte, unterhielt sich. Kurz gesagt: Er war ein Musterbeispiel an Charme und Kontrolle. Huberts spontane Reden brachten uns zum Lachen und machten den gesamten Event zu einem Vergnügen für alle, die daran teilnahmen.

Eines war für jeden offensichtlich, oder zumindest fiel es mir auf: Hinter der Fassade von Humor und Späßen verbarg sich eine Person mit enormer Effizienz und Professionalität. Diese Eigenschaften erlaubten es ihm, dem unglaublich großen öffentlichen Druck standzuhalten, dem er ausgesetzt war.

Meine beste Erfahrung bei den World Sports Awards waren sicherlich die vielen Freundschaften, die ich dort schloss. Der Abend war wunderbar, er gab uns Athleten eine Chance, die wir nur ganz selten abseits der Wettkämpfe haben: Wir konnten uns unterhalten und eine entspannte Zeit miteinander verbringen.

Das nächste Mal, als ich Hubert begegnete, stand unter einem ganz anderen Stern: Es war nach jenen dunklen Tagen im September 2001, in denen die Welt wie gelähmt war und unter dem Eindruck der Terroranschläge in New York Angst und Ungewissheit das Leben vieler Menschen bestimmten. Ich hatte Hubert um ein Treffen gebeten, da ich mit dem Projekt „Light the

World“ ein Zeichen gegen Passivität und Hilflosigkeit setzen wollte – und für die Umsetzung jemanden brauchte, für den es keine Grenzen und Hürden gibt. Jemanden wie Hubert also, der sich dann mit seinem Team auch sofort an die Planung machte.

Die Idee von „Light the World“ war, ein vom Sonnenlicht entfachtes Feuer rund um die Welt zu tragen, schneller als die Dunkelheit, der Nacht immer ein Stück voraus. Mit der Concorde, dem schnellsten Passagierflugzeug, sollte es gelingen, acht Flughäfen anzufliegen und bei kurzen Zwischenstopps das Feuer in Laternen an die Menschen zu verteilen. Dieses symbolische Wettrennen - „Gut gegen Böse, Licht gegen Finsternis“ - sollte wieder Hoffnung schenken.

Hubert Neuper und sein Team waren großartig. Ich war überrascht von ihrer Unvoreingenommenheit und ihrem „Spirit”. Eine Woche lang arbeiteten wir Tag und Nacht und waren überwältigt vom Ausmaß der Unterstützung, die wir von vielen Menschen erhielten. Wir hofften darauf, dass tausende kleiner individueller Anstrengungen am Ende zu einem einzigartigen Event führen würden, der größer als die Summe seiner Teile war.

Leider wurde „Light the World“ nie realisiert. Wir scheiterten letztendlich an bürokratischen Hürden. Aber ich glaube nicht, dass uns die Dunkelheit damals besiegt hat. Vielmehr glaube ich, dass Hupo, sein Team und die tausenden Menschen, die uns bei der Entwicklung des Projektes mit Rat und Tat zur Seite gestanden waren, auf ihre ganz persönliche Art und Weise die Welt erleuchtet haben. Mit ihrem Herzen und ihrem Spirit.

Und wer weiß, Hupo … eines Tages werden wir vielleicht doch noch gemeinsam beenden, was wir damals begonnen haben!

Zeittafel Hubert Neuper

1960 (29. Sept.)	Geburt, Bad Aussee
1968 (Weihnachten)	Erste Sprungski
1970 (4. Feb.)	Geburt Schwester Eva Maria
1970 (Sept.)	Internat Stephaneum Bad Goisern
1972 (Sommer)	Aufnahme ÖSV Schülerkader
1974 (Sommer)	Ausschluss aus dem Schülerkader wegen schlechter Leistungen
1974 (Herbst)	Aufnahme Skihandelsschule Stams
1975 (Winter)	Aufnahme C-Kader (Jugendkader) ÖSV
1976 (Feb.)	Vorspringer bei Olympischen Spielen Innsbruck
1977 (Feb.)	Bronzemedaille Juniorenweltmeisterschaft
1978 (Feb.)	Österr. Meister
	Aufnahme in die Nationalmannschaft
	Skispringer, 1. internationaler Sieg (Oberwiesenthal, DDR)
1979 (März)	Schwerer Sturz in Planica (Skiflugweltmeisterschaft)
1980 (Wintersaison)	Gesamtsieger Weltcup
	Olympiazweiter
	Gesamtsieg Vierschanzen-Tournee
1981	Gesamtsieg Vierschanzen-Tournee
1981 (April)	Beginn Pilotenausbildung
1982	Zweiter im Gesamtweltcup
	Sieger des Weltcupbewerbes am Kulm
1984 (Mai)	Hochzeit, „erstes" Karriereende
1984 (Sept.)	Start Comebackversuch
1984 (Okt.)	Geburt Nina
1984 (Herbst)	Skilehrerausbildung
1985 (Jänner)	Ende der Sportkarriere
1985 (Juli)	Unfall Vater
1985 (Dez.)	Übernahme Skischule
1986 (Feb.)	Assistent bei Skiflugweltmeisterschaft Kulm
1986 (März)	Beginn Ausbildung Linienpilot
1986 (Okt.)	Geburt Laura
1987 (März)	Typenberechtigung für Jets (Jetrating)
1987 (Mai)	Co-Pilot für Gerhard Berger
1987 (Herbst)	Aufnahmebescheid bei Tyrolean Airways, Typenberechtigung für DASH 7 (Kanada)

1988 (März)	Beginn „Flugdienst“ Tyrolean Airways
1988 (Nov.)	Tod Eva Maria
1991 (Frühjahr)	Wechsel zu Tyrolean Air Ambulance
1993 (Herbst)	Bewerbung für Skiflugweltmeisterschaft Kulm 1996
1994 (Nov.)	Skispringen am Wiener Heldenplatz
1995 (Nov.)	Skispringen in New York
1996 (Feb.)	Skiflugweltmeisterschaft Kulm 1996
1997 (Feb.)	Skiflugweltcup Kulm
1997 (Juni)	Geschäftsführer Österreichische Sporthilfe
1997 (Nov.)	1. Nacht des Sports
1998 (Nov.)	2. Nacht des Sports, Tod des Vaters, erste Vorgespräche zu den World Sports Awards mit Bund und Stadt Wien
1999 (Feb.)	„Startschuss“ zu Vorbereitungen WSA
1999 (Aug.)	Treffen mit Muhammad Ali WSA kurz vor Absage
1999 (Sept.)	Diffamierung durch Sporthilfe-Mitarbeiter
1999 (Okt.)	Organisation zweier Fernsehshows für die Sporthilfe (Toto-Gala, Oldies-Gala)
1999 (Nov.)	3. Nacht des Sports World Sports Awards of the Century
2000 (Jänner)	Rücktritt als Sporthilfe Geschäftsführer
2000 (Mai)	Beginn Organisation World Sports Awards London Klage gegen Magazine bzgl. Berichterstattung rund um WSA-Wien
2000 (Sept.)	Urteil
2001 (März)	ORF-Kurator – Legt im Mai 2000 das Mandat zurück
2001 (Jänner)	Organisation Geburtstagsparty Muhammad Ali World Sports Awards 2000 London
2001 (Feb.)	Auszeit in Marbella
2002 (Dez.)	Entschluss Auszeit
2003 (Feb.)	Organisation Skiflugweltcup Kulm
2003 (April)	Nashville
2003 (19. Nov.)	Buchpräsentation „Flatline“

No-Sports-Index:

Adams, Bryan: Der Rockmusiker Bryan Adams (geb. 1959 in Kingston, Kanada) wurde durch eine Vielzahl von genialen Songs weltbekannt – zum Beispiel: „Straight From The Heart“, „Cuts Like A Knife“, „Heat Of The Night“, „Summer Of '69“, „Run To You“.

Dichand, Hans: Der Zeitungsherausgeber und Journalist Hans Dichand (geb. 1921 in Graz, Österreich) arbeitete u. a. beim britischen Nachrichtendienst und der "Wiener Tageszeitung". Er war Chefredakteur bei der "Murtaler Zeitung", der "Kleinen Zeitung" und dem "Kurier". Hans Dichand ist Gründer, Miteigentümer und Herausgeber der "Neuen Kronen Zeitung“ (Gründungsjahr 1959) und gilt als bedeutender Kunstsammler.

Dungl, Willi: (1937-2002), Gesundheits- und Fitnessexperte, unter anderem auch langjähriger Betreuer von Niki Lauda, Ayrton Senna und Alain Prost , Gründer und Leiter des Dungl-Zentrums in Gars am Kamp. Prof. Willi Dungl galt als Pionier ganzheitlicher Gesundheitspflege und aktiver Lebensgestaltung.

Häupl, Michael: Der Wiener Bürgermeister Michael Häupl (geb. 1949 in Altlengbach, Niederösterreich), studierte Biologie und Zoologie an der Universität Wien und war von 1975 bis 1983 wissenschaftlicher Mitarbeiter des Naturhistorischen Museums. Als langjähriges SPÖ-Mitglied des Wiener Landtages wurde er 1988 amtsführender Stadtrat für Umwelt und Sport und ist seit November 1994 Landeshauptmann von Wien

Haya bint Al-Hussein: (geb. 1974 in Amman, Jordanien), Tochter des verstorbenen Königs Hussein von Jordanien, studierte an der Universität Oxford Politik, Philosophie und Wirtschaft. Sie ist eine begeisterte Reiterin; sie startete bei den Olympischen Spielen in Sydney im Springreiten, erreichte auf der Stute Lucilla das Finale der besten 25. Ehrenpräsidentin der Queen Alia Stiftung für Taubstumme und der Haya Arts and Cultural Society for Child Development.

Holender, Ioan: Der Direktor der Wiener Staatsoper, Ioan Holender (geb. 1935 in Rumänien), lebt seit 1959 in Österreich. 1988 wurde er als Generalsekretär an die Wiener Staatsoper und Volksoper Wien berufen und im April 1992 zum Direktor beider Häuser bestellt. Im Zuge der ersten Verlängerung seines Staatsopernvertrages bat er 1996 um Entbindung von seiner Tätigkeit als Volksoperndirektor. Ioan Holender lehrt am Wiener Institut für Theater-, Film- und Medienwissenschaft und wurde für seine Verdienste um Kunst und Kultur im In- und Ausland mit vielen Auszeichnungen geehrt.

Jaitler, Heinz A.: Wirtschaftstreuhänder und Steuerberater (Sporthilfe) in Baden bei Wien.

Klestil, Thomas: Der langjährige Diplomat und UNO-Botschafter Thomas Klestil (geb. 1932 in Wien) ist seit 1992 Bundespräsident von Österreich.

Klima, Viktor: (geb. 1947 in Wien) war von 1992-96 Bundesminister für öffentliche Wirtschaft und Verkehr, 1996-97 Bundesminister für Finanzen und von 1997-2000 österreichischer Bundeskanzler und Bundesparteivorsitzender der SPÖ. Seit 2000 ist Viktor Klima Präsident von VW-Argentina.

Kuhn, Michael: (geb. 1937), ist seit 1959 Sportchef der österreichischen Tageszeitung „Neue Kronen Zeitung", seit 1990 stellvertretender Chefredakteur und seit 2003 auch Chefredakteur der „Neuen Kronen Zeitung".

Kreisky, Bruno: (1911-1990), Jurist und Politiker, war u.a. von 1967-83 Bundesparteivorsitzender der SPÖ, 1976-89 Vizepräsident der Sozialistischen Internationale, 1953-59 Staatssekretär im Bundeskanzleramt, 1956-83 Abgeordneter zum Nationalrat, 1959-66 Bundesminister für auswärtige Angelegenheiten und 1970-83 Bundeskanzler.

Laska, Grete: (geb. 1951) ist seit 1994 Landeshauptmann-Stellvertreterin, Vizebürgermeisterin der Stadt Wien und amtsführende Stadträtin für Soziales, Bildung, Jugend, Familie und Sport.

Lexer, Helmut: Präsident des steirischen Skiverbandes

Nosbusch, Désirée: (geb. 1965 in Esch/Alzette, Luxemburg) moderierte schon mit zwölf Jahren Kindersendungen bei Radio Luxemburg. Mit 14 Jahren bekam sie ihre eigene Sendung und ist mittlerweile als Schauspielerin und Fernsehmoderatorin in Europa und den USA tätig.

Mateschitz, Dietrich: Der Unternehmer Dietrich Mateschitz (geb. 1944 in St. Marein im Mürztal, Österreich) gründete 1987 die „Red Bull GmbH" und machte den Energy-Drink Red Bull zum Weltmarktführer. Mateschitz ist u.a. am Formel-1-Team Sauber-Petronas beteiligt.

Moore, Roger: Der Schauspieler, Produzent und Regisseur Roger Moore (geb. 1928 in Stockwell, Großbritannien) wirkte in unzähligen erfolgreichen Film-, TV- und Theaterproduktionen mit. U.a. war er sieben Mal als „James Bond" im Einsatz.

Moretti, Tobias: Der Schauspieler Tobias Moretti (geb. 1959 in Gries, Österreich) wurde u.a. durch Film- und Fernsehproduktionen bekannt, darunter: Felix Mitterers „Piefke Saga", Rodolfo Dalvais „I due ponti" (1988) und mehrere Projekte mit Xaver Schwarzenberger („Der Rausschmeißer", „Ein Hund kam in die Küche" und „Andreas Hofer – Die Freiheit des Adlers" über den Tiroler Nationalhelden Andreas Hofer). Für seine Rolle in „Tanz mit dem Teufel“ wurde Moretti im März 2002 mit dem Adolf-Grimme-Preis ausgezeichnet. 2003 wurde Tobias Moretti als „beliebtester Schauspieler“ mit dem TV-Publikumspreis Romy geehrt.

Oberhauser, Elmar: Der Journalist Elmar Oberhauser (geb. 1947 in Hohenems, Österreich) ist langjähriger ORF-Mitarbeiter (u.a. als „Zeit im Bild 2“-Moderator, Sendungsverantwortlicher der „Zeit im Bild 2“ und Stellvertretender Chefredakteur des Aktuellen Dienstes Fernsehen) und seit Anfang 1995 Hauptabteilungsleiter Sport Fernsehen.

O'Sullivan, Gilbert: Der 1946 in Irland geborene Musiker Gilbert O'Sullivan wurde durch eine Reihe von Hits weltbekannt („Get Down“, „Alone Again Naturally“, „Clair“, „Call On Me“ uvm). Heute lebt der Künstler und enge Freund Hubert Neupers auf den Channel Islands.

Pirkner, Jos: Der Akademische Bildhauer Prof. Jos Pirkner (gb. 1927 in Sillian, Osttirol) wurde nach der Grazer Meisterschule für angewandte Kunst Privatschüler des Bildhauers Rudolf Reinhart in Salzburg. Nach vielen Jahren künstlerischer Tätigkeit im Ausland, lebt Jos Pirkner seit 1978 mit seiner Familie in Tristach bei Lienz. Seine zahllosen Werke, darunter viele Großplastiken, sind auf internationalen Ausstellungen und Museen zu sehen.

Puck, Wolfgang Johann: Der Koch Wolfgang Puck (geb. 1949 in Kärnten) arbeitete nach seiner Kochlehre im Parkhotel Villach in Frankreich und den USA, wo er 1982 in Hollywood das Restaurant „Spago“ eröffnete. Mittlerweile führt Wolfgang Puck auch Restaurants in San Francisco, Las Vegas und Chicago.

Riess-Passer, Susanne: Die Juristin und FPÖ-Politikerin Susanne Ries-Passer (geb. 1961 in Braunau, Österreich) war u.a. von 1999-2000 Abgeordnete zum Nationalrat und von 2000 bis Anfang.2003 österreichische Vizekanzlerin und Bundesministerin für öffentliche Leistung und Sport.

Sinowatz, Fred: Der Historiker und Politiker Fred Sinowatz (geb. 1929 in Neufeld an der Leitha, Österreich), war u.a. Bundesparteivorsitzender der SPÖ, von 1971-83 Bundesminister für Unterricht und Kunst, 1981-83 Vizekanzler und 1983-86 österreichischer Bundeskanzler.

Schröcksnadel, Peter: Der Unternehmer Peter Schröcksnadel (geb. 1941 in Innsbruck, Österreich), erwarb 1964 mit der von ihm gegründeten Firma Sitour die Weltlizenz für Skipistenmarkierungen. Im Jahr 1998 gründete Peter Schröcksnadel den Fernsehkanal TW 1. Seit 1990 Präsident des Österreichischen Skiverbands.

Sölkner, Kurt: (geb. 1961), Postamtsleiter in Bad Mitterndorf, Organisation Shuttle-Service.

Spiecker, Oliver: Oliver Spiecker war u.a. Entwicklungschef bei RTL (plus) und ist vielbeschäftigter Autor von Drehbüchern für Film, Fernsehen und Galaveranstaltungen.

Vranitzky, Franz: (geb. 1937 in Wien), Bankmanager und Politiker (SPÖ). 1986 löste er Fred Sinowatz als österreichischer Bundeskanzler ab. 1987-97 Bundeskanzler einer SPÖ-ÖVP-Koalition. 1988-97 Bundesparteivorsitzender der Sozialdemokratischen Partei Österreichs.

Wallner, Leo: (geb. 1935 in Amstetten, Österreich) ist seit 1968 Generaldirektor der Casinos Austria AG, die unter seiner Führung zu einem der größten Unternehmen dieser Branche weltweit wurde. Seit 1990 ist Leo Wallner Präsident des Österreichischen Olympischen Comités und seit 1998 Mitglied des Internationalen Olympischen Komitees.

Wittmann, Peter: Der Jurist und SPÖ-Politiker Peter Wittmann (geb. 1957 in Wiener Neustadt, Österreich) war u.a. Bürgermeister von Wiener Neustadt (1993-1997) und Staatssekretär für Kunst, Europa und Sport im Bundeskanzleramt (1997-2000). Seit 2000 Abgeordneter zum Nationalrat.

Wolf, Peter: Der gebürtige Wiener Peter Wolf studierte zehn Jahre klassisches Klavier am Konservatorium für Musik in Wien, bevor er mit 23 Jahren nach Amerika auswanderte, um eine erfolgreiche Karriere als Musiker, Komponist und Produzent zu starten. Er schrieb und produzierte Songs für Frank Zappa und Mothers of Invention, Chicago, Paul Young, Pointer Sisters und viele mehr. Bisher verkaufte Tonträger: Mehr als 60 Millionen.

Woods, Ron: Der Musiker Ron Woods (geb. 1947 in England) ist seit 1975 bei den „Rolling Stones" und trägt seither den Spitznamen „Der Neue". Denn die „Stones" wurden schon 1962 gegründet und zählen mittlerweile zu den bedeutendsten Rock and Roll-Gruppen aller Zeiten. Mick Jagger, Keith Richard, Charlie Watts und Ron Wood, der sich auch als Maler einen Namen gemacht hat, sind nach wie vor regelmäßig auf Tour.

Sport-Index:

Agostini, Giacomo: Der Italiener Giacomo Agostini (geb. 1942) sammelte im Lauf seiner Karriere 15 Motorrad-Weltmeistertitel und 122 Grand-Prix-Siege.

Albert von Monaco: Prinz Albert Alexandre Louis Pierre Rainier (geb. 1958 in Monte-Carlo, Monaco) hat sich auch als begeisterter Sportler einen Namen gemacht. Der leidenschaftliche Bob-Fahrer und Politologe studierte an verschiedenen Elite-Universitäten in den Vereinigten Staaten und vertrat 1988 das Fürstentum Monaco bei den Olympischen Spielen in Calgary mit seinem Bob-Team (Platzierung: Rang 25). Prinz Albert ist u.a. als Präsident in Organisationen wie dem Roten Kreuz von Monaco sowie im Leichtathletik- und Bob-Verband aktiv.

Ali, Muhammad alias Cassius Marcellus Clay: (geb. 1942 in Louisville, Kentucky) war dreifacher Weltmeister im Schwergewicht. Als er 1981 seine Karriere beendete, hatte er nur vier Kämpfe verloren und 56 gewonnen, 37 davon durch KO's.

Ashford, Evelyn: Die Leichtathletin Evelyn Ashford (geb. 1957, USA), wurde u.a. 1984, 1988 und 1992 mit der USA Olympiasiegerin in der 4x100-m-Staffel und 1984 Olympiasiegerin über 100 m und 1988 Olympiazweite über 100 m.

Assinger, Armin: (geb. 1964 in Graz) absolvierte in seiner aktiven Rennkarriere 110 Weltcup-Rennen (4 Weltcup-Siege, 30 Plätze unter den Top-15) und ist seit 1995 als ORF-Moderator im Einsatz. 2003 wurde er als „beliebtester Talkmaster" mit dem TV-Publikumspreis Romy geehrt.

Becker, Boris: Der Tennisprofi Boris Becker (geb. 1967 in Leimen, Deutschland) gewann u.a. dreimal die All England Championchips in Wimbledon und wurde dabei der jüngster Sieger in der Geschichte des legendären Rasenturniers. Nach einer äußerst erfolgreichen Karriere zog sich Becker im Juni 1999 aus dem Spitzensport zurück.

Berger, Gerhard: (geb. 1959 in Wörgl, Tirol) bestritt 210 Formel-1-Grand-Prix-Rennen, eroberte 385 WM-Punkte, gewann 10 Rennen und stand insgesamt 48 Mal am Podium der besten 3. Bis 2003 Motorsportdirektor von BMW.

Bryant, Kobe: Der amerikanische Basketballstar Kobe Bryant (geb. 1978 in Pennsylvania, USA), Sohn des früheren NBA-Spielers Joe „Jellybean" Bryant, ist seit seinem 18. Lebensjahr NBA-Profi, wurde mit 19 als jüngster Spieler der Geschichte für das All-Star-Game nominiert, spielt bei den Los Angeles Lakers, gewann bislang 3 NBA-Titel.

Bruijn, Inge de: Die Weltklasseschwimmerin Inge de Bruijn (geb. 1973, Niederlande), hat u.a. bei Olympischen Spielen in diversen Bewerben drei Gold- und eine Silbermedaille erzielt, mehrere Weltrekorde aufgestellt, bei Weltmeisterschaften eine Gold-, zwei Silber und zwei Bronzemedaillen sowie bei Europameisterschaften zwei Gold- und eine Silbermedaille gewonnen.

Comaneci, Nadia: Die Weltklasse-Turnerin Nadia Comaneci (geb. 1961 in Onesti, Rumänien) war zweifache Olympiasiegerin (1976 dreimal Gold, einmal Silber und einmal Bronze in Montreal und 1980 in Moskau zwei Gold- und zwei Silbermedaillen) sowie mehrfache Europameisterin und Weltmeisterin.

Conner, Bart: Der US-Amerikaner Bart Conner war Olympia-Sieger im Kunstturnen am Barren 1984 in Los Angeles.

Ecclestone, Bernie: Bernie Ecclestone (geb. 1930 in Großbritannien) wurde 1965 Manager des österreichischen Rennfahrers Jochen Rindt. 1974 gründete Ecclestone gründete als Teamleiter von Brabham zusammen mit weiteren Team-Chefs, wie Max Mosley und Frank Williams, die „Formula One Constructors Association“ und erreichte Anfang der 80er Jahre mit einem neuen Managementkonzept seinen Durchbruch als der Manager der Formel 1. Seit 1997 ist Bernie Ecclestone als Vizepräsident der FIA für deren Werbe- und Vermarktungsaktivitäten zuständig.

Edwards, Eddie: Der Brite Eddie „the Eagle“ Edwards (geb. 1963) galt als schlechtester Weltcup-Skispringer aller Zeiten und war der erklärte Liebling vieler Fans. 1988 wurde er bei den Olympischen Spielen in Calgary wie (fast) immer in seiner Karriere Letzter, sowohl von der Normal- als auch von der Großschanze. 1992 wurde der gelernte Maurer aus Cheltenham vom IOC nicht mehr zu den Spielen zugelassen.

Federer, Edi: Manager von Andi Goldberger, Marketingmanager der polnischen Nationalmannschaft., Manager des Polen Adam Malysz

Felder, Andreas: Der Skispringer und Trainer Andreas Felder (geb. 1962 in Hall in Tirol, Österreich), war 1987 Weltmeister und 1990/91 Weltcupsieger. Bei den Olympischen Spielen 1992 errang Felder den 2. Platz im Mannschaftsspringen.

Foreman, George: Der US-Amerikaner und Ex-Profi-Box-Weltmeister im Schwergewicht (geb. 1949) gewann 76 seiner 81 Kämpfe, davon 68 durch KO. Bei den Olympischen Spielen 1968 gewann er die Goldmedaille. 1974 verlor er seinen WM-Titel im „Rumble in the Jungle“ in Zaire gegen Muhammad Ali. Im November 1994 krönte sich Foreman noch einmal – im Alter von 45 Jahren – zum Weltmeister, schlug den um 26 Jahre jüngeren Michael Moorer durch KO..

Fraser, Dawn: Die australische Schwimmerin Dawn Fraser (geb. 1937) erzielte u.a. bei Olympischen Spielen 1956 zwei Mal Gold (100 m Kraul, 4 x 100 m-Kraulstaffel) und ein Mal Silber (400 m Kraul), 1960 Gold (100 m

Kraul) und zwei Mal Silber (Kraulstaffel und Lagenstaffel) und 1964 Gold (100 m Kraul) und Silber (800 m Kraul). Dawn blieb als erste Schwimmerin der Welt über 100 m Freistil unter einer Minute. Nach dem Ende ihrer Karriere engagierte sie sich in der Politik.

Fritsch, Toni: Toni Fritsch (geb. 1945 in Niederösterreich) wird wegen seiner legendären Tore im Londoner Wembley-Stadion (2 Tore beim 3 : 2-Sieg von Österreich gegen England 1965) „Wembley-Toni" genannt, oder auch „Champ", da er in Amerika als zweifacher Superbowl-Gewinner eine wirklich große Nummer ist. Als Fußballspieler war er von 1964 – 71 mit Rapid Wien mehrfacher österreichischer Meister. Mit 26 Jahren beendete er seine Fußballkarriere und wanderte in die USA aus. Dort gewann er 1972 und 1978 als Freekicker mit den Dallas Cowboys die Super Bowl, den höchsten Titel im American Football.

Goldberger, Andreas: Der österreichische Skispringer Andreas Goldberger (geb. 1972 in Ried im Innkreis) ist zweifacher Sieger der Vierschanzentournee (1992/93 und 1994/95). Er gewann u.a. bei der WM in Falun 1993 zweimal Bronze, einmal Silber und 1995 in Kanada die Silbermedaille. Neben zwei olympischen Broncemedaillen (1994) gewann Goldberger bislang über 45 Weltcupsiege.

Graf, Steffi: Die deutsche Tennisspielerin Steffi Graf (geb. 1969 in Mannheim, Deutschland) gewann in ihrer Karriere 107 Titel, darunter 22 Grand-Salm-Turniere und siebenmal Wimbledon. Sie führe 377 Wochen die Weltrangliste an.

Grissmann, Werner: Werner Grissmann (geb. 1952 in Lienz, Österreich), der Ex-Skirennläufer war u.a. 1978 WM-Dritter im Abfahrtslauf und hat mit dem „Dolomiten-Mann" einen der härtesten Teamwettbewerbe für Extremsportler erfunden.

Harrison, Audley: (geb. 1971 in London) gewann 2000 in Sydney Olympia-Gold im Boxen, Kategorie Super-Schwergewicht. Seit Mai 2001 Box-Profi, bislang in sämtlichen 13 Profi-Fights ungeschlagen.

Hill, Damon: Der britische Formel-1-Fahrer Damon Hill (geb. 1960 in London) erzielte 22 Grand Prix Siege und wurde 1994 und 1995 Vize- und 1996 Weltmeister auf Williams Renault. 1999 beendete er seine Formel-1-Karriere.

Hohenlohe, Hubertus von: Der Cosmopolit und Musiker Hubertus von Hohenlohe (geb. 1959 in Mexico City) war auch im sportlichen Bereich immer sehr aktiv – Der mehrfache Olympiateilnehmer gründete u.a. den ersten mexikanischen Skiverband.

Innauer, Toni: Anton Innauer (geb. 1958 in Bezau, Vorarlberg), war 1975 Sieger am Holmenkollen, 1976 bei den Olympischen Spielen in Innsbruck Zweiter auf der Großschanze, hielt zwei Weltrekorde und erzielte 1980 auf der Normalschanze Olympiagold in Lake Placid (Normalschanze). Nach seinem Studium (Philosophie, Psychologie, Sport) agierte er ab 1987 als Trainer und von 1989 bis 92 als Nationaltrainer. Seit 1993 Sportdirektor im ÖSV.

Jackson, Colin: Der Brite Colin Jackson (geb. 1967 in Cardiff) wurde in der Disziplin Hürdenlauf 1988 Olympia-Zweiter, 1993 und 1999 Weltmeister, 1997 Vize-Weltmeister und in den Jahren 1990, 1994, 1998 Europameister.

Johnson, Michael: Der amerikanische Leichtatleth Michael Duane Johnson (geb. 1967 in Dallas, USA) wurde in den Jahren 1991 bis 1999 insgesamt neun Mal Weltmeister (über 200 und 400 Meter, außerdem mit der 4 x 400 Meter Staffel) und gewann in den selben Disziplinen insgesamt fünf Mal olympisches Gold. Johnson hält noch immer die Weltrekorde über 200 m (19,32 Sek.) und 400 m (43,18 Sek.)

Jordan, Eddie: (geb. 1948 in Dublin, Irland), ist Teamchef des Formel 1-Rennstalls Jordan-Honda. Jordan gründete 1981 sein eigenes Renn-Team und erzielte in der britischen Formel 3 und in der Formel 3000 achtbare Resultate. 1991wagte Jordan den Aufstieg in die Formel 1. Einer seiner größten Erfolge: der 3. Rang bei der Konstrukteurs-WM 1999.

Jordan, Michael: Der Basketball-Spieler Michael Jordan (geb. 1963 in Brooklyn/New York) wird oft als der beste Basketballer aller Zeiten bezeichnet. Er spielte u.a. lange Jahre (mit Unterbrechungen von 1984 bis 1998) bei den ChicagoBulls und von 2001 bis 2003 bei den Washington Wizards. Mit Ende der Saison 2003 erklärte Jordan im Alter von 40 Jahren seinen endgültigen Rücktritt vom Leistungssport. Zu seiner Erfolgsbilanz zählen u.a. sechs NBA-Titel. Zehn Mal war er bester Werfer der Saison.

Klammer, Franz: Der Skirennläufer Franz Klammer (geb. 1953 in Mooswald, Österreich) erzielte insgesamt 25 Siege in Weltcuprennen. 1974 war Klammer Weltmeister in der Alpinen Kombination, 1976 gewann er in der Abfahrt olympisches Gold in Innsbruck. In dieser Disziplin wurde er fünf Mal Weltcup-Gesamtsieger. 1985 wechselt er vom Skirennsport in den Autorennsport: Klammer war u.a. österreichischer Tourenwagenmeister. Er arbeitet als Konsulent und Motivationstrainer.

Kogler, Armin: (geb. 1959 in Innsbruck, Österreich) erzielte 1980 Skiflugweltrekord (180 m), war 1981 und 1982 Skisprung-Gesamt-Weltcupsieger und 1982 Weltmeister auf der Normalschanze. Seit 1989 Pilot bei Tyrolean Airways.

Krankl, Hans: (geb. 1953 in Wien, Österreich), 69-facher Fußball-Internationaler, 1979 Europacup-Sieger (der Cupsieger) mit dem FC Barcelona, 1985 Europacup-Finalist mit Rapid, 2 x Österreichischer Meister, 5 x österreichischere Cupsieger. 1978 Gewinner des Goldenen Schuhs für den besten europäischen Torschützen (41 Tore für den SK Rapid). Seine wohl legendärsten Tore waren seine beiden Treffer beim 3:2-Erfolg gegen die Bundesrepublik Deutschland bei der WM 1978 in Argentinien. Seit 1989 ist Hans Krankl Trainer, seit 2002 Trainer der österreichischen Nationalmannschaft.

Lauda, Niki: Der Autorennfahrer, Pilot und Unternehmer Andreas Nikolaus Lauda (geb. 1949 in Wien, Österreich) wurde 1975 und 1977 Formel-1-Weltmeister auf Ferrari und 1984 auf Mc Laren. Insgesamt 25 Grand-Prix-Siege. 1979 Gründung der Lauda Air, 1992-97 Berater bei Ferrari; 2001-2002 Rennsportleiter von Jaguar.

Lewis, Lennox: (geb. 1965 in London, Großbritannien) gewann 1988 in Seoul olympisches Gold im Boxen (Super-Schwergewicht) Seit 1989 Profi, 1993 erstmals Weltmeister, seit 1999 Weltmeister der Verbände WBC, IBF und WB, gewann bislang 41 Profi-Kämpfe (u.a. gegen Tyson und Holyfield), erlitt nur zwei Niederlagen.

Lewis, Carl: Dem Leichtathlet Carl Lewis (geb. 1961 in Alabama, USA) gelang das Kunststück, bei vier aufeinander folgenden Olympischen Spielen Weitsprung-Gold zu holen. Die Erfolgsbilanz des Amerikaners, der zum größten olympischen Athleten des Jahrhunderts gewählt wurde: neunfacher Olympiasieger (4 x Weitsprung, 2 x 100 m, 2 x 4 x 100 m, 1 x 200 m) und achtfacher Weltmeister. Jetzt versucht er sich im Filmbusiness.

Lipburger, Alois: Der in Telfs (Österreich) geborene Skispringer und Trainer Alois Lipburber (1956 – 2001) war u.a. 1978 Vizeweltmeister auf der Großschanze in Lahti. Während seiner Trainerkarriere betreute er das ÖSV-Team (C-Kader Sprunglauf), war in Deutschland Nationaltrainer Nordische Kombination, in Frankreich Nationaltrainer Sprunglauf, von 1990 bis 1999 Lehrer und Trainer am Skigymnasium Stams und ab 1999 ÖSV-Cheftrainer Sprunglauf. Alois Lipburger starb im Februar 2001 bei einem Autounfall.

Maier, Hermann: Der „Herminator" Hermann Maier (geb. 1972 in Altenmarkt, Österreich) ist seit 1996 Mitglied des ÖSV. Bis zu seinem schweren Motorradunfall im August 2001 hatte er bereits zwei olympische Goldmedaillen, fünf WM-Medaillen (je zwei Mal Gold und Silber und ein Mal Bronze), drei Weltcup-Gesamtsiege und 42 Weltcup-Einzelerfolge erzielt. Hermann Maier startete in der Saison 2002/2003 ein beachtliches Comeback.

McEnroe, John: Der US-Amerikaner John McEnroe (geb. 1959 in Wiesbaden, Deutschland), war einer der erfolgreichsten Tennisspieler der achtziger Jahre, gewann insgesamt sieben Grandslam-Turniere. Mit 77 Einzelsiegen und 35 Titeln im Doppel war McEnroe in der Zeit von 1981 bis 1984 die Nummer Eins der Tennis-Weltrangliste.

Merckx, Eddy: Der belgische Radrennfahrer Eddy Merckx (geb. 1945) wurde dreimal Profiweltmeister und gewann je fünf Mal die Tour de France und den Giro d'Italia.

Moser-Pröll, Annemarie: Die Skirennläuferin Annemarie Moser-Pröll (geb. 1953 Kleinarl, Österreich) war 1972 Weltmeisterin in der Alpinen Kombination und in den Jahren 1974 und 1978 Weltmeisterin im Abfahrtslauf. 1980 gewann sie die Goldmedaille bei den Olympischen Spielen in Lake Placid im Abfahrtslauf. Nach insgesamt 63 Siegen bei Weltcuprennen und sechs Gesamt-Weltcupsiegen beendete sie 1980 ihre Karriere.

Ortlieb, Patrick: Der Skirennläufer Patrick Ortlieb (geb. 1967 in Bregenz, Österreich) gewann 1992 bei den Olympischen Spielen in Albertville im Goldmedaille im Abfahrtslauf. 1996 wurde er Abfahrtsweltmeister in der Sierra Nevada. Nach einem schweren Sturz verabschiedete sich Ortlieb 1999 vom aktiven Sport.

Pelé: Edson Arantes do Nascimento alias Pelé gilt schon zu Lebzeiten als Fußball-Legende. Der 1940 geborene Brasilianer wurde dreimal Weltmeister (1958, 1962 und 1970) und erzielte bei 93 Länderspielen 97 Tore. 1995 wurde er Sportminister und ist seit Jahren als Botschafter für die Vereinten Nationen und die UNICEF tätig.

Preiml, Baldur: Der Skispringer, Trainer und Sportpädagoge Baldur Preiml (geb. 1939 in Bruggen, Österreich) gewann 1968 in Grenoble Olympiabronze. Von 1970-76 Professor am Skigymnasium in Stams. Baldur Preiml entwickelte ganzheitliche Trainingsmethoden und war von 1974-80 als Trainer der österreichische Nationalmannschaft erfolgreich. Von 1987-91 leitete er die Sportabteilung im Bundesministerium für Unterricht, Kunst und Sport.

Pürstl, Willi: Sieger der Vierschanzen-Tournee 1975 war nach dem Ende seiner Springerkarriere noch einige Jahre als Trainer tätig und lebt seit 1988 als Kameramann in Kanada.

Redgrave, Steven: Der Brite (geb. 1962) holte im Rudern fünf Mal hintereinander Olympisches Gold (zwischen 1984 und 2000), 2001 wurde er von Königin Elizabeth zum Sir geadelt; Redgrave holte darüber hinaus auch 9 WM-Titel.

Tiriac, Ion: Der 1939 geborene Rumäne Ion Tiriac wurde neunmal rumänischer Tennismeister und errang 40 Titel bei internationalen Tenniswettbewerben. Ab 1972 arbeitete er als Trainer und Manager, unter anderem für Guillermo Villas, Henri Leconte, Boris Becker, Mary Joe Fernandez, Anke Huber und Goran Ivanisevic.

Tomba, Alberto: Der Skirennläufer Alberto Tomba (geb. 1966 in Castel De Britti, Italien) zählt mit über 50 Weltcupsiegen zu den erfolgreichsten Alpinisten aller Zeiten. Bei Olympischen Winterspielen erzielte er zwei Mal Gold in Calgary (1988), ein Mal Gold und ein Mal Silber in Albertville (1992) und ein Mal Silber in Lillehammer (1994). 1995 wurde Tomba Gesamt-Weltcup-Sieger.

Sailer, Toni: Der vierfache Weltmeister Toni Sailer (geb. 1935 in Kitzbühel, Österreich) gewann bei den Olympischen Spielen 1956 in Cortina d'Ampezzo dreimal Gold (Riesenslalom, Slalom und Abfahrt).Von 1972-76 technischer Direktor des Österreichischen Skiverbands.

Samaranch, Juan Antonio: (geb. 1920) war über 20 Jahre (1980 bis 2001) Präsident des IOC und wurde danach vom Belgier Jacques Rogge abgelöst, nunmehr Ehrenpräsident des IOC auf Lebzeiten.

Savon, Felix: Der kubanische Boxer Felix Savon (geb. 1967 in San Vicente) erzielte in den Jahren 1992, 1996 und 2000 olympisches Gold im Schwergewicht (bis 91 kg) und wurde zwischen 1986 und 1997 sechs Mal Weltmeister im Schwergewicht. Anfang 2001 beendete Savon seine Karriere.

Sieber, Christoph: Der österreichische Windsurf-Profi Christoph Sieber (geb. 1971) war u.a. Olympiasieger in seiner Disziplin und arbeitet heute als Trainer.

Schmitt, Martin: Der deutsche Skispringer Martin Schmitt (geb. 1978) ist Mannschafts-Olympiasieger (2002), zweifacher Gesamt-Weltcupsieger und fünffacher Weltmeister.

Schnabl, Karl: Der Skispringer und Sportmediziner Karl Schnabl (geb. 1954 in Achomitz, Österreich), war 1975 Erster der Weltrangliste, 1975/76 Zweiter bei der Vierschanzen-Tournee. 1976 errang er bei den Olympischen Spielen in Innsbruck Gold auf der Großschanze und Bronze auf der Normalschanze. Seit 1994 Leiter des Instituts für Sportmedizin des Landes Kärnten.

Schwarzenegger, Arnold: Der Bodybuilder und Schauspieler Arnold Schwarzenegger (geb. 1947 in Graz, Österreich), war u.a. Steirischer Junorenweltmeister im Schwergewichtsheben, 1966 „Mr. Europa", 1967 „Mr. Universum" und sieben Mal „Mr. Olympia. Seit 1968 lebt Arnold Schwarzenegger in den USA, wo er nach einer erfolgreichen Filmkarriere im Oktober 2003 zum Gouverneur von Kalifornien gewählt wurde.

Seisenbacher, Peter: Der Judosportler und –trainer Peter Seisenbacher (geb. 1960 in Wien), erzielte 1980 und 1983 Silbermedaillen bei der Europameisterschaft und bei den Olympischen Spielen 1984 und 1988 Goldmedaillen im Mittelgewicht. Nach Ende seiner Sportkarriere Trainer und Generalsekretär der Österreichischen Sporthilfe.

Spitz, Mark: Mark „the Shark" Spitz wurde 1950 in Kalifornien geboren. Er ist neunfacher Olympiasieger (davon 7 Goldene 1972 in München, alle mit Weltrekordzeit!) und stellte 23 Welt- und 35 US-Rekorde im Schwimmen auf.

Weirather, Hartwig: Der Skirennläufer und Sportmanager Harti Weirather (geb. 1958 in Reutte, Österreich) erzielte sechs Weltcupsiege im Abfahrtslauf und war 1982 Abfahrtsweltmeister in Schladming.

Teilnehmer und Gewinner der World Sports Awards of the Century, 1999

Giacomo Agostini, **Muhammad Ali**, Franziska van Almsick, Evelyn Ashford, Bob Beamon, Boris Becker, Bonnie Blair, Fanny Blankers, Willy Bogner, Sergej Bubka, **Nadia Comaneci**, Deborah Compagnoni, Betty Cuthbert, Björn Daehlie, Alfredo di Stefano, Michael Doohan, Krisztina Egerszegi, Janet Evans, Birgit Fischer, Richard Fosbury, **Dawn Fraser**, Haile Gebrselassie, Anton Geesink, **Steffi Graf**, Miguel Indurain, **Michael Jordan**, Pertti Karppinen, **Jean-Claude Killy**, Larissa Latynina, Niki Lauda, Rod Laver, Larissa Lazutina, **Carl Lewis**, Jeannie Longo, Henry Maske, Dan Mc Donnell, Heather McKay, Eddy Merckx, **Annemarie Moser-Pröll**, Michèle Mouton, Gunda Niemann, Matty Nykänen, Al Oerter, **Pelé**, Michél Platini, **Alain Prost**, Ferenc Puskas, Irina Rodnina, Toni Sailer, Vreni Schneider, Don Schollander, Margaret Smith-Coirt, **Mark Spitz**, Ingemar Stenmark, Alberto Tomba, Franziska van Almsick, Dino Zoff

Teilnehmer und Gewinner der World Sports Awards 2000

Simona Amanar, Inge de Bruijn, Albert de Monaco, Giacomo Agostini, Muhammad Ali, Nikolay Andrianov, Evelyn Ashford, Bob Beamon, Matt Biondi, Bonnie Blair, Serge Bianco, Willy Bogner, Brian

Boltano, Floris Jan Bovelander, Zola Budd-Pieterse, Dick Button, Bobby Charlton, Deborah Compagnoni, Bart Conner, Betty Cuthbert, Christopher Dean, Klaus Dibiasi, Michael Doohan, Krisztina Egerszegi, Steve Elkington, Janet Evans, Chris Evert, **Luis Figo**, Carsten Fischer, Richard Fosbury, Dawn Fraser, Toni Fritsch, Antonius Geesink, **Renate Götschl**, Steffi Graf, Wayne Gretzky, Sergei Golubitsky, Richard Hadlee, Rudy Hartono, **Pieter van den Hoogenband**, Gordi Howe, Toni Innauer, **Marion Jones**, **Michael Johnson**, Jackie Joyner-Kersee, Pertti Heli Karppinen, Sawao Kato, Jahangir Khan, Billie Jean King, Franz Klammer, Johann Olav Koss, Niki Lauda, Rodney Laver, **Lennox Lewis**, Dennis Lillee, **Herrmann Maier**, **Miguel Martinez**, Henry Maske, Heather McKay, Rick Mears, **Alexei Nemov,** Annemarie Moser-Pröll, Stirling Moss, Michèle Mouton, Peter Müller, Martina Navratilova, Al Oerter, László Papp, Nelson Pessoa, Rodrigo Pessoa, **Paola Pezzo**, Michél Platini, Graeme Pollock, Toni Polster, Alain Prost, Oleg Protopopov, Ludmilla Protopopov-Belousova, Irina Rodnina, Walter Röhrl, Johnny Rutherford, Toni Sailer, Vitali Scherbo, Vreni Schneider, Paul Schockemöhle, Don Schollander, **Michael Schumacher**, **Arnold Schwarzenegger**, Margaret Smith-Court, Mark Spitz, Ingemar Stenmark, Christine Stückelberger, John Surtees, Gustav Thöni, Jayne Torvill, Harti Weirather, Hanni Wenzel-Weirather, **Venus Williams**, **Tiger Woods**, Yasuhiro Yamashita, Deng Yaping, Andrea Zorzi

Kontakt:

Skischule
NEUPER & Team GMBH
A-8983 Bad Mitterndorf 293
Österreich

Tel ++43(0) 3623 / 2666
Fax ++43(0) 3623 / 3785
Email: info@neuper-team.com
www.neuper-team.com

*

NeuperGroup GmbH,
Hauptstrasse 293,
A-8983 Bad Mitterndorf - Austria
Tel.: 03623 6055-0
e-mail: maria.peinsipp@neuper-group.com

*